中共河北省委党校（河北行政学院）创新工程科研项目
中共河北省委党校（河北行政学院）资助出版

河北长城古迹
文化和旅游融合发展研究

刘翠莲　著

河北出版传媒集团
河北人民出版社
石家庄

图书在版编目（CIP）数据

河北长城古迹文化和旅游融合发展研究 / 刘翠莲著.
石家庄：河北人民出版社，2024.8. -- ISBN 978-7
-202-17119-6

Ⅰ．K928.77；F592.722

中国国家版本馆CIP数据核字第2024YL9833号

书　　名	河北长城古迹文化和旅游融合发展研究
	Hebei Changcheng Guji Wenhua He Lüyou Ronghe Fazhan Yanjiu
著　　者	刘翠莲
责任编辑	赵　蕊　牛海婷
美术编辑	王　婧
封面设计	寒　露
责任校对	余尚敏
出版发行	河北出版传媒集团　河北人民出版社
	（石家庄市友谊北大街330号）
印　　刷	河北万卷印刷有限公司
开　　本	710毫米×1000毫米　1/16
印　　张	15.25
字　　数	210 000
版　　次	2024年8月第1版　2024年8月第1次印刷
书　　号	ISBN 978-7-202-17119-6
定　　价	88.00元

版权所有　翻印必究

前言

在深刻的文化与旅游交融的时代背景下,《河北长城古迹文化和旅游融合发展研究》一书应运而生,旨在深掘河北长城古迹这一独特文化遗产与现代旅游业融合的无限可能与深远意义。本书不仅关注河北长城古迹的历史价值与文化内涵,更致力探索其在现代旅游发展大潮中的新生命与新价值。

在人民群众对文化旅游需求日益增长的当下,文化与旅游的深度融合成为推动社会文化进步和经济发展的重要手段。长城作为中国乃至世界的文化标志,承载着丰富的历史信息和深厚的文化内涵,是连接过去与未来的桥梁。河北长城古迹作为长城这一伟大建筑群中不可或缺的一部分,其文化和旅游融合发展的研究,不仅具有理论上的探索价值,更具有实践中的指导意义。

本书首先对文化与旅游的概念进行界定,明确了两者在现代社会发展中的地位与作用,及其相互之间的关系。随后,从产业融合理论、系统耦合理论、文化变迁理论和"点—轴系统"理论四个维度,构建了河北长城古迹文化和旅游融合发展的理论框架,旨在为后续的实证研究提供坚实的理论支撑。

通过深入分析河北长城古迹文化和旅游融合发展的现实状况，本书揭示了长城古迹文化资源的特色与价值，长城旅游产业的发展现状，以及河北长城古迹文化和旅游在融合发展过程中所面临的挑战与机遇。在产业链、价值链视角下，本书进一步探讨了河北长城古迹文化旅游产业融合的作用机制与实践路径，为促进长城古迹文化产业与旅游产业的深度融合提供了切实可行的策略与建议。

通过对承德、秦皇岛、张家口等地长城古迹文化和旅游的融合发展进行案例分析，本书展示了河北长城古迹文化与旅游融合发展的成功经验与典型模式，为河北乃至全国长城古迹文化和旅游融合发展提供了有益的借鉴与启示。

展望未来，本书提出了河北长城古迹文化和旅游融合发展的优化布局与路径，旨在为河北乃至全国的长城古迹文化保护、传承发展，以及旅游业的持续健康发展提供科学指导与策略建议。

《河北长城古迹文化和旅游融合发展研究》力图通过深入研究与实践探索，为促进文化遗产的活化利用与保护、推动文化与旅游深度融合发展贡献智慧与力量，期待能够为读者提供一种全新的视角，共同见证河北长城古迹在新时代背景下焕发的生机。

目录

第一章 河北长城古迹文化和旅游融合发展的背景解读 　1
  第一节 人民群众对文化旅游的需求持续上升 　1
  第二节 文旅结合是实现"诗和远方"完美交融的有效途径 　7

第二章 文化与旅游的概念界定 　13
  第一节 文化和文化产业 　13
  第二节 旅游和旅游产业 　25
  第三节 旅游与文化的关系 　36

第三章 河北长城古迹文化和旅游融合发展的理论基础 　45
  第一节 产业融合理论 　45
  第二节 系统耦合理论 　55
  第三节 文化变迁理论 　66
  第四节 "点—轴系统"理论 　81

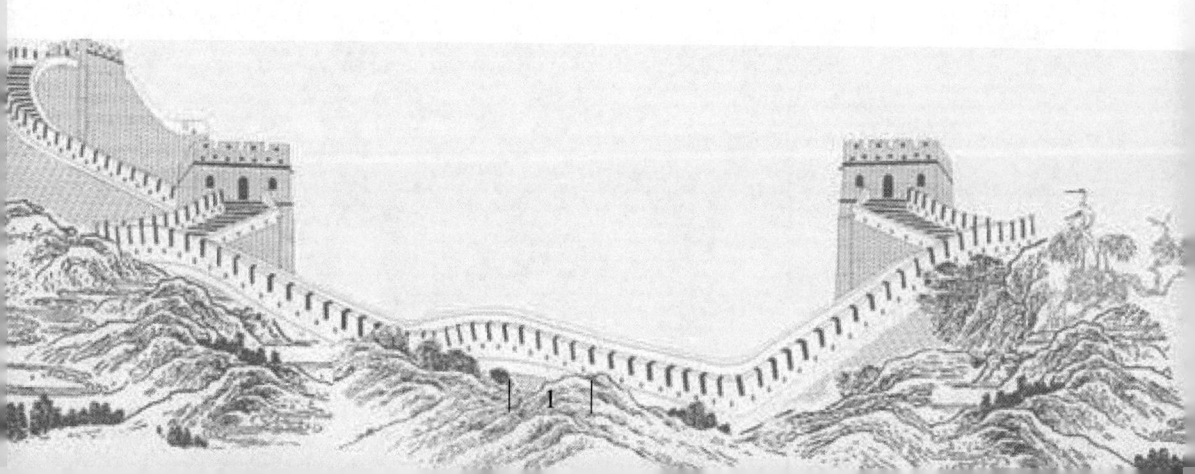

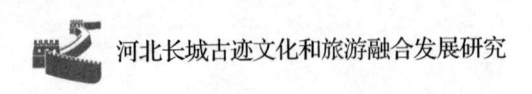

第四章　河北长城古迹文化和旅游融合发展的现实状况　92

第一节　河北长城古迹文化资源概况　92

第二节　河北长城古迹文化资源特色　95

第三节　河北长城旅游产业概况　106

第四节　河北长城景区旅游发展现实状况　109

第五节　河北长城古迹文化和旅游融合发展的现实状况　116

第五章　河北长城古迹文化和旅游融合的影响机制与方法建议　125

第一节　河北长城古迹文化和旅游融合的影响机制　125

第二节　河北长城古迹文化和旅游融合的方法建议　134

第六章　河北长城古迹文化和旅游融合发展的案例分析　144

第一节　承德长城古迹文化和旅游的融合发展　144

第二节　秦皇岛长城古迹文化和旅游的融合发展　159

第三节　张家口长城古迹文化和旅游的融合发展　172

第七章　河北长城古迹文化旅游带的未来发展　189

第一节　未来河北长城古迹文化旅游带的优化布局　189

第二节　未来河北长城古迹文化旅游带的优化路径　198

参考文献　228

后　记　235

第一章 河北长城古迹文化和旅游融合发展的背景解读

第一节 人民群众对文化旅游的需求持续上升

随着社会经济的不断发展和人民生活水平的显著提高，传统的观光旅游已逐步向文化深度旅游转变。这种转变反映出人民群众对于文化旅游的需求持续上升，特别是对那些能提供丰富文化和知识体验的旅游活动的需求。

一、文化旅游需求增长的原因

（一）文化认同与传承

随着全球化的步伐日益加快，我国对于传统文化的重视程度亦在不断上升。这种趋势不仅彰显了我国对本民族文化独特性的认识深化，而且在文化认同感和传承意识上表现出显著的提升。在这个过程中，文化旅游显现出其独特的价值和作用，成为沟通过去与现在的桥梁，为传统文化的保护、继承及发展提供了有效的途径。

在全球化的浪潮中，我国的传统文化和习俗面临前所未有的挑战和机遇。一方面，全球文化的交流与碰撞可能导致某些传统文化正在逐渐边缘化甚至消失；另一方面，这也为我国传统文化提供了展示自身独特魅力和价值的平台，使各国文化得以跨界交流，增进了不同文化之间的理解和尊重。

文化旅游作为一种特殊形式的旅游活动，其核心在于为人们提供深度的文化体验和学习机会。通过参观历史遗迹、体验传统艺术、参与文化节庆活动等方式，游客不仅能够亲身感受到一个地区的历史和文化氛围，还能对该地区的人文精神和传统价值有更深入的理解。此外，文化旅游还能促进当地文化产业的发展，为传统手工艺人、艺术家和文化工作者提供支持，保护和活化许多濒临失传的传统技艺和文化形式。

更重要的是，文化旅游有助于增强公众对本民族文化的认同感和传承意识。在体验和学习不同文化的过程中，人们开始更加珍视自己的文化根源，并为其感到自豪，从而激发对文化保护和传承的积极性。这种从个人到社会的文化自觉，不仅有利于传统文化的保护和发展，还能够增强民族间的凝聚力和文化自信。

（二）教育意义与自我提升

随着教育水平的普遍提高和信息技术的迅猛发展，社会大众对知识的追求变得更加强烈。在这种背景下，文化旅游因其独特的教育价值而受到越来越多人的青睐。这种旅游方式不仅为游客提供了放松的机会，更重要的是，它开辟了一条通往深厚历史和丰富文化知识的渠道。

文化旅游的魅力在于它能够将教育与娱乐完美结合。通过访问历史遗迹、博物馆、艺术展览等，游客可以直观地感受到一个地区或国家的文化底蕴，了解不同文明的历史发展脉络。这种直接的体验和感受，远比书本上的学习更加生动和深刻，能够在游客心中留下难以磨灭的印象。

此外，文化旅游还促进了跨文化的交流与理解。在全球化的今天，理解和尊重不同的文化已成为群众的一项重要能力。通过文化旅游，人们有机会深入了解其他文化的历史背景、不同地区人们的生活方式和价值观，这不仅有助于拓宽人们的视野，增进他们的相互理解，还能促进全球范围内文化的多样性和不同文化的和谐共处。

随着人们对文化旅游需求的增长，各地也开始意识到开发和保护文化资源的重要性。政府和文化旅游部门积极采取措施，如修复和保护历史遗迹，开发教育性强的旅游项目，提高导游的服务质量等，旨在为游客提供更加丰富和高质量的文化旅游体验。政府和文化旅游部门的这些努力，使文化旅游不仅有助于传承和弘扬人类文化遗产，还能为当地经济的发展带来积极影响。

（三）寻求精神满足的迫切需要

在当今社会，随着生活节奏的加快，精神文化需求日益成为人们关注的焦点。随着物质生活水平的提高，人们寻求精神层面的充实与生活质量的全面提升变得尤为重要。文化旅游作为一种新兴的旅游方式，正逐渐成为满足这一需求的重要途径，它能够为人们提供超越日常生活的特殊体验，引领他们进入一个充满视觉美和感官享受的文化世界。同时，文化旅游也能够让人们在精神文化生活方面获得深刻的满足。

文化旅游的独特魅力在于它能够为游客提供丰富的知识性内容和深度的文化体验。通过参观历史遗迹、博物馆、艺术展览等，游客不仅可以欣赏到独特的艺术美感，更能深入了解不同地区、不同民族的历史文化和风土人情。这种深度的文化探索，使文化旅游成为一种触碰灵魂的旅行，让人们在旅途中发现和学习，进而拓宽视野，丰富知识，提升个人的文化素养和审美能力。

此外，文化旅游还能够促进人们内心的平和与稳定。在探索不同文化的过程中，人们往往能够找到与自己内心深处共鸣的文化元素，这种发现不仅能够增加旅行的乐趣，也有助于人们在快节奏的现代生活中获得一种精神上的慰藉和平静。可以说，文化旅游帮助人们构建了一种积极向上的生活态度和价值观，进一步提升了生活的质量和深度。

同时，文化旅游的发展还促进了全球文化的交流与融合。在这样的旅行中，人们不仅是单向地接收文化信息，更是参与文化交流，通过与不同文化背景的人们交流，分享自己的文化，理解和尊重其他文化，从而增进不同文化之间的相互理解和尊重，促进全球文化的和谐共存。

二、文化旅游需求的表现形式

（一）个性化与定制化

在当前旅游市场中，一种显著的趋势正逐渐形成：游客对于能够贴合其个人兴趣和需求的文化旅游产品的偏好明显增强。这种倾向体现在对定制旅游服务和小众文化探索活动日益增长的需求上。这一变化不仅反映了人们旅游消费观念的转变，也提示旅游行业需要更加注重为游客提供个性化和差异化的服务。

定制旅游，作为一种高度个性化的旅游服务形式，允许游客根据自己的喜好、兴趣以及时间安排，设计专属于自己的旅行计划。这种服务的出现满足了那些追求独特体验、不满足于传统团体旅游模式的游客的需求。通过定制旅游，游客可以深入探索自己感兴趣的文化领域，无论是深度了解一个地区的历史背景，还是亲身体验一项传统艺术，都能够得到满意的旅行体验。

小众文化探索则为游客提供了一种探索未被大众发现的文化珍宝的机会。与广为人知的旅游景点相比，这些小众文化活动往往更加原汁原味，能够为人们提供更为深刻和真实的文化体验。游客在这类活动中，不仅能够发现旅游目的地的独特之处，还能够与当地社区建立起更为密切的联系，从而获得更加丰富和多元的文化视角。

此外，人们这种对个性化和小众文化旅游的偏好也促进了旅游行业的创新和发展。为了满足游客的个性化需求，旅游服务提供商开始探索新的旅游模式，如文化主题游、探险旅游、生态旅游等。这些新型旅游模式不仅丰富了旅游市场的多样性，也为游客提供了更多选择，进一步提升了游客的旅游体验和质量。

（二）深度体验与参与

在当下的旅游市场中，一种显著趋势逐渐浮现：深度文化体验和参与式旅游活动受到了越来越多游客的青睐。这种倾向反映出现代旅游消费者对于旅游体验的期待已经从简单的观光转变为对文化的深入理解和亲身体验。活动如文化工作坊、传统艺术体验、历史活动重现等，因其能够让游客深度参与和体验目的地的文化，成为越来越受欢迎的旅游形式。

文化工作坊提供了一种独特的学习和体验机会，让游客有机会亲手制作当地的传统工艺品，如陶瓷制作、织布、木雕等。通过与工匠的直接互动，游客不仅能学习到具体的技艺，还能更深入地了解这些工艺背后的文化故事和历史意义。这种参与式体验强化了游客对目的地文化的认识和尊重，同时也使游客增加了旅行的乐趣和满意度。

传统艺术体验则让游客有机会近距离接触并体验目的地的艺术形式，包括传统音乐、舞蹈、戏剧等。通过观看表演、参与互动甚至亲自学习表演技巧，游客能够更直观地感受到艺术作品的魅力，同时深入理解当地的文化精神和社会背景。这种艺术的亲身体验，不仅能够丰富游客的文化视野，也能够促进文化艺术的传播与交流。

历史重现活动通过模拟历史事件、重现古代生活等形式，为游客提供了一次穿越时空的体验。参与这类活动，游客仿佛被带回过去，亲身体验历史事件或日常生活，从而对历史有了更加生动和真实的认识。这种体验方式不仅让历史知识变得更加容易理解和接受，还增强了游客对历史的兴趣和好奇心。

（三）知识性与教育性

教育旅游正逐渐成为文化旅游领域的一个显著分支，受到了学生和家庭旅游群体的青睐。这种旅游模式突出了旅行中的学习和教育元素，使旅游不仅仅是一种休闲活动，更成为一种丰富知识、拓宽视野的机会。对于学生和家庭而言，旅游活动的知识性和教育价值尤为重要，他们希望通过旅游体验来获取新知，并对所学知识有更深刻的理解和体会。

教育旅游通常包括参观历史遗迹、博物馆、科技馆、自然保护区等，这些活动能够直观地展示人类历史、文化遗产、科学知识和自然界的奥秘。通过专业导游或教育者的讲解，学生和家庭成员能够获得生动、详细的信息，这种亲身体验远远超过了课堂学习和书本知识，有助于加深学生对学科内容的理解和兴趣。

此外，教育旅游还鼓励参与者通过互动体验来学习新知识。例如，一些旅游目的地提供了动手实验、工艺品制作、田野考察等体验活动，使游客能够亲自参与，通过实践获得学习成果。这种参与式学习不仅提高了旅游的趣味性，也加强了游客对知识的吸收和记忆。

对于家庭旅游群体而言，教育旅游提供了一个与孩子共同学习、探索世界的宝贵机会。这不仅能够增进家庭成员之间的沟通和理解，还能共同创建难忘的学习体验和回忆。家长通过陪伴孩子学习，可以更好地了解孩子的学习兴趣和需求，同时也能激发自身对知识的探索和学习热情。

随着教育旅游的普及和发展，越来越多的教育机构和旅游组织开始重视这一市场，设计出了更多富有教育意义的旅游产品和项目。这些教育旅游项目不仅丰富了文化旅游的内涵，也为学生和家庭提供了更加多样化的选择，满足了他们对于知识和教育价值的追求。

第二节 文旅结合是实现"诗和远方"完美交融的有效途径

在当代社会，人们对于精神和文化生活的追求不断提升，渴望通过旅行达到"诗和远方"的境界，即在远离尘嚣的旅途中寻找诗意的生活和精神的满足。文化与旅游的结合，即文旅结合，成为实现这一目标的有效途径。通过深度融合文化内涵与旅游体验，文旅结合不仅丰富了旅游的内涵，也提升了旅游的价值和意义，使游客能在旅游过程中获得更为深刻的文化感悟和精神享受。

一、文旅结合的核心价值

文旅结合的核心在于将文化的深度与旅游的体验无缝对接，形成一种全新的旅游模式。这一模式超越了传统旅游的范畴，将旅行提升至一种文化探索和精神寻求的层面。这种独特的结合方式不仅丰富了旅游的内涵，也重新定义了旅游的意义和价值。

在文旅结合的模式下，旅游活动不再局限于表层的观光或简单的休闲消遣。相反，它鼓励游客深入探讨和体验目的地的文化精髓。通过参与当地的文化活动，如传统节庆、艺术表演、手工艺体验等，游客有机会从多个维度深入理解当地的历史背景、文化特色和艺术风貌。这样的体验不仅限于视觉上的享受，更触及情感和认知的层面，使旅游成为一次心灵上的深刻旅程。

此外，文旅结合还能够增强游客对于文化价值的认识和尊重。在深度体验当地文化的过程中，游客能够更好地理解不同文化背景下人们的生活方式和思维方式，从而培养对多元文化包容和理解的能力。这种文化的深度交流和体验，对于促进全球文化的相互理解与尊重具有重要意义。

文旅结合使旅游不仅仅是一种地理位置的物理移动，更是一种文化和精神的探索旅程。它使游客有机会跳出日常生活的框架，通过亲身体验和感受，接触和了解一个全新的世界。这种从视觉美到心灵美的双重旅游，不仅能够为人们带来丰富的情感体验，还能够激发人们对生活、世界的新看法和新思考。

二、实现"诗和远方"交融的途径

（一）文化深度体验

文旅结合作为一种旅游新模式，强调了旅游活动与目的地文化的深度融合。在这种模式下，旅游不仅是一种简单的移动或观光，而是变成了一次深刻的文化探索之旅，它通过各种文化活动，如民俗体验、手工艺学习、传统艺术欣赏等，为游客提供了丰富的参与机会。通过这些亲身体验和实践，游客能够触摸目的地的文化脉搏，理解其背后的历史与故事，感受其独特的艺术与智慧。

民俗体验活动让游客有机会直接参与到当地的生活方式中，比如参加一个传统节日或仪式，体验当地的风俗习惯。这不仅能够为游客提供独特的旅行记忆，还能增进他们对该地文化多样性的认识和尊重。通过与当地居民的直接互动，游客可以从第一手的经验中学习到更为真实的文化知识，感受到与自己的文化背景不同的生活哲学和价值观念。

手工艺学习则是另一种深入体验当地文化的途径。通过学习制作当地的手工艺品，游客不仅能够了解到这些艺术品背后的文化意义和制作技巧，还能够体验前人蕴藏在制作过程中的艺术创造力和劳动智慧。这种参与式学习不仅让游客获得了一项新技能，更重要的是通过这一过程深化了对目的地文化的理解和感受。

传统艺术欣赏活动，如观看当地的舞蹈、戏剧或听传统音乐表演，为游客提供了一扇窗口，透过这扇窗口，他们可以观察和理解一个地区的历史情感和社会生活。这种艺术形式往往蕴含着当地深厚的文化内涵和历史传承，通过欣赏和体验这些艺术，游客能够对目的地的文化有更为深刻的认识和感悟。

（二）故事化旅行设计

在当今旅游行业的发展中，一个明显的趋势是将目的地的文化故事和历史背景融入旅行设计，这种做法显著提升了旅游产品对游客的吸引力。更为重要的是，它为游客带来了一种独特的体验，让他们能够在旅途中感受到如同诗歌和画作般的美好与浪漫。

这种旅游产品设计方式的魅力在于，它不仅为游客提供了一个旅游目的地或一项旅游活动，也提供了一个全面的、沉浸式的文化体验。通过深入了解目的地的历史和文化，游客可以更加全面地感知和体验该地区的独特魅力。比如，当旅游活动中包含了对古老城堡的探访，结合了关于这些城堡过去的王公贵族、历史事件的讲述，游客就能够在欣赏美丽风景的同时，感受到历史的厚重感和故事的魅力，仿佛经历了一段跨越时空的旅行。

此外，将文化故事和历史背景融入旅行设计，还能够激发游客的想象力和创造力，让他们在旅行中寻找到与众不同的个人意义。例如，参与一个以当地民间传说为背景的旅游活动时，游客不仅能够学习到关于该地区的民俗故事，还可能受到启发，使游客获得新的想法和感悟。这种体验远远超出了传统旅游的范畴，使游客获得了一次心灵上的探索和成长。

同时，这种旅游设计方式对于目的地来说也是一种价值的提升。通过挖掘并展示自身独有的文化故事和历史背景，旅游目的地能够以更加鲜明的文化特色，吸引更多寻求深度文化体验的游客。这不仅有助于提升旅游目的地的知名度和吸引力，还能够促进当地经济和文化的发展。

（三）自然与人文的和谐共处

文旅结合作为一种旅游发展新模式，强调的是使人们在享受自然景观之美的同时，给予生态环境足够的尊重和保护。这一理念不仅倡导人们在旅行中探索和欣赏自然之美，更重要的是引导人们学习与自然和谐共处的生活方式，寻求一种内心的平静和诗意的生活状态。通过这种模式，旅行不仅仅是一次简单的"离家出走"，更是一次心灵的净化和自我更新的旅程。

在这种旅游模式下，游客被鼓励去探索那些未被过度开发的自然景观，体验那些能够引发深思的自然奇观。这种探索不仅限于视觉上的享受，更多的是使游客通过亲身体验，了解自然生态系统的运作，感受人类在自然面前的渺小，从而激发他们对自然界的敬畏之心。这样的旅行体验，让人们在享受自然之美的同时，也能够反思人类活动对环境的影响，从而形成一种负责任的旅游态度。

此外，文旅结合还强调通过体验活动来感受人与自然和谐共处的生活方式，这包括参与当地的环保项目、学习可持续生活的技能等。通过这些活动，游客不仅能够对自然环境有更深入的理解，还能在日常生活中实践这些和谐共处的理念，树立环境保护的意识。

在追求与自然对话的过程中，文旅结合模式鼓励游客寻找那些能够引发内心共鸣的诗意空间，这些空间可能是一片静谧的森林、一条清澈的溪流或是一座孤寂的山峰。在这样的自然环境中，游客可以放慢脚步，聆听自然的声音，感受生命的脉动，与自然进行深刻的对话。这种体验，不仅能够让人找到内心的平静和满足，也是对生活本质的一种探寻和理解。

（四）创新与传承相结合

弘扬传统文化，同时融入现代创新元素，已成为文化传播与旅游发展的一个重要趋势。虚拟现实、数字展览等现代技术手段，不仅可以为游客提供全新的视角和体验方式，而且能够让传统文化在新时代背景下焕发新生，展现出独特的魅力和生命力。

现代技术，特别是虚拟现实和增强现实技术，为传统文化的展示和体验提供了无限可能。通过这些技术，游客可以在不受时间和空间限制的情况下，深入了解和体验远古文明的风貌、历史事件的现场、传统艺术的制作过程等。例如，通过虚拟现实技术，游客可以"亲临"古埃及金字塔内部，探索古代墓室的秘密，或是在增强现实技术的辅助下，观看中国京剧的精彩表演，并了解其背后的文化意义。这种互动性和沉浸感的体验，让传统文化的传播更加生动有趣，易于被游客接受。

数字展览则通过将传统文化资料数字化，利用多媒体展示手段，如三维动画、交互式界面等，为观众呈现丰富多彩的文化展览。这不仅极大地丰富了展览的形式和内容，也使传统文化能够跨越地域界限，让全世界的人们都能够方便地接触和了解。此外，数字化还能有效地保护和保存那些珍贵的文化遗产，使之不受时间的侵蚀，长久地传承下去。

将现代创新元素融入传统文化的传播中，不仅能够使传统文化以更加符合现代人审美和习惯的方式呈现，也能够让更多的人认识到传统文化的价值与意义。通过这样的方式，传统文化不再是遥远和陈旧的概念，而是活生生地融入人们的日常生活，成为提升生活品质和精神追求的一部分。

三、文旅结合的社会意义

对于旅游目的地本身而言，文旅结合带来了诸多积极的影响。这一模式通过满足游客对文化深度体验的需求，有效地提升了旅游目的地的品牌价值与市场竞争力，同时对经济发展、文化保护传承以及社会和谐等方面也产生了显著影响。

通过文旅结合，目的地能够展示其独特的文化特色和历史底蕴，从而吸引那些寻求深度文化体验的游客。这不仅增加了旅游目的地的吸引力，也为当地经济带来了直接的收益。旅游消费的增加有助于推动当地餐饮、住宿、交通及其他相关服务业的发展，从而促进当地经济的可持续增长。此外，随着文化旅游的兴起，更多的文化产品和服务被开发，进一步拓宽了经济发展的途径。

从文化保护和传承的角度来看，文旅结合为目的地的文化遗产提供了一种新的保护机制。将文化遗产融入旅游体验，不仅使游客能够亲身体验和了解这些文化，也提高了公众对文化遗产保护重要性的认识。同时，这种模式加强了对传统手工艺、民俗文化等非物质文化遗产的保护，使这些文化得以传承并继续发展。

此外，文旅结合还促进了不同文化之间的交流与理解。旅游活动使来自不同文化背景的人聚集在一起，分享各自的故事和文化。这种交流不仅丰富了游客的体验，也增进了不同文化之间的理解和尊重。在全球化的今天，这种文化的互相理解和尊重是构建人类命运共同体、实现世界长久和平与共同繁荣的基石。

第二章 文化与旅游的概念界定

第一节 文化和文化产业

一、文化概述

（一）文化的概念

文化一词源自拉丁语"cultura"，初意涉及培养、农作物的栽培与耕作。在19世纪70年代，一本名为《原始文化》的英国著作首次对此概念进行了全面阐释，该著作的作者爱德华·泰勒（Edward Tylor）认为文化是一个包罗万象的复杂体，其范围广泛，包括艺术、信仰体系、法律、道德观念、知识以及社会生活中形成的多样风俗和习惯。该书在随后的十年对文化的发展阶段作出了分类，包括狩猎采集的初级阶段、以农耕和畜牧为主的中级阶段，以及以文字记录为标志的高级阶段。随时间推移，人们对文化内涵的解读层出不穷。美国人类学家对1871年至1920年间的文化定义进行了总结，当时仅有六种主要观点；到了20世纪50年代，这些观点增加到了164种；至今，这些观点已超过200种。

对文化定义的整理揭示了七种典型的理解方式。一是历史性定义，视文化为特定社会群体共同生活所形成的遗传结构总和，这些遗传结构受时代和种族特征的影响而具有社会意义；二是结构性定义，即将文化看作一种反映群体行为习惯的相互依存和相互联系的系统；三是描述性定义，认为文化是一个涵盖法律、信仰、知识及在长期生活中形成的习惯的复杂系统；四是行为规范性定义，认为文化是社会群体应共同遵循的生活准则，是社会行为的标准化总和；五是遗传性定义，强调文化的延续性或继承性，视其为前一代人智慧和经验的结晶，包括制度、观念、物品、思维方式和行为模式；六是不完整定义，将文化视为社会思考和行动的总和；七是心理性定义，认为文化是人类为实现社会或个人目标而采用的包括物质和精神方面的手段和措施的总和。

《辞海》对文化也进行了详细解释，包括人类在社会发展过程中创造的物质和精神文明产物，主要指科学、教育、文学等；考古学中，文化指的是特定时期的文化教育和政策，其特征在于使用相同的工具或制造技术，如龙山文化；以及文化的一个广义定义，即使用文字和知识的能力。

在文化的广泛定义中，其通常指"大文化"，其核心在于区分人类与自然界的关系，主张所有人类对自然界及社会的有意识影响及其产出均构成文化的一部分。这种观点将文化视为"人化自然"的过程，即通过人类的主观能动性，进行智慧、创新力及情感的投入，将自然转化为人类能够理解、交流和利用的资源。

文化被视为人类在其漫长历史发展过程中，通过语言、性格特质、社会心态、传统道德观念、生活习惯、思维方式以及社会生产力的进步等物质和精神元素及其相互间的作用，所创造和形成的综合体现。这一定义强调了文化的全面性和复杂性，揭示了人类文化的深刻内涵和广泛影响。

特定的生活方式形成模式后，就成为人们遵循的习惯，最终演化为文化。劳动不仅创造了丰富的文化，还推动了经济发展，文化习俗的形成和演变，体现了民族和地区特色。

因此，对文化内涵的定义和理解会因个人背景和经历的不同而呈现多元化。从经济学角度看，有意识的生产劳动是文化产生的基础。人类第一次制作和使用石器不仅是文明的创造过程，也展现了人类智慧，是人类对内心世界的反思与审视。这一过程富含情感和思考，有意识的劳动最终促进了文化的形成。

（二）文化的结构层次

1. 文化的层级结构分类

在探讨文化结构层次的学术讨论中，学者们提出了不同的分类方法来理解和解析文化的多维性。这些观点主要分为以下几种：

首先，是二分法，它将文化分为物质文化和精神文化两大部分。物质文化主要涉及人类创造的、有形的文化成果，如建筑、工艺品、服饰等，这些都是人类智慧和劳动的物质体现；而精神文化则指的是无形的文化成果，包括语言、宗教信仰、法律、艺术、科学知识等，这些成果反映了人类的思想、信仰和价值观。

其次，是三分法，它在两分法的基础上，添加了制度文化这一维度。制度文化包含社会组织形式、政治和法律制度、经济和教育体系等，这些制度框架为物质文化和精神文化的发展提供了社会基础和操作规则，是社会运行的基本架构。

最后，是四分法，它在三分法的基础上进一步细化，将文化分为物质文化、制度文化、行为文化以及精神文化。行为文化指的是社会成员的行为模式和风俗习惯，如日常生活习惯、节庆活动、饮食习惯等，这些习惯和模式是文化传承和社会认同的重要标志。

2. 不同层次文化的解读

（1）物质文化。物质文化代表了人类在物质产品创造方面的活动及其成果的集合。这一概念涵盖了人们通过加工自然资源而制成的各种实物，被形象地描述为"物化的知识力量"。这类文化层面主要由人类智慧和劳动力转化为有形产品的过程构成，展现了人类对自然界的认知和利用能力。

物质文化的核心特征在于其可感知性，意味着它由实际可以触摸和看得见的物质实体组成。这些有形的文化产物不仅反映了人类的生产技术和审美观念，还体现了社会的经济发展水平和科技进步。物质文化作为文化创造活动的物质基础，为人类提供了生存和发展所需的各类工具和设施，同时也是文化交流和传承的重要媒介。

在文化结构的多层次划分中，物质文化位于最外层，直接与人类的日常生活相联系，它是文化表达最直观、最基本的形式，为人们提供了一个理解社会历史进程和文化变迁的直接窗口。研究物质文化的发展，可以揭示一个社会的生活方式、技术水平、社会结构及变化趋势，从而理解人类文化的复杂性和多样性。

（2）制度文化。制度文化形成于人们在社会生活和人际互动中，为了应对和解决出现的各类社会冲突，以及调节人际间的社会关系，而共同建立的一系列社会规范、准则和法律。这种文化层面是人类为了适应生存环境和优化人际关系而创造出的一套规范和准则体系，它包括但不限于经济制度、婚姻和家庭制度、法律架构、宗教团体以及教育和艺术等组织形式。

制度文化的核心在于它为社会成员提供了一个共识基础，明确了人们的行为标准和期望，从而促进社会秩序的维持和个体行为的规范。这些制度和规范不仅反映了社会的价值观和道德观，也体现了社会的组织方式和运行机制。通过这一文化层面，社会能够有效地协调个体与集体之间的利益，解决可能出现的冲突，确保社会的和谐与稳定。

经济制度规定了财富的产生、分配和使用的规则；婚姻制度和家族制度则涉及人际关系中最基本的结构和规范；法律制度提供了正义和秩序的保障，能够对行为进行约束和裁决；宗教和社团组织则满足了人们精神层面的需求，同时也是社会凝聚力的重要来源；教育和艺术组织则负责传承知识、文化和价值观，同时促进社会的创新和进步。

位于文化结构中层的制度文化，连接了物质文化与精神文化，它既反映了社会的物质基础和生活方式，也预示着社会的精神追求和价值取向。制度文化的形成和发展，不仅凝聚了社会成员的智慧和经验，也是社会进步和文明发展的重要标志。人们通过研究和理解制度文化，可以更深入地洞察社会运作的规律，理解社会变迁的动力。

（3）行为文化。行为文化体现于人们在社会实践，尤其是人际交往过程中形成的共同习惯和规范性行为模式。这些行为模式广泛存在于人们的日常生活中，通常通过民风民俗的形式表现出来。行为文化的特征在于它深深植根特定民族和地区的历史与传统之中，展现出独特的民族性和地域性。

这种文化层面的内容丰富多彩，包括了日常礼仪、饮食习惯、节日庆祝、婚丧嫁娶等社会生活的各个方面。通过这些日常实践，行为文化传递了一代又一代人的生活智慧和社会经验，同时也反映了一个地区或民族对世界的理解和态度。

行为文化不仅是社会成员共有的生活方式，而且是社会凝聚力和身份认同的重要来源。它通过约定俗成的习惯和规范，为人们提供了一个共同遵循的行为框架，有助于维持社会秩序和促进人际间的和谐相处。同时，行为文化中的民族性和地域性特点也使不同地区和民族之间保持了各自独特的文化特色和社会身份。

随着时间的推移，行为文化也可能发生变化，这些变化既是社会发展和文化交流的结果，也是社会成员对于传统的重新诠释和创新。尽管如此，行为文化依然是连接过去与现在、个人与社会的桥梁，是理解一个社会文化复杂性和多样性的重要窗口。

（4）精神文化。精神文化是人类在漫长的社会实践和意识形态活动中逐渐创造、精炼并提升的一系列价值观念、审美标准、宗教信念以及思维模式的集合。这种文化现象主要以观念的形式存在，表现出较高的抽象性和一定的独立性，使精神文化成为文化结构中较为深层的一个领域。

精神文化的内容极为广泛，涵盖了人类对生活、世界和宇宙的根本看法和理解，反映了社会群体在长期发展过程中形成的内在精神追求和心灵需求。这些精神成果既包括人们对美的追求和艺术创造，也包括他们对生命意义、道德规范和宇宙真理的探索。

精神文化以其独有的方式影响和塑造了人类的社会行为和个体生活，为人类提供了解释世界和自我认知的框架。它不仅反映了人类社会的智慧和创造力，也是社会进步和文明发展的重要驱动力。

虽然文化可以从物质文化、制度文化、行为文化和精神文化等不同层次进行分析，但实际上，这些层面是紧密相连、相互作用的。它们共同构成了文化的有机整体，不断地在相互制约、影响和转化中发展和变化。每个层次都是理解和分析文化复杂性的一个角度，但不能孤立地看待它们，因为它们相辅相成，共同塑造了人类社会的文化景观。这种分层的分析方法仅仅是为了更好地探讨和理解文化的内涵而采用的一种策略。

二、文化产业概述

（一）文化产业的概念

在探讨文化产业的定义上，国内外专家和机构的观点虽多样，但未能形成统一的共识。笔者通过对现有观点的梳理和总结，可以发现几个关键的解读维度：

第一，联合国教科文组织将文化产业定义为根据工业标准进行文化服务与产品的生产、再生产、分配及储存活动的总和。这一定义强调了文化产品的生产流程和供给体系。

第二，美国在20世纪90年代末通过"北美行业分类系统"对文化产业进行了界定，将其定义为将信息转换为商品的行业。这一分类包括数据库和在线信息服务等信息技术产业，以及电影、报纸和音像制品等传统媒介产业，但排除了通信设备与计算机制造。这一划分反映了将文化产品与信息技术结合起来，形成信息文化内容产业的新趋势。

第三，欧洲的相关机构认为，文化产业是文化的产业化表现和文化经济属性的体现，强调了经济活动与文化的紧密结合，视其为具有文化意义的产品交换活动。

第四，日本的《新文化产业论》将文化产业分为三类：为其他行业提供文化附加值的产业、销售与生产独立呈现的文化产品行业，以及提供文化服务的劳务行业，展现了文化产业广泛的覆盖范围和多样化的业态。

第五，中国文化和旅游部门在21世纪初通过实地考察后，将文化产业定义为从事文化服务及文化产品生产的经营性行业，涉及文化出版、广播影视、文化旅游和文化艺术等领域，强调了文化产业的经营性质和主要组成部分。

第六，《中国文化产业发展报告（2020—2021）》中提出了从商品属性和经济过程属性两个角度理解文化产业，既包括向消费者提供精神服务与产品的行业，也强调了工业标准下文化服务与产品的系统活动。

从以上内容可以看出，文化产业的定义覆盖了从具体的生产活动到抽象的价值观念，从传统的艺术形式到现代的信息技术服务，体现了文化与经济的融合发展。文化产业不仅是市场经济的重要组成部分，同时也承载着提升人类文化素养的使命，强调了文化产品的规模化生产和文化企业的市场化经营。这些观点共同构建了一个多维度、多层次的文化产业理解框架，展示了文化产业的复杂性和多元化特征。

（二）文化产业的特征

1. 文化产业的原创性和复制性

文化生产的核心环节在于内容的创造，这一过程的特别之处体现在其独特的原创特性上。文化生产本质上是一项涉及知识产权的创新性活动，其成果具备独一无二的特质，无法被复制或替换。这种原创性的特点使文化产业与其他行业区别开来，正是基于这一特性，英国的专家们将文化产业形象地称为"创意产业"。

尽管文化产品的创新性和独特性是其核心价值，但其经济价值的实现依然依赖规模化的生产过程。与传统制造业的简单复制不同，文化产业中的复制过程涉及文化编码的再现，这一过程是通过特定的媒介来完成的。换句话说，当我们购买一件产品，比如一台设备，其价值主要通过其实用性能来体现；而文化产品的价值则源于其所承载的思想和设计理念，它能够丰富和滋养人们的思维。

以文学作品为例，一部小说能够引领读者步入一个全新的世界，拓宽他们的视野，这种体验远远超越了文字和纸张这些物质载体能够提供的感受。文化产品之所以具有这样的能力，是因为它们在复制生产的过程中依然保持原创性的核心，通过思想和设计理念的传递，实现了对消费者精神世界的丰富与扩展。这一点体现了文化产业在创造和复制中的独特平衡：既保持了创意的独立性，又实现了文化价值的广泛传播。

2.文化产业的大众趋势和文化消费的独特性

传统文化的显著特征包括其高雅性、地域性和民族性。但是，随着传播技术的进步和文化经济的演变，各国的本土文化面临前所未有的挑战。文化全球一体化的趋势愈发明显，文化界限逐渐变得不那么清晰。同时，随着高雅艺术愈发趋向大众化，这些艺术形式开始展现出一定程度的同质化，原有的高雅艺术界限逐渐模糊。在文化产品越来越多地朝向市场化发展的背景下，世界各地的文化在一个高度竞争的环境中争夺认可和地位，一些国家的杰出文化作品已经成功打入国际市场，获得了各国的认可。

文化大众化是文化产业发展的根本，其特点主要体现在产品的规模化、机械化和重复化。但是，文化产业中的消费模式与一般消费行为存在差异。首先，文化消费将消费和生产融为一体，这一过程本质上是对信息和符号的处理，自然地将消费和生产过程结合了起来。其次，文化消费者往往具有较高的文化素养，并寻求满足更深层次的精神需求。通常，文化消费被视为一种高级形式的文化需求，它要求消费者具备丰富的文化修养和知识背景，以便更深刻地理解和吸收作品所传达的思想和情感。最后，个性化消费是文化消费的显著特征。由于个人的文化背景和家庭环境的差异，即使是面对同一文化产品，不同消费者的反应也会各不相同。

这种文化发展的现象指出，虽然面临全球化的挑战和市场化的压力，文化产业仍然保持着其内在的复杂性和多样性。文化的传播和消费不仅仅是商品交换的简单过程，还涉及深层次的文化交流和个人认同的构建。在这一过程中，文化的高雅性、地域性和民族性虽然受到挑战，但也提供了机会，促使文化产业寻找新的创新路径，以应对全球化背景下的文化同质化趋势，同时满足人民日益增长的文化消费需求。

3. 文化产业中的娱乐与教育特性

文化产业的兴起和扩展极大地改变了人们的生活方式及社交模式，使人们的休闲娱乐活动需求不断增加。这一产业的核心在于满足群众精神生活的需求，特别是通过文化娱乐、广播影视和文化旅游等行业，以满足人们对休闲娱乐的渴望，从而不断地丰富人们的精神和文化生活。提供丰富多样且高质量的精神食粮及休闲娱乐服务，以便极大程度上满足人们对这一领域的需求，构成了文化发展的基础。

随着人们对精神和文化生活需求的提升，向往自然、追求生活和谐成了他们广泛的精神追求目标。文化服务和产品最大限度地迎合了人们在精神层面的生活需求，使人们通过艺术的熏陶和感染，促进了自身审美水平和文化素质的提升，发挥了激励和影响人们的积极作用。文化产业的社会属性与其教育功能密不可分，文化产品和服务包含了生产主体的情感、意志、思想等各方面因素。当消费者接触文化产品时，他们就在精神层面获得了满足和启发。优秀的艺术作品能够发挥正面作用，而不良的艺术作品可能产生负面影响，对社会发展构成威胁。

因此，重视文化生产和服务的教育意义，将坚韧不拔、勇于进取的优秀文化理念融入文化产业，使消费者在享受娱乐的同时受到教育作为重要课题。正如中国文化产业发展的基本原则所强调的，应用科学理论武装人们的头脑，以正确的舆论导向，用高尚的精神塑造人格，通过优秀的作品激励人们，这也是构建中国特色社会主义文化的关键需求。

（三）文化产业的作用

1. 推进文化产业发展助力社会主义精神文明的构建

文化产业的发展既依赖物质文明的支撑，也紧密关联着精神文明的进步，特别是在社会主义精神文明建设中扮演着核心角色。这意味着，推动文化产业的发展，可以有效促进精神文明的构建。文化产业，从本质上讲，涉及文化服务和文化产品，这些服务和产品是基于市场发展规律而产生的，旨在为消费者提供创新的服务方式和生产模式。

在这一过程中，消费者在市场上寻找与自己兴趣相符的文化产品，通过这些文化产品获得精神上的享受和满足，形成了一个由文化需求和供给驱动的市场循环体系。这种动态的供需关系不仅促进了文化产品的多样化和个性化，也为消费者提供了更为丰富和深入的精神体验，从而推动了社会主义精神文明的发展。

文化产业通过其独特的发展方式，为社会主义精神文明建设提供了强有力的支撑。它通过为人们创造和提供多样化的文化服务和产品，满足了人们在精神和文化层面的需求，加强了人们对社会主义核心价值观的认同，促进了社会主义精神文明的全面发展。此外，文化产业的繁荣也反映了社会主义文化自信的提升，展现了社会主义精神文明的现代表达和实践路径。

因此，文化产业的繁荣发展不仅是经济增长的动力之一，更是社会主义精神文明建设的重要支柱。它通过不断满足人民日益增长的精神文化需求，促进了社会主义精神文明的深入发展，加强了社会的文化软实力,为构建和谐社会提供了坚实的精神基础和文化支撑。这一过程中,文化产业与社会主义精神文明建设相互促进,相互融合,共同推动了社会主义文化的繁荣和发展。

2. 文化产业具有维护社会秩序的功能

科学研究表明,个人的犯罪倾向与其如何安排空闲时间息息相关。具体而言,当个人在闲暇时间缺乏具体活动时,其参与犯罪的可能性将显著增加。因此,为了有效管理社会,对公众的闲暇时间进行适当管理显得尤为重要。人们增加自身参与文化和休闲活动的时间,可以有效降低犯罪率。

在社会快速发展的当下,信息传播渠道的增多和人口流动性的加大,使很多人难以对自己的业余时间进行合理安排。在这种背景下,积极发展文化产业,为公众提供更多的精神文化需求满足,不仅能够丰富他们的精神生活,还能引导他们健康地发展身心。

文化产业通过提供各种文化和休闲活动,如电影、音乐、艺术展览、图书阅读等,不仅满足了人们对于美好生活的追求,还为他们提供了积极健康的生活方式的选择,从而使人们在一定程度上避免了空闲时间的不当利用。这些活动不仅能够吸引公众参与,还能提升他们的文化素养,增强社会凝聚力。

因此,为了维持社会的稳定和谐,推动文化产业的持续发展至关重要。文化产业的繁荣不仅能够为人们提供更多的就业机会,促进经济发展,更重要的是,它能够为社会带来积极的文化引导作用,通过充实公众的闲暇时间,降低犯罪率,从而为社会稳定作出贡献。在这个过程中,文化产业成为连接个体幸福和社会稳定的桥梁,展现了其在社会管理中不可或缺的作用。

3. 文化产业促进公众文化素养和人文品质的提升

通过书籍、报刊、电视、广播和网络等多样化媒介,公众能够接触到丰富的文化内容。这些文化产品能够在无形中对人们产生深刻影响，促使社会成员的教育水平和认知能力持续提升。这些媒介提供的文化精神食粮，不仅满足了不同年龄层受众的知识需求，还丰富了他们的精神世界，拓宽了他们的视野。

文化产业的发展，特别是内容的多元化和质量的提升，使人们能够在欣赏和学习的过程中，接触到地理、历史、科技、人文等多方面的知识。这不仅增加了个人对世界的了解，也加深了他们对自然环境和社会环境的客观、理性和全面认识。随着文化消费的日益增长，人们通过对这些文化产品的消费，不仅获得了知识，还在无意间提升了自己的文化素养。

随着时间的推移，文化产业通过为人们提供高质量和富有教育意义的内容，成为推动社会文化素养提升的重要力量。这一过程不仅强化了个体对知识的渴求和学习的动力，也促进了社会整体文化水平的提高。通过不断吸收文化产业所提供的知识和信息，社会成员能够更好地理解世界，扩展思维边界，并在个人成长和社会发展中发挥积极作用。因此，文化产业不仅是提供娱乐和休闲的领域，更是教育和启蒙的场所。它通过各种形式和渠道，将文化知识和人文精神传递给公众，不断提升社会大众的文化修养和人文素质，展现了文化产业在社会发展中的重要价值和作用。

4.文化产业具有休闲娱乐的功能

根据马斯洛的需求层次理论，人类的需求被划分为几个层次：生理需求、安全需求、社交需求、尊重需求以及自我实现需求。这一理论指出，人的精神需求的发展是建立在满足了基本物质条件之后的，只有在物质条件得到充分满足的基础上，人们才会追求更高层次的精神文化生活。

随着全球化进程的加快，人们对精神文化生活的需求变得日益多样化。观察西方中等发达国家的情况可以发现，随着居民生活水平的提高，人们的文化消费也变得更为丰富，并且文化产品更加多样化，能够满足不同人群的需求。在我国，经济的快速发展带动了人民生活水平的持续提高，随之而来的是人们对文化产品需求的显著增长和多样化。从文化消费的趋势分析中可以看出，大众文化消费的占比逐年增加，尤其是在电影、娱乐服务、书籍、音像制品等文化领域的消费明显上升。

这种变化反映了随着经济条件的改善和生活水平的提升，人们不仅仅满足于基本的生活需求，更加注重精神层面的丰富与提升。文化产业因此成为满足人们精神需求、提高生活质量的重要领域。人们通过消费文化产品和服务，不仅能够娱乐放松，还能够在精神上获得满足和成长，这对于促进个人的全面发展和社会的文化进步都具有重要意义。随着社会的不断进步和人们需求的日益多元化，文化产业的发展和创新将更加贴近人们的生活，满足人民群众日益增长的美好生活需要。

第二节　旅游和旅游产业

一、旅游概述

（一）旅游的本质

旅游是一种根植审美与愉悦的活动，无论是在古代还是在现代，无论是在东方还是在西方，旅游的核心都是为了体验美和享受快乐，这一点是构成旅游的不可或缺的内核。旅游本质上是一项审美活动，它是人们通过旅行来实现审美体验的过程；旅游本质上也是一种休闲活动，其显著特征是审美，可以视为一种综合性的审美实践。

旅游的实质被视为人类为了超越自我、愉悦身心而采取的一种特殊生活方式。它反映了人们追求自我价值实现的文化意识。简而言之，旅游本质上是追求身心自由感、解放感和特定的满足感的一种特殊生活经历,它以经济支付为手段,旨在达到审美和精神愉悦,是一种文化消费活动。

旅游本质上是人们非职业性前往异地进行景观(包括活动)的探索和体验。这种探索是为了满足自身的好奇心与探索欲,而体验则主要是感受景观中的愉悦感,包括审美愉悦和世俗愉悦。旅游是为游客提供离开惯常居住地的新鲜经历和依托一定物质条件的服务。游客通过旅游得到的是旅行过程中的印象、感受和体验,而不仅仅是对具体资源和设施的占有。

旅游活动涉及政治、经济、文化等众多领域,表现出既多样又复杂的特点。旅游研究的跨学科特性以及旅游现象自身的复杂性导致了学术界对旅游本质的理解存在广泛的分歧,没有形成一个统一的观点。自从意大利罗马大学的马里奥蒂(Mariotti)在其著作《旅游经济讲义》中首次从经济学视角对旅游现象进行系统性的分析和论述后,围绕旅游本质的讨论在不同学术流派间持续展开,形成了激烈的学术讨论。

1. 经济学角度

经济学派将旅游视作一种重要的经济现象,强调旅游活动中包含的食、住、行、游、购等方面,既涵盖了旅游经营者的供给行为,也包括了游客的消费行为,从而凸显了旅游行为与经济的紧密联系。尽管从社会学、心理学、文化学和历史学等多个角度看,旅游被认为是一种社会交往形式、心理体验、文化活动或历史现象,但从其核心出发,旅游主要被视为一种经济活动,反映了游客的经济行为。

然而,尽管旅游活动与经济领域紧密相连,仅从经济学的视角审视旅游本质,可能只能解析旅游行为与经济之间的表层联系,并不能深入探讨旅游的深层次实质和背后的原因。因此,将旅游仅定义为经济活动的观点虽然揭示了旅游与经济之间的关系,但并未完全揭示旅游的本质。这表明,理解旅游现象的复杂性和多维度特征需要超越经济学的单一视角，结合社会学、心理学、文化学和历史学等多学科知识，更全面地探究旅游的本质和动因。

2. 美学角度

从美学角度探讨旅游的本质时，旅游可以被定义为一种主要追求心理快感的审美和自娱过程，是人类社会发展到一定阶段的基本活动之一，旅游的起点、过程和最终效果都旨在获得精神上的享受。因此，旅游不仅仅是经济活动，更重要的是一种精神活动，这种精神生活来源于人们对美感的追求，使旅游成为一种审美活动，一种综合性的审美体验。

针对旅游活动能够为游客带来美感和愉悦的定义方法，人们引发了对旅游本质特殊性和唯一性的深入思考。显然，并非所有能够提供美感和愉悦的活动都能被定义为旅游。例如，家庭中养花养鱼虽然同样能为人们带来美感和愉悦，但这并不构成旅游活动。因此，在定义旅游本质时，需要识别其特殊性和唯一性。旅游活动不仅仅是人们通过外出游历获得美感和愉悦，更是一种跨越日常生活空间、寻求新鲜体验和文化理解的特殊行为。旅游的本质在于它结合了物理移动与精神追求，不仅仅是寻找外在景观的美，更是一种内心世界的丰富和自我认知的提升。因此，旅游的唯一性和特殊性在于它作为一种综合性的审美活动，既包括对外部世界的探索，也涉及对内心世界的洞察和反思。

3. 人类学角度

美国知名旅游人类学家纳尔逊·格雷本（Nelson Graburn）于1983年在他的重要著作《旅游人类学》中首次提出了一个观点，认为"旅游是一种融合了仪式性质的行为模式与游览活动的特殊现象"。格雷本深入探讨了旅游活动与传统生活中的周期性仪式和阶段性洗礼之间在实际意义上的相似之处。他指出，年度性的度假旅游活动，如结婚仪式和毕业典礼等，构成了人生中必须经历的重要仪式。而那些具有自我考验性质的艰苦旅游活动，比如探险旅游和野外生存等，则被视为一种标志性的人生过渡仪式。通过这些"仪式"的历练，人们会感到快乐、愉悦，并孕育出新的精神状态。

将旅游定义为一种人生中不可避免的"仪式"，从人类学的视角为我们提供了一个深入理解旅游本质的新途径。然而，这种将旅游视作必须经历的"仪式"的观点，其将旅游绝对化的做法仍有待进一步的讨论和审视。

除此之外，其他学者也从不同的角度对旅游的本质进行了阐释。有的学者从体验角度认为，旅游是个体在目的地进行的一种旨在满足各类心理需求的短暂休闲体验活动，其中，目的地被视作一种舞台。从表现学角度看，旅游的本质则体现在旅游主体和客体之间相互作用的过程中，是旅游行为所展现出的一切关系的综合。

通过分析上述对旅游本质的不同学术观点，可以发现，在当前对旅游本质的探讨中，各种观点或是仅关注了旅游的某个特征或属性，或是未能深入揭示旅游现象的核心本质，展现了对旅游本质的泛化或绝对化的理解。这表明，旅游作为一个多维度、复杂的社会现象，其本质的探讨需要跨越单一学科的界限，综合多角度分析和理解，这样才能更全面地捕捉到旅游的实质特征和深层含义。

（二）旅游的功能

旅游活动本质上是个体为了追求心灵的快乐和审美满足而选择的一种方式，它的核心属性包括暂时离开日常环境和前往他地，这些特性共同塑造了旅游的基本功能。具体而言，旅游业的发展对社会、文化和经济各个层面产生了广泛影响，这些影响被称为旅游的功能。旅游的功能如图2-1所示，涵盖了促进文化交流、加快经济增长以及教育与情感等。

第二章　文化与旅游的概念界定

图中文字：
- 加快经济增长功能
- 旅游的功能
- 促进文化交流功能
- 教育与情感功能
- 旅游有助于增进社会公德意识，培养人们对多元文化的尊重
- 旅游业有助于提升居民生活水平，推动经济发展与繁荣
- 旅游在推动人类文明的发展和进步中扮演了关键角色

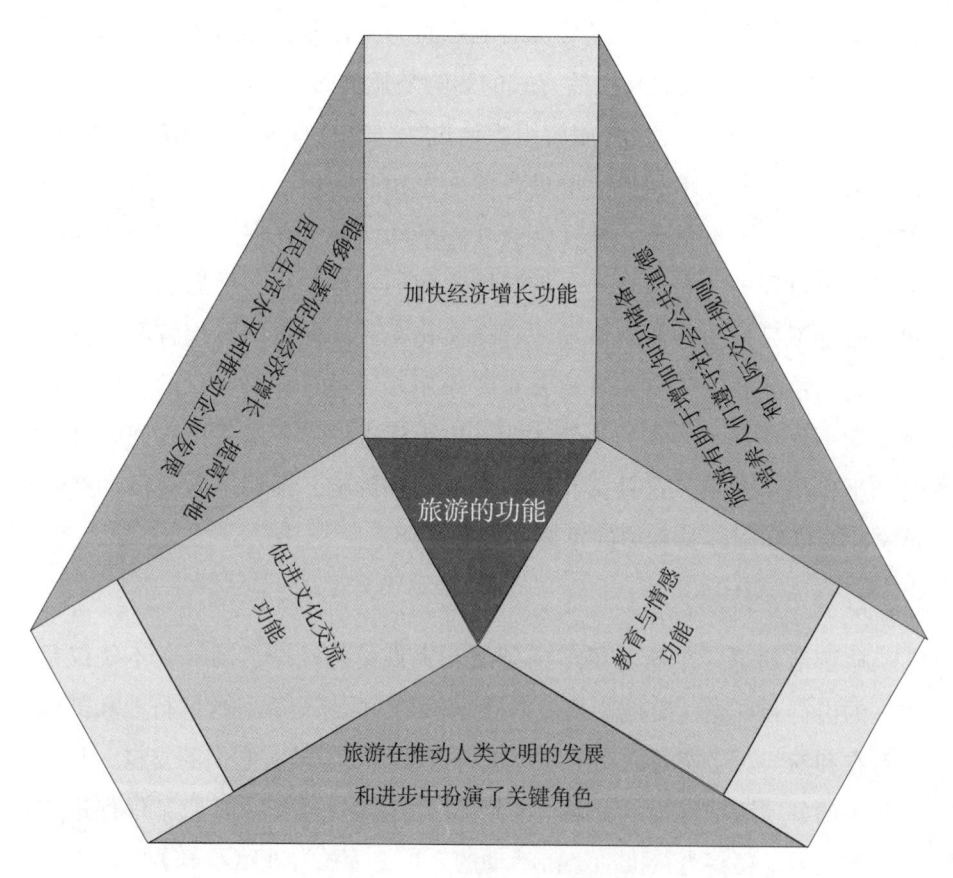

图 2-1　旅游的功能概括

1. 促进文化交流功能

当游客踏入一个新的环境，他们不可避免地会经历文化的融合过程：通过旅游活动与当地居民的互动交流，进一步加深相互之间的情感联系。

历史上，旅游活动一直是促进国际文化交流的重要手段。通过历史记载，可以得知旅游在推动人类文明的发展和进步中扮演了关键角色。例如，鉴真东渡到日本传播佛教文化，以及意大利的马可·波罗经历十多年的中国之旅，写出《马可·波罗游记》，为欧洲乃至其他国家提供了一个全新的中国形象，唤醒了他们对中国的好奇心和探索欲。随着旅

游活动的兴起和发展，游客与目的地之间的文化差异逐渐相互作用和影响，游客对于当地文化和生活方式的影响是显著的。

20世纪80年代，世界旅游组织通过《马尼拉宣言》，强调了旅游在促进国际关系和寻求和平、增进各国人民相互认识与理解方面所扮演的积极角色。旅游不仅是一种社会交往的活动，而且在促进国与国之间文化交流的过程中，它还有助于加强国家间的友好关系。根据上述内容可知，旅游不只是一种休闲活动，它在文化交流、促进国际理解和加深人们之间的情感联系等方面发挥着重要作用。通过这种跨文化的交流，旅游活动不仅丰富了游客的生活体验，也为促进世界各国人民之间的理解与和平作出了贡献。这种文化的相互作用和影响，证明了旅游活动在全球文化交流和国际关系中的重要地位和作用。

2.加快经济增长功能

旅游活动是一个涵盖了广泛领域和大规模的社会活动，它不仅仅是单一的出行和观光，而是涉及多个行业和部门的综合体。这些行业和部门的存在和参与对于旅游活动的顺利进行至关重要，没有它们的支持，与旅游相关的各项活动将难以实现。这些部门的协作和参与，不仅能够促进旅游业的发展，还将直接推动经济活动的产生，为旅游业赋予显著的经济功能，这主要表现在刺激当地居民的收入增长和推动企业发展等多个方面。

涉及旅游业的经济功能的企业种类繁多，包括但不限于旅游商店、各类旅游景点、提供住宿服务的酒店和旅馆、旅行社以及运输服务提供商如旅游车船公司等。这些企业不仅为旅游行业的发展提供了必要的硬件设施和软件服务，确保了旅游活动的顺畅进行，同时也通过旅游业的发展促进了自身的发展。它们在满足游客需求、丰富旅游产品和服务的同时，也为本地贡献了就业机会，推动了相关产业链的发展，形成了一个旅游产业与地方经济互利共赢的良性循环。

因此，旅游业不仅是一个为人们提供休闲和娱乐的行业，更是一个能够显著促进经济增长、提高当地居民生活水平和推动当地企业发展的重要行业。通过这样的广泛参与和贡献，旅游业已成为推动地方乃至国家经济发展的关键力量之一，展现了其在现代社会经济结构中的重要地位和作用。

3. 教育与情感功能

旅游作为一种独特的行为模式，不仅可以拓宽游客的视野，还能在艺术、历史、文学等多个领域增加他们的知识储备。这正如那句"读万卷书，行万里路"所表达的，旅游有助于提升个人的才智和学识。

以明代的著名旅行家和地理学家徐霞客为例，他利用自己超过30年的旅行经验，创作了《徐霞客游记》。这本书不仅是一部卓越的旅行记录，同时也是一部关于中国地质和地貌的科学著作。书中对中国特定环境下的地形特征进行了详细的阐述，为世界地理学的发展作出了显著的贡献。旅游满足了人们对于新奇、知识、乐趣、更新奇的心理需求。游客在旅行前需要做各种准备，如衣食住行等，这个过程本身也是一种自我学习的过程。当游客到达旅游地点，对祖国的美景赞叹不已时，他们同时也能感受到目的地深厚的文化底蕴、历史遗迹以及传统艺术给予他们的震撼。

旅游还提供了进行道德教育的机会。作为一种公共活动，旅游有助于培养人们遵守社会公共道德和人际交往规则。例如，在景区乘坐缆车时，游客需要排队购票并依次进入候车室，这一过程不得插队或推挤。通过旅游，人们不仅能够欣赏到优美的自然风光，体验大自然的魅力，同时还能深入了解中国悠久的历史文化和现代化建设的成就，从而激发对祖国的深厚爱意。

二、旅游产业概述

（一）旅游产业的概念

在学术界内外，关于旅游业是否具备产业特性的争议一直非常激烈。由于现代旅游业对各国及地区的政治、经济、文化和环境产生了显著影响，人们开始将旅游业作为一个产业进行深入研究。在国内，大多数学者认同旅游业属于产业范畴，但他们对旅游产业的具体定义存在着多种解读。

综合不同的观点，本书认为旅游业确实是一项产业，并提出以下定义：旅游产业是基于旅游资源，依托旅游设施，以旅游活动为核心，通过提供旅游产品和服务以满足游客的各种需求的综合性产业。因此，旅游业可以被简化为在旅游活动中提供直接或间接服务的行业和企业，其核心在于追求经济利益。

这种界定不仅凸显了旅游业作为一个产业的复合性质，也突出了它在促进经济发展、增加就业机会方面的重要作用。通过这种理解，人们能够更加明确旅游业在当代社会经济结构中的地位和作用，为相关政策制定和产业规划提供理论支持。

（二）旅游产业的特征

1. 旅游产业的综合性

旅游产业的服务和商品涌现是多个社会行业部门互动协作的结果，它涉及广泛的领域。这个产业不仅包含了卫生、邮电、园林、教育、文化、金融、海关等非物质生产部门，也覆盖了建筑业、轻工业等与国民经济发展紧密相关的物质生产部门。此外，旅游产业还涉及旅游交通业、餐饮业、旅行社等直接服务于旅游的从业机构，这些不同的部门和行业在其专业领域内为旅游业提供了必要的服务和支持。

这种跨部门的合作体现了旅游产业的综合性，不同部门和行业之间的相互依赖和互补作用共同满足了游客的多元化需求，确保了旅游业的健康发展。旅游产业因此被视为一个需要多方面配合的产业，其特点是多方位、多层次、复杂性和网络化。

旅游产业的这种复杂网络结构不仅促进了各行业部门之间的相互作用和合作，还推动了旅游相关服务和商品的创新和多样化，从而满足了游客不断变化和升级的需求。这种综合性和复杂性使旅游产业成为推动社会经济发展的重要力量，同时也为旅游目的地的可持续发展提供了支持。因此，旅游产业的发展不仅需要行业内部的协调，也依赖跨部门的合作和整合，各部门需要共同努力，提升旅游服务质量，增强游客体验，促进旅游产业的持续健康发展。

2. 旅游产业的关联性

旅游产业通过将众多社会行业和部门紧密连接，形成了一个复杂而广泛的经济网络，从而在很大程度上依赖与之相关的各个产业。这一依赖性表明，旅游产业的发展离不开各种旅游资源，这些资源的吸引力是促使大量游客进行旅游消费的关键因素。因此，一个旅游目的地的国民经济发展水平，直接关系到该地区旅游服务的质量。

由于旅游产业的这种依赖特性，其发展必须与相关部门、企业、行业进行全面的规划和协调发展。如果缺乏这种协调，当地旅游产业很难在经济和社会效益上实现良好的效果。同时，旅游产业展现出了明显的带动作用，它的发展能够刺激旅游目的地的建筑、文娱、园林、公路、航空、水路等多个领域的进步，并促进当地生活质量与生产环境的整体提升。

根据以上信息分析可知，旅游产业不仅促进了投资环境的优化，也在地区经济发展中扮演了重要角色。通过实践的检验，旅游产业被证明在推动地方经济增长、改善地区基础设施以及提升居民生活标准方面具有不可忽视的贡献。因此，旅游产业的繁荣对于地区经济的全面发展具有深远的影响，这也是为什么旅游产业被广泛认为是促进经济和社会发展的重要力量。

3. 旅游产业的季节性

旅游产业的发展受到季节性特征的影响，其中，气候变化对当地自然资源的影响尤为明显，进而导致游客数量的波动，形成了明显的淡季与旺季之别。这种季节性变化对旅游景区产生了直接的影响：淡季期间，由于游客数量的减少，景区内的各种设施往往处于闲置状态，这不仅造成资源的浪费，还产生了对设施维护的额外成本。而到了旺季，随着游客量的激增，原有的设施和服务往往难以满足游客的需求，这不仅影响了游客的旅游体验，也给景区的运营管理带来了压力。

因此，如何有效应对旅游产业的淡旺季问题，成为旅游管理者需要面对的重要课题。这一问题的解决关系到旅游景区能否平衡经营成本，提高资源利用效率，同时确保游客获得满意的旅游体验。对此，旅游景区和相关管理部门需要采取一系列策略，比如在淡季通过推出优惠政策和特色活动吸引游客，减少设施的空置率；在旺季则通过加强设施建设和优化服务流程，提高服务质量和效率，应对游客量的激增。此外，通过市场调研和数据分析，合理预测游客流量，进行科学规划和资源配置，也是解决淡旺季问题的有效途径之一。

旅游产业的季节性特征及其带来的挑战，要求旅游管理者和从业人员具有高度的灵活性和创新能力，以确保旅游景区在不同季节保持良好的运营状态，为游客提供持续优质的旅游服务，实现旅游业的可持续发展。

（三）旅游产业结构

1.产业结构

自 20 世纪 40 年代产业结构概念提出以来，学界主要从两方面进行解读。一方面，产业结构被视为经济活动中不同产业形成的联系和比例关系的体现。这些联系和比例关系反映了产业之间以及产业内部各行业在经济活动中形成的复杂且广泛的密切联系。可以说，任何一个产业或行业的发展都与其他行业或产业紧密相连，彼此间提供经济和技术支持，共同促进社会发展和创新产品的生产。另一方面，产业结构指的是部门内部各生产要素之间的比例关系或分配方式，包括中间要素投入结构、产业固定资产结构及产业技术结构等。

在产业经济的发展中，产业间的联系方式及技术经济联系构成了产业结构的基础，这种联系可以从"量"和"质"两个视角进行分析。从"量"的角度看，主要通过数据展现特定时期内各产业间的联系及其在经济活动中的比重，即产出与投入的比例关系，发展成为关联理论；从"质"的角度看，其动态反映了经济活动中产业间联系方式的发展趋势，阐述了各产业在社会经济活动中的地位及其发展规律和结构效益，进一步演化为产业结构理论。量的角度涵盖了三次产业的内部构成、国民经济中的三次产业构成以及三次产业内部的行业构成；质的角度则围绕国际竞争力与规模效益、附加价值、资本集约度、高新技术产品产值以及加工深度等方面进行考察。

广义的产业结构理论由狭义的产业结构理论与产业关联理论共同构成。在产业结构中，产业布局与产业组织是两个紧密相关却含义不同的概念。产业组织指的是同一市场上同类产品企业间形成的关系结构，这一结构对企业间的竞争力和规模经济效益起到关键作用；而产业布局则是指在特定空间范围内的产业生产力的布局与组合，它是产业结构的空间体现，直接影响经济发展速度和趋势。此外，所有制结构、产品结构及市场结构等概念也与产业结构紧密相关，其中，广义的产业结构内容即指产品结构，而产业组织内容则涉及市场结构。

2.旅游产业结构

目前，对旅游产业结构内涵的理解主要建立在产业经济学领域对产业结构定义的基础之上，这表现为产业内部各要素之间的关系以及它们在产业中所占的比重。尽管如此，旅游学界在旅游产业的具体定义上仍然存在不同看法，因而对旅游产业结构范围的界定也未能形成统一意见。当研究者试图从旅游系统、产业关联以及游客需求等多个角度考察旅游产业时，他们倾向从旅游经济结构的角度来界定产业结构，包括旅游产品结构、旅游产业的地区结构以及行业结构等方面。从游客对旅游活动依赖性的角度划定产业范围时，旅游行业结构和旅游产业结构往往被混合使用，并将旅游产业结构界定为以旅行、住宿、餐饮、娱乐、购物等为核心的行业间的联系和比重。

此外，一些学者将旅游产业结构狭义定义为旅游行业结构，而将广义的旅游产业结构看作更宽泛的经济结构。师守祥及徐丽霞的观点是，将旅游产业视为国民经济体系的一部分，他们认为旅游产业在经济领域并没有独特性，其本质仍然是产品的交换和生产过程，主要涉及原料的加工、获取和销售。[①]

本书倾向通过分析游客对旅游的依赖性来界定旅游产业的定义，并解释旅游产业结构是指专门为游客提供旅游相关服务与产品的不同行业间的要素联系及其比重关系，特别是围绕旅游核心特征产业之间的元素占比情况及其相互关系。同时，鉴于旅游经济体系的开放性，旅游产业结构的定义也应涵盖产业间的要素联系和比重关系，从而为游客提供一个全面而深入的旅游产业结构的理解，体现旅游产业在满足游客需求、促进经济发展方面的重要作用和贡献。

第三节 旅游与文化的关系

一、旅游与文化的关系概述

文化贯穿人类活动的方方面面，而旅游则是休闲生活的一种形式。

[①] 师守祥、徐丽霞：《论旅游产业构成界定的逻辑与原则》，载《区域旅游：创新与转型——第十四届全国区域旅游开发学术研讨会暨第二届海南国际旅游岛大论坛论文集》，海南出版社2009年版。

在旅游经历中，游客得以暂时摆脱传统文化的束缚和日常礼节的限制，进入全新的文化环境。旅游文化综合了旅游活动中的物质与精神成就，它不仅为人们提供了观赏和参与的机会，还让人们深刻体验到了文化的精髓，展现了明确的展示性和选择性，其中也蕴含丰富的艺术特征。旅游本质上是一项精神文化活动，它旨在满足人们的审美需求，是一种社会文化现象，既体现了文化的创造性，也反映了文化消费的过程。[1] 随着社会文明的发展，人们对精神生活的追求日益增强，游客不再仅仅满足于自然风光的表层欣赏，而是寻求在自然与人文景观与文化的结合处获得审美的愉悦，深入探寻和理解文化的深层意义。

（一）旅游与文化的关系

旅游与文化之间的关系密切且复杂，主要体现在以下几个方面：

第一，旅游活动的产生标志着人类文化达到了一定的发展阶段。这种活动不仅反映了社会的物质和精神文明水平，也展现了人类对于探索未知、求知欲望的文化追求。旅游成为连接不同地域、不同文化的桥梁，促进了文化的交流与融合。

第二，旅游本身是一种追求身心满足的行为，体现了人类对美好生活的向往。在旅游过程中，游客通过亲身体验不同的文化现象，满足了对美、对新奇、对知识的渴望。这一过程不仅是他们对外部世界的探索，也是对内心世界的洞察，充分体现了旅游的文化属性。

第三，文化因素是激发人们产生旅游欲望的核心动力。不同的文化背景、历史传统、艺术形式和生活方式都能成为吸引游客的亮点，驱动人们跨越地理界限，去体验和学习其他文化。文化的多样性和独特性为旅游提供了无尽的资源和可能，促使人们对世界有更深层次的认识和理解。

第四，旅游行为的过程本质上是一个信息的传递和接收过程。游客

---

[1] 朱运海：《襄阳文化旅游发展研究》，华中科技大学出版社2013年版。

在旅游活动中获取的不仅是视觉和感官上的享受，更包括对所到之地文化、历史和社会的深入了解。这种信息交流不仅丰富了游客的个人经验，也促进了文化的传播和文明的进步。通过旅游，不同文化之间的信息得以流动和交换，增进了人们之间的理解和尊重，推动了全球文化的多样性和包容性发展。

大众旅游的兴起是人类在精神和物质文化方面达到某一阶段的必然产物。这一现象出现的背景是：广大人民群众拥有了足够的自由支配收入，充足的闲暇时间以及各式各样吸引人的目的地选择，使旅游成为一种可能的生活方式。因此，旅游活动本质上是一种在特定条件下发生的文化活动。

激发旅游欲望的因素众多，既包括人们的直接与间接旅游经验，也包括大众媒体的推广、国家的政治经济活动、宗教信仰、种族民族背景、社会活动、商业推广、学术研究以及生态环境等因素。这些因素中的大部分具有文化属性，说明文化是构建旅游大众基础的关键因素。

旅游行为的过程从游客开始旅行活动算起，到旅行活动结束为止。这一过程中，涉及游客与他们接触的人之间的信息交换，信息的来源包括人、景观和物品。信息的影响指的是信息对信息接收方（包括社会组织）产生的直接或间接效果。在旅游行为过程中，无论是有意还是无意的信息交换，不论是主动还是被动地接收信息，都将对游客产生影响。

游客的存在本身也会对他们在旅游过程中遇见的人产生刺激作用，他们的行为会传递出自己文化背景下的信息。同时，旅游信息也将对与旅游相关的社会组织行为产生必然影响。因此，在旅游活动中发生的信息交换过程必然会对信息接收者在文化差异感知方面产生刺激，人们对于文化差异的感知和反应成为文化交流过程中值得关注的内容。

旅游行为过程及旅游过程中的信息转移、传播和信息"放大"，构成了一种狭义的文化过程。这一文化过程使大众旅游担负起了文化交流与传播的社会职能。总之，旅游活动是一种文化的表达形式，是一种狭义的文化过程，也是现代文化生活的一部分，其核心属性是文化。文化既是旅游的社会背景，也是推动旅游走向大众化的精神动力。

（二）旅游对人类文化的影响

旅游活动自诞生之日起，不单单为游客本身带来了益处，其在宏观层面对人类文化的贡献也极为显著，具体表现在以下几个方面：

第一，旅游活动促进了人才的培养与成长，为各领域培育了大量优秀人才。

第二，作为文化交流与传播的有效途径，旅游活动促使了不同文化之间的相互理解和借鉴。

第三，随着新兴旅游理念和意识的普及，人类文化得到了进一步的丰富和发展。

第四，旅游行为本身，作为一种生活方式的选择，拓宽了文化的边界，为文化的多样性和发展提供了更广阔的空间。

旅游活动激发了诗人、画家等艺术家的创意火花，促使他们创作出许多流传千古的杰作；同时，旅游也为学者提供了获取现场知识的机会，深化了他们对这个世界的理解，使其研究成果对人类文明的贡献更加显著。通过旅游，不同的文化群体得以互相了解和认识，推动了人类文化的发展和进步。在现代社会，大众旅游的兴起对人们传统的生产和生活方式产生了深远的影响，强化了在现代生产和生活条件下对反传统的支持。例如，倡导环保、反对牺牲生态平衡来发展工业的观念，在旅游业发展的推动下得到了加强。从更广泛的视角来看，现代旅游实际上为全球"社会可持续发展"的目标提供了支持。

（三）文化旅游的影响

旅游现象本质上是文化现象，其背后深受文化的广泛影响，具体表现在以下几个方面：一是文化为游客的行为提供了规范和准则；二是不同的文化因素在激发旅游动机方面起到了不同程度的作用；三是通过旅游活动的实施，人类的文化得以广泛交流，这不仅推动了文化的互相理解和融合，也为减少旅游过程中的障碍创造了更加有利的条件。

旅游行为同样遵循社会生活的普遍规则，复杂的观念体系影响着人们追求旅游内容和选择旅游方式。社会意识的形成促进了旅游逐渐转变为一种更高文化层面的临时生活方式，换言之，自然选择的原则会引导旅游活动朝向更高文化水平的短暂生活形态发展。此外，不同民族和地区的文化成为人们在旅游过程中期望深入了解的重要内容。

二、中西方旅游和文化关系认识的演变

（一）中方语境下旅游和文化关系认知的演变

20世纪80年代，中国开始出现专家学者对旅游与文化关系的探讨，观点多样，包括将旅游视为民族文化展示的平台、认为旅游是文化生活的体现，以及将社会文化作为旅游资源的视角。这些讨论核心在于，旅游与文化的关系密不可分，旅游事业的发展不仅能展现文化特质，而且在旅游行业的内部深化和外部扩展中，均以旅游文化作为根基。文化是所有事物发展的基础，旅游亦然，旅游文化构成了理论基础，而实际的旅游活动则是将理论付诸实践的过程；旅游活动不仅是文化表现的渠道，也是文化展示的过程；旅游文化呈现复杂性和矛盾性的特点。到了20世纪末，随着旅游与文化联系的进一步加深，研究逐渐转向旅游文化学领域。尽管旅游业的快速发展使学界对旅游文化研究的呼声有所降低，但人们对于旅游资源开发的关注却不断增加，旅游文化的研究变得更为广泛。在这一时期，学界对文化与旅游关系的理解并未有显著进展，依然将文化视为资源，认为旅游是文化产品或体验的渠道，二者相互作用。

在旅游政策方面，政府文件中提及的文化和旅游融合主张国内旅游

企业利用非物质文化遗产作为发展资源，通过各种方式展示中国的传统文化，以增强公众的文化自信和民族自豪感。

中华人民共和国文化和旅游部的成立激发了学界关于旅游与文化关系的广泛讨论，学者们从多个角度分析这一关系，包括人才培养、国家政策、身份认同、追求幸福等综合视角。但在这些讨论中，关于文化与旅游关系演进的讨论相对较少，研究视角主要集中在当前的旅游环境，这限制了人们对旅游与文化关系全面理解的深度。

（二）西方语境下旅游和文化关系认识的演变

在历史的理论分析中，16世纪的壮游时期标志着旅游开始向文化体验转变。进入20世纪，旅游目的与文化体验被视为互补的关系，旅游被认为是一种文化展现的途径，由此，文化旅游的概念应运而生，并随时间的推移不断丰富和扩充其内涵。社会发展使"文化"这一概念逐步拓宽。例如，1985年，联合国世界旅游组织描述文化旅游为出于满足对文化的需求而进行的空间移动，包括访问历史遗迹和参与艺术表演或民俗活动；到了1991年，欧洲旅游机构进一步将文化旅游解释为人们为了寻求文化吸引而进行的地点转移，如歌剧和艺术表演、参观历史遗迹等；2003年，联合国教育、科学及文化组织将文化旅游的范畴从物质文化遗产扩展到非物质文化遗产；2007年，联合国世界旅游组织更新了文化旅游的定义，强调旅游是游客为了体验和学习非物质或物质文化遗产而进行的活动，其中，文化产品涵盖能够反映社会特征的历史文物、建筑、艺术和传统。

可以看出，随着文化概念的不断演进，文化旅游的定义也在变化。早期，人们主要关注文化旅游的吸引物，并不断扩大文化旅游的含义，体现在从传统到现代的转变，以及从物质文化遗产到非物质文化遗产的转移。进入21世纪后，人们更多的关注点转向文化旅游对社会生活的文化层面影响。

在实践层面，自 20 世纪 80 年代起，西方国家已经意识到旅游与文化之间的互利和互补性。观察西方国家旅游业的发展，可以发现他们更倾向旅游与文化产业的整合发展，往往忽视了对旅游与文化关系从历史维度进行系统思考和整理的重要性。

三、旅游和文化关系发展的三个维度解析

（一）旅游和文化关系的根源：文化身份的意义与游客对身份认同的追求

文化旅游吸引物的特性是形成旅游与文化关系起点的核心，其构成了这一关系深层次的含义。文化包含三个维度的内涵：一是作为塑造个人生活方式的符号性工具；二是作为创造新符号和意义的实体；三是符号、意义和传统的聚合体。这三个维度均与身份辨识有着密切联系。那么，赋予文化以身份辨识特质的吸引力是什么呢？旅游被视为一种探索自我身份的旅程，个人自我构建的过程即是旅游体验的一部分，同时也涉及社会群体与个体之间的区分与联系，以及游客通过旅游活动来寻求身份认同的过程。对于那些寻求文化认同的游客而言，文化是他们旅行的主要吸引力。具体来说，游客对国家、社群或民族的身份认同往往通过旅游的文化吸引物来实现。因此，旅游与文化融合的核心含义主要是游客对身份认同的追求，其中，文化作为身份意义的表达，旅游与文化的相互作用使文化演化成为旅游资源。随着社会的发展，能够作为旅游吸引力的文化形态变得日益多元化。

（二）旅游和文化关系的发展：面向游客的文化可参观性生产

随着文化逐步转变成旅游资源，越来越多的游客涌向旅游目的地以体验"文化"。然而，不是所有的文化元素都具备观赏价值。因此，旅游目的地根据游客的各种需求，恰当地展示文化旅游资源显得格外重要，

特别是对于那些具有观赏价值的文化资源，进行规模化的生产则尤为关键。文化的可观赏性是游客体验文化的基础，这种可观赏性的生产主要涵盖了四个方面。第一，博物馆通过展示文化遗产向公众开放，这一做法起源于欧洲贵族将私人收藏对艺术家、精英和鉴赏家开放的传统。自18世纪中期起，欧洲王室开始向大众展示私人收藏，博物馆的概念由此发展而来。第二，通过传统艺术表演或节庆活动展示非物质文化遗产。20世纪70年代，西方如美国和英国等艺术氛围浓厚的城市通过艺术活动吸引游客，以刺激经济发展，传统节日和仪式成为振兴本地文化的方式。第三，展示具有传统文化特色的小镇或历史街区，随着人们对过往怀旧情绪的增强，文化交流场所开始融入消费主义逻辑。历史街区不仅保护了传统文化，也作为旅游业发展的一部分，许多历史街区和古镇被改造成商业文化消费场所。第四，利用主题空间和技术手段进行创新性展示，如博览会通过先进技术向人们展示前所未有的视觉效果，这不仅为游客提供了身体体验，也成为一种文化景观。

这四种展示方式逐步扩大了文化展示的范围，从物质文化到非物质文化，再到物质与非物质的融合，最终达到创新性文化的展示。这一演进过程主要得益于技术进步。换个角度来看，文化在通过旅游得以发展的同时，也日益走向商业化。

（三）旅游和文化关系的加强：针对游客的文化展示在产业链中的扩展

随着文化旅游产品的逐步成型，文化旅游目的地的产品不再仅依赖商业销售来推动文化产品的商业化进程。例如，游客对文化展示的可观赏性进行付费，这促进了文化可观赏性生产的商业化供应。随之，城镇与历史街区、主题公园、博物馆以及演艺产品等逐渐转化为产业链的一部分，这一过程通常被称为文化与旅游产业的形成。实质上，旅游与文化关系的三个维度主要涉及文化从资源转化为产品，进而与产业融合的过程。这三个维度不仅在横向上并存，而且在纵向上也会随着历史的发展相互作用，并对旅游产业与文化的发展产生深远影响。这些层次从本质上揭示了文化与旅游关系内涵的三个关键层面，具体如图2-2所示。

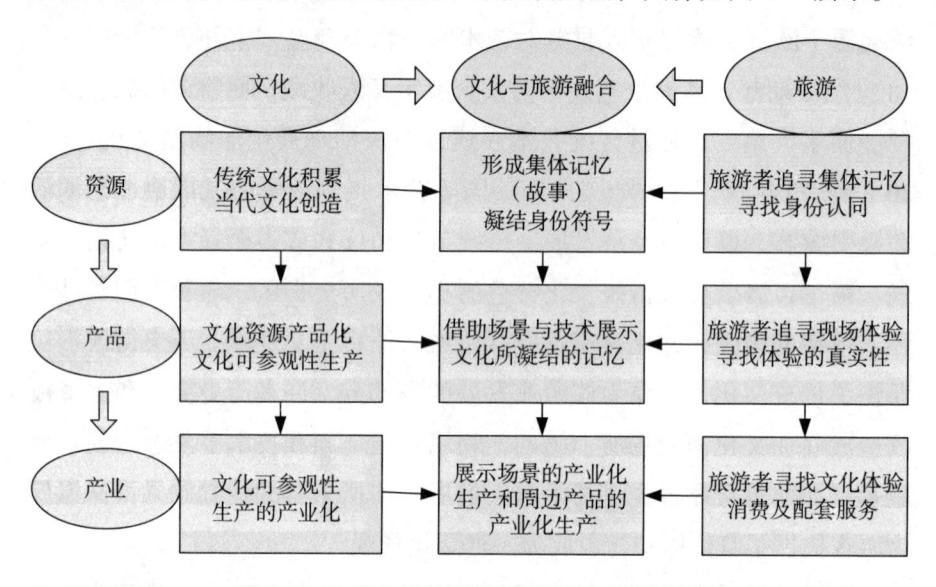

图2-2 文化与旅游关系内涵的三个关键层面

第三章　河北长城古迹文化和旅游融合发展的理论基础

我国的旅游行业和旅游产业发展计划，通常是以行政区域划分为发展的界限，覆盖从市（区、县）级到省级的各个层面，主要关注各自行政区域内的利益。针对横跨多个行政区域的旅游资源，常面临由于各自行政区域独立开发而引起的诸多问题，如缺少行政区之间的协作，出现资源开发重复或未充分利用的情况，造成了资源的极大浪费。为促进旅游业的健康成长，我国政府应当依托旅游资源，推动跨区域的协作与共同发展。"点—轴系统"理论为文化及旅游产业的发展带来了合理规划与发展优化，提出了科学的发展路径。本章节将对"产业融合理论""系统耦合理论""文化变迁理论"以及"点—轴系统"理论进行综合阐述，作为本书的理论支撑。

第一节　产业融合理论

一、产业融合的基本内涵

产业融合描述了不同产业或同一产业内部不同领域之间，通过互相穿透和融合、产业结构调整与重组，共同进化成新的产业形态的持续变革过程。自20世纪70年代起，信息技术和网络技术的快速发展极大地推动了产业间的融合，促使传统界限逐渐模糊。这种融合不仅仅是简单的结合，而是一个包含了初期尝试、实际操作探索等多个阶段的复杂进程，现已逐渐转变为推动产业经济前进的主导趋势。无论是国际还是国内的研究者，都从各自的研究角度出发，对这一现象进行了详细的阐释，指出产业融合是现代经济发展中不可逆转的重要趋势。

1. 技术视角

产业融合的概念最初源于技术的交叉应用与扩散，这一理念由美国学者在对美国机器工具产业变迁的研究中首次提出。这一研究指出了一个技术是如何跨越产业界限，被多个看似无关的产业共同采纳的，并将这一过程定义为技术融合。技术融合，指的是基于共同技术应用，原本功能和特性毫无交集的不同产业之间，发生了一种由于技术共享而产生的相互渗透和融合现象。随着这一思想的提出，众多学者开始围绕技术融合的概念展开深入研究，探讨技术如何作为一个催化剂促使不同产业之间的界限变得模糊。

另外，随着数字技术的广泛应用，一些学者开始从产品的角度审视产业融合。在数字技术的推动下，原先各自独立的产品开始实现整合，形成了新的产品形态。这种由数字技术驱动的产业融合，不仅仅体现在技术层面，更表现为产品和服务的创新整合，从而实现了功能的互补和增强。这一过程中，原有的产品界限被重新定义，促进了新产业模式和商业模式的出现。

2. 产业视角

产业融合作为一个多维度的概念，在全球范围内受到了广泛关注和深入研究。不同的学者从各自的研究视角对产业融合给出了丰富而又多样的解读。董爽、梁雄健将产业融合视为一种通过技术创新和政策放宽来打破行业间障碍的过程。[1] 这一过程不仅降低了各行业之间的界限，还促进了企业间在竞争与合作中的相互关系，从而激发了行业内外的创新活力和协作机遇。

美国学者格林斯坦等人则从产业增长的角度出发，认为产业融合导致了产业边界的模糊甚至消失，这一现象是产业自身为适应增长需求而自然发生的结构调整。[2] 这种视角强调了产业融合作为一种自然进化过程，指向了产业界限的灵活调整和重组，以适应市场和技术的变化。

殷凤敏提到，欧洲委员会的绿皮书从更为宏观的角度定义产业融合，将其视为产业联盟与合并、技术网络平台及市场三个维度的交会点。[3] 这种定义强调了产业融合在促进产业间协作、技术共享及市场整合方面的重要作用，指出产业融合是跨行业、跨领域合作的产物，反映了全球化背景下产业发展的新趋势。

3. 市场视角

融合作为经济和技术领域的关键概念，指的是在打破市场准入障碍和消除产业界限之后，不同市场领域之间发生的汇合与合并过程。在这一过程中，融合型产业的出现标志着新的商业模式和经济结构的形成，但其成败与持续性最终需经过市场的严格检验。

市场的检验过程涉及多个层面，首要条件是这种融合型产业能够满足特定的市场需求，表现为对于消费者和用户而言，其提供的产品或服务必须具有足够的吸引力，以引发市场需求的增长。此外，从经济学角度讲，市场对融合型产业的接纳还受到收入弹性条件的约束，意味着消费者的收入变化在一定程度上决定了他们对这些新兴产业产品或服务的

---

[1] 董爽、梁雄健：《产业融合趋势下电信运营商的策略思考》，《移动通信》2006年第12期。

[2] BRESNAHAN T, GREENSTEIN S. Technological Competition and the Structure of the Computer Industry[J]. *The Journal of Industrial Economics*, 1999, 47（1）: 1-40.

[3] 殷凤敏：《中国网游产业融合创新研究》，硕士学位论文，湖南大学传播学专业，2012。

需求弹性。只有当市场存在对这类产品或服务需求增长的趋势时，融合型产业才能在市场中占据一席之地。

生产率的提升也是评估融合型产业市场潜力的重要条件。在融合型产业发展过程中，通过技术创新和管理优化等手段实现生产效率的提升，不仅能降低生产成本，还能提高产品质量和服务水平，从而增强产业的市场竞争力。生产率的提升有助于融合型产业在市场中实现持续健康发展，满足更广泛消费者的需求，进而扩大市场份额。

二、产业融合方式

产业融合通过多种路径发展，逐步推动产业结构向更加合理化的方向演变，并形成了一个新的融合型产业体系。产业融合存在以下几种主要的方式：

（一）产业渗透融合

产业渗透融合是一个涉及技术差异和增长速度差异的产业间的过程，其中高新技术产业对传统产业的不断渗透起到了关键作用。这种融合不仅提升了传统产业的发展水平，而且加快了它们向高技术化转型的速度。在这个过程中，高新技术的应用和推广成为传统产业升级和创新的驱动力。

以文化旅游产业为例，高科技的发展极大地促进了这一领域的创新和发展。例如，虚拟现实技术在文化旅游中的应用。通过VR技术，游客可以在家体验到世界各地的自然景观和历史遗迹，如通过穿戴VR设备，游客可以身临其境地探索埃及金字塔、八达岭长城或者巴黎卢浮宫等著名景点。这种体验打破了地理位置的限制，为文化旅游产业带来了新的发展机遇。又如，增强现实技术在博物馆和历史遗址的应用。通过AR技术，展览物品可以与数字信息结合，游客通过手机或专用设备扫描，即可看到静态展品的三维形态、历史背景或故事情节，极大地丰富了游客的参观体验。例如，英国伦敦的大英博物馆就通过 AR 技术，使游客看到了古代埃及神庙的复原场景，增加了互动性和教育性。

这些高科技应用不仅提高了游客的体验质量，也为文化旅游产业带来了新的增长点，实现了传统产业与高新技术产业的有效融合。通过这样的渗透融合，传统产业得以利用高新技术提升自身的服务水平和效率，进而实现高质量的发展。

（二）产业替代融合

替代型融合是一种特定类型的产业融合过程，其中，具有相近特性和功能的单独产品或服务在共享的标准化组件或集合内发生整合和替代。这种融合模式的核心在于，各独立存在的产品或服务，因为它们之间的相似性，能够互相取代并在统一的标准框架内实现整合，从而产生新的价值或功能。例如，电子商务平台的发展就是一个替代型融合的典型案例。在电子商务领域，不同的零售商提供的产品虽然在品牌、设计等方面有所不同，但它们在功能上具有相似性，即都能够满足消费者的购物需求。通过电子商务平台这一共同的标准化元件集合，原本独立运营的零售商能够在同一平台上展示自己的产品，消费者通过平台就可以轻松地比较和选择不同零售商的产品，实现了不同产品之间的替代和整合。

此过程的发生基于两个重要的前提条件。首先，涉及融合的产品或服务必须在特征和功能上具有足够的相似性，这样才能在消费者心中形成可替代的关系。其次，必须存在一个共通的标准元件束或集合，这个标准化的集合框架为不同产品的整合提供了基础，使原本独立的产品能够在一个统一的环境中相互替代和整合。

在实践中，替代型融合不仅促进了产品和服务的创新，还推动了产业结构的优化。以电子商务为例，这种融合模式不仅为消费者提供了更为便捷、多样化的购物体验，也促使零售商进行创新，提高服务质量，以在激烈的市场竞争中获得优势。此外，通过替代型融合，国家可以有效利用资源，减少重复建设，从而提高整个产业的效率和竞争力。

（三）产业延伸融合

延伸型融合是一种产业发展策略，其核心在于通过产业间的相互延伸，为现有产业赋予新的功能和价值，从而增强其在市场中的竞争力，并最终形成一个全新的、融合后的产业体系。这种融合方式特别适用于那些原本就存在某种互补关系的独立产品或服务之间，因此，它也被广泛认为是一种互补型融合。

在实际操作中，延伸型融合的发生往往基于对产业链进行自然延伸或拓展的需求，这不仅包括物理产品的延伸，也涵盖了服务、技术和市场的延伸。例如，文化产品或旅游业与加工业的结合，就是延伸型融合的一个典型案例。通过这种融合，原本独立的文化或旅游产品不仅能够获得加工业的支持，提升产品的质量和价值，同时也能为加工业带来新的市场机会和增长点。

此类融合的成功，依赖两个或多个产业之间已经存在的或潜在的互补性。当这些产业能够识别并利用彼此之间的优势和特点时，就能通过相互配合和支持，共同创造出新的产品或服务，实现"1+1>2"的效果。例如，在文化或旅游产品加工领域，通过结合当地的文化特色和旅游资源，加工产业可以生产出具有地方特色的纪念品、工艺品等，这不仅丰富了旅游市场的产品供应，也促进了当地文化的传播和旅游产业的发展。

延伸型融合还表现为产业链的自然延伸或拓展，这种延伸不仅限于产品和服务的创新，还包括技术、管理和营销等方面的延伸。通过跨界合作，不同产业能够共享资源、技术和市场信息，实现知识和技能的交流，推动产业创新和升级。

(四) 产业重组融合

重组型融合代表了一种创新的产业整合模式，其中，原本分立的产品或服务通过共享相同的标准化元件或技术平台实现了深度整合。这种融合方式特别适用于紧密相关的产业或同一产业内的不同行业，使通过融合而产生的新产品或服务呈现与原有产品或服务完全不同的特征和价值。这种整合不仅增加了产品的多样性，还极大地提高了产业的创新能力和市场竞争力。

以文化和旅游产业为例，重组型融合的实践可以体现在文化体验与旅游服务的整合上。例如，将传统文化演出与旅游观光结合，创造全新的文化旅游产品。一个具体案例是中国的"印象系列"演出，该系列演出通过在特定的自然或历史景观中上演与地区文化紧密相关的大型实景演出，将传统文化艺术与旅游观光紧密结合起来，为游客提供了独特的文化体验和视觉享受。这种重组型融合不仅赋予了传统文化新的生命力，也极大地丰富了旅游产品市场，吸引了大量国内外游客。

另一实例是文化主题公园，如迪士尼乐园和环球影城等，这些文化主题公园将电影、文学、动漫等文化元素与游乐设施、餐饮、购物等旅游服务进行重组融合，创造出全新的旅游体验。游客不仅可以在这些公园中体验到不同文化背景的故事和角色，还能享受到各种娱乐和休闲活动。这种文化和旅游产业的重组型融合，成功地将文化内容转化为旅游产品，实现了文化的商业价值最大化，同时也满足了游客对于文化体验和娱乐的多元需求。

这些案例显示，通过重组型融合，文化和旅游产业不仅能够相互促进，共同发展，还能创造出全新的市场机会和发展空间。通过整合各自资源和优势，文化和旅游产业能够在竞争激烈的市场环境中脱颖而出，为公众提供更加丰富多彩、高质量的文化旅游产品和服务。产业融合的方式及表现如表3-1所示。

表3-1 产业融合方式及表现

产业融合方式	表现	特点
产业渗透融合	高新技术的渗透融合	往往发生在高新技术产业和传统产业的边界处，体现了相对高级产业对相对低级产业的改造和提升
产业替代融合	全新产业取代传统旧产业进行融合	需要满足两个前提条件：一是融合的产品之间具有相似的特征及功能，互为替代品；二是这些产品之间具有共同的标准元件束或集合
产业延伸融合	产业间的延伸融合	通过产业间的延伸赋予原有产业新的附加值，更多表现为服务业向第一产业和第二产业的延伸和渗透
产业重组融合	产业内部的重组融合	主要发生在具有紧密联系的产业或同一产业内部的不同行业之间

三、产业融合的过程

（一）实现产业融合的条件

1.技术融合

技术创新作为产业融合背后的关键推动因素，通过引进替代性或相辅助的新技术、新工艺及新产品，促进了对传统产业的深度渗透，从而触发了对原有产业技术路径和产业经营模式的根本转变。这种转变不仅仅局限于技术层面，更在于它如何引发产业间的互联性，增强可交换性，进而加快产业间的交叉与整合，重塑产业内的竞争与合作关系。然而，技术的融合只是产业融合过程的起点而非全部，它的出现仅为企业带来了产业战略调整的契机。在技术创新的驱动下，企业需重新整合和配置物质资源、技术资源、人才和管理资源等，以此为基础，积极探索并拓展新的业务领域,力求在日益激烈的市场竞争中提升自身的核心竞争力,实现可持续发展。

2. 企业融合

企业间的融合活动,如并购或战略联盟等,促使来自不同产业系统的企业主体相互渗透,向彼此的业务领域扩展,进而促进各自的经营业务朝着共同的目标方向汇集。这种跨产业的企业融合动作,不仅重塑了企业间的竞争与合作格局,而且显著提升了产业整体的运营效率。在信息产业、制造业和服务业等多个领域内形成的这一新型竞合关系,不单基于行业壁垒的降低而诞生的产业协同作用,更包括因融合而加剧的竞争态势。企业实施多元化战略,有助于积累更丰富的产品知识,为创新打下坚实的基础。然而,多元化本身并非最终目标,仅仅拥有广泛的业务范围并不能直接促成产品间的融合。只有当将多样化的产品知识有效整合至单一产品中时,产品融合才得以实现,才能进一步推动产业融合的进程。

3. 产品融合

产品融合涉及将不同产业的产品通过模块化整合或相互替代的设计手段实现功能的统一化,这一过程可以根据产品的具体形态,被划分为实体产品融合和服务产品融合两大类。这种融合导致了融合型产品的诞生,随着产业系统之间相互作用的不断加强,这类产品日益增多。产品融合对于推动产业系统的发展演化起到了至关重要的作用,当融合型产品问世后,它会进一步激发原有系统内技术创新、企业发展以及市场变革等子系统的演化。因此,在产业融合过程中,产品融合及其产生的融合型产品的创新,成为标志产业融合进程的重要指标之一。

4. 市场融合

市场融合在产业融合中扮演着核心角色。作为实现产业融合的关键先决条件,市场融合要求技术融合和业务融合必须紧密围绕市场需求进行。产业融合的成功依赖市场对新技术和新业务模式的接纳程度，以及融合后的产业能否在市场中创造新的需求和价值。为了有效地进行市场融合，企业需要构建一种新型的合作竞争关系网络，通过资源共享来减少和降低进入市场的障碍和风险。产业融合不仅仅体现在技术和业务的结合上，更在于如何将这些融合的元素有效整合，形成产业融合的全貌。这种综合的视角揭示了产业融合的多维度特性，它由技术、业务、市场、产品等多个方面交互而成。从市场经济的角度来看，产业融合是供需两端有效衔接的结果。具体来说，技术融合和企业融合从供给侧为产业融合铺路，而市场融合与产品融合则是从需求侧推动产业融合的实现。

（二）实现产业融合的过程

产业融合作为一个微观经济现象，其发展轨迹是从技术融合、产品融合到市场融合的逐步演进，最终汇聚成完整的产业融合体。这个过程可以分解为三个具体阶段，如图3-1所示，揭示了产业融合的动态发展模式。第一阶段，各个产业各自为政，存在明确的界限与进出门槛，这种分立的状态定义了产业的独立性与专业化方向。随着技术的进步和创新技术在不同领域的广泛应用，第二阶段启动，技术的共享和扩散推动了不同产业间的相互渗透，逐步打破了技术壁垒，为跨产业的技术集成奠定了基础。最终进入第三阶段，随着技术平台的统一和产品服务的相互融合，消费市场开始接受并寻求这种新型的融合产品或服务，促使原有的产业界限变得模糊，形成了产业融合的新趋势。此过程不仅反映了产业之间由隔离到融合的转变，也标志着市场需求与技术发展相互促进下的产业创新路径。

图 3-1　产业融合的演进过程

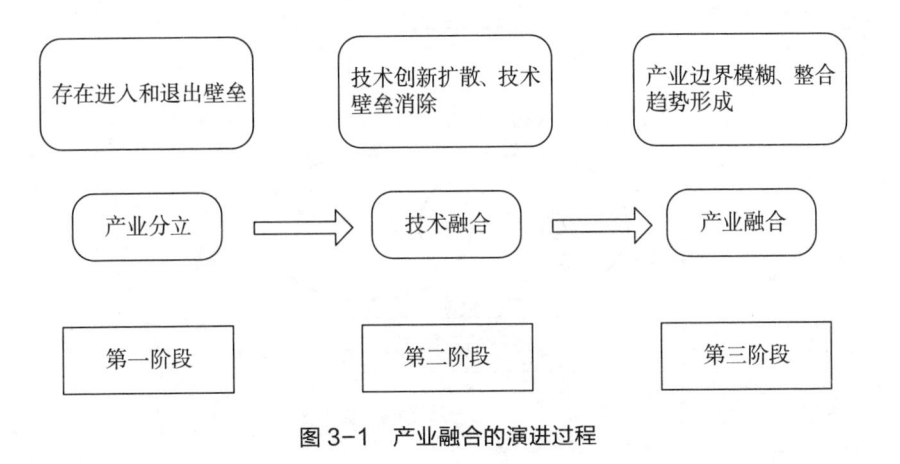

第二节　系统耦合理论

随着文化产业和旅游产业不断发展壮大，两者之间的界限逐渐模糊，开始发生系统性的融合，共同孕育出既具有文化特质，又满足旅游需求的复合型产品。文化产业与旅游产业的这种相互融合和交会，推动了一种新兴产业的诞生及新的产业价值链的形成，标志着文化和旅游领域发展的新阶段。这种现象是文化与旅游产业发展至一定阶段的自然结果，体现了文化和旅游融合发展的深度和广度。在文化和旅游融合的发展历程中，产业的这种融合不仅是中级阶段的特征，也预示着更深层次的发展趋势。随着文化产业的深入发展，文化与旅游产业界限的交叉越发明显，促成了耦合型产业的出现，进一步打破了文化资源开发的局限，形成了既包含文化也涵盖旅游的复合型产业，如图 3-2 所示。这种"文化—旅游耦合型产业"的形成，成为文旅融合中级发展阶段的显著特征。

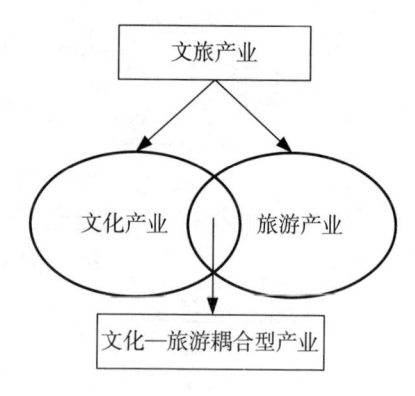

图 3-2 文化—旅游耦合型产业

一、系统耦合的概念

耦合，原本是物理领域的概念，描述的是两个或更多的系统，或不同的运动形态之间，通过各类相互作用而相互影响、联结在一起的过程。这种相互影响涉及物质、能量、信息的交流，导致了相互之间的约束、选择、协作和增强。在系统科学中，耦合被理解为不同系统及其活动模式之间的相互作用。耦合的发生基于参与方之间的相互联系或影响，其结果通常是耦合参与者的属性产生变化。耦合展现了两个独立实体之间的相互依存关系，这种依存关系的深浅度影响着系统的正面或负面效应。在某些情况下，如果模块间存在复杂而紧密的耦合，可能会削弱系统的功能或引发失控；反之，如果能够有效利用模块间的耦合关系，促使其向更复杂的系统演进，则可触发正面的耦合效果。系统的发展模式包括耦合和内生两种路径，耦合模式指的是通过低层次系统的结合形成更高层次系统的演化途径；而内生模式则涉及一个低层次系统通过其内部机制发展成更高层次系统的过程。

二、文化—旅游耦合型系统的提出

文化产业与旅游产业，两者均显示出对其他行业的深度融合能力，这种特性源自它们之间的本质联系，这种联系为两者之间的耦合提供了天然的条件。文化与旅游的界限越来越模糊，这种融合不仅是在表面，而是深入产业结构和发展动力的根本。在地区经济的生态系统中，文化产业和旅游产业的发展不再是各自为战，而是趋向形成一种互利共生的关系，这种关系推动两个产业向更高级别的耦合发展，进而孕育出一个新的产业形态——"文化—旅游耦合型产业系统"。这种新型的产业系统超越了传统单一产业的界限，它不仅能够展现文化和旅游活动的核心价值，更能在调解两大产业各自发展过程中可能出现的利益矛盾方面发挥重要作用。文化与旅游的良性耦合，意味着两个产业可以通过共享资源、优化配置，共同创造更大的社会和经济价值。同时，文化与旅游的良性耦合也为区域经济提供了更为丰富多彩的发展模式，使之能够在全球化的竞争环境中展现出独特的竞争优势。

三、文化—旅游耦合型产业系统的特性

文化产业与旅游产业在现代经济发展中展现出深度的融合与交叉，这种相互促进的关系显著增强了两者的活力和市场竞争能力。这种良性耦合不仅是地区产业生态发展的内在要求，也是推动经济社会进步的重要动力。随着两个产业的不断交融，它们共同进化成为一个高级的复合产业系统，标志着地区产业生态系统向更加综合和协调的方向发展。在这一过程中，文化产业和旅游产业的界限被逐步打破，实现了相互融合的发展模式。

为了促进这一系统的健康运作，建立产业基地、产业集群以及社区产业集群综合体成为关键路径。这些经济增长实体不仅促进了地区经济的多元化发展，也为文化与旅游产业的进一步融合提供了坚实的基础。培养能够综合体现文化与旅游特性的复合产业基地和多元化产业集群，以及以主题社区为核心的产业集群综合体，旨在构建一个具有持续创新能力和高度竞争力的"文化—旅游耦合型产业系统"。文化产业和旅游

产业的固有特点及相互关联性形成了文化—旅游耦合型产业系统的以下特征，如图 3-3 所示。

```
                    ┌─────────┐    文化与旅游不再作为孤立的子系统存
                 ┌─→│ 整体性  │─→ 在，而是通过深度的相互作用、影响及制约，
                 │  └─────────┘    互相促进与约束，共同构建一个具有特
                 │                 定结构与功能的统一体
                 │
                 │  ┌─────────┐    这一系统不设限地接纳新兴的文化元素
                 │─→│ 开放性  │─→ 和旅游活动，致力将这些新元素融入现
文化—旅游          │  └─────────┘    有的产业框架中
耦合型产业       │
系统的特性       │  ┌─────────┐    该系统不仅继承了文化产业和旅游产业
                 │─→│ 复杂性  │─→ 各自的特点和优势，而且为二者的融合
                 │  └─────────┘    而展现出更多层次的互动和更广泛的影
                 │                 响范围
                 │
                 │  ┌─────────┐    必须在满足各自原本发展目标的同时，
                 │─→│ 多目标性│─→ 兼顾对方的发展需求，从而实现更为
                 │  └─────────┘    全面和协调的发展格局
                 │
                 │  ┌─────────┐    这种耦合是一种深层次的融合与互动，
                 └─→│ 演化性  │─→ 更多的文化产业领域逐渐融入，推动了
                    └─────────┘    整个产业系统从单一的文化或旅游向综
                                   合性的发展方向演化
```

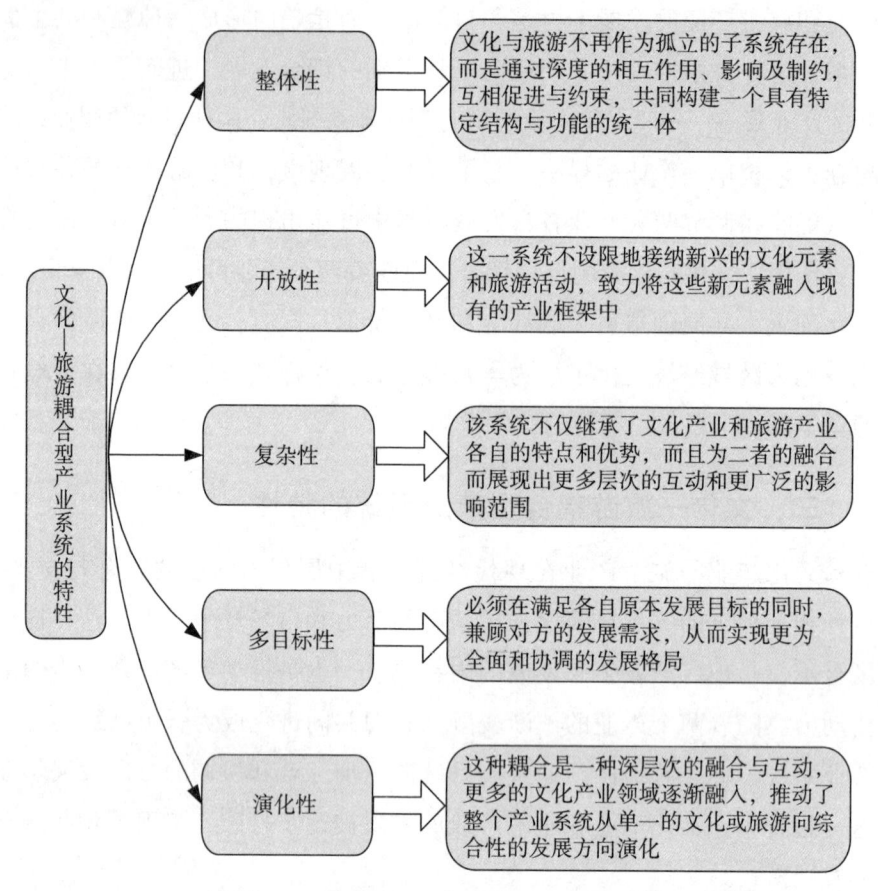

图 3-3 文化—旅游耦合型产业系统的特性

（一）系统耦合的整体性

由文化产业与旅游产业融合而成的耦合型产业系统，展现出显著的整体性特质。在这一产业系统中，文化与旅游不再作为孤立的子系统存在，而是通过深度的相互作用、影响及制约，互相促进与约束，共同构建出一个具有特定结构与功能的统一体。这种耦合不仅仅是简单的相加

或叠加，而是在深层次上实现了文化与旅游之间的有机融合，使两者的界限变得模糊，相互之间的界限越发不明显。

在这个耦合型产业系统中，文化的丰富性与旅游的体验性相互融合，共同塑造出既具有文化深度、又能满足游客旅游体验需求的综合型产品。这种产品不仅仅能满足人们对文化探索的渴望，同时也能为人们提供独特的旅游体验，增加旅游活动的吸引力和价值。文化与旅游的结合，让旅游不再仅仅是单一的观光活动，而是变成了一种富有意义的文化体验，使游客能够更深入地理解和感受目的地的文化精髓。

此外，文化与旅游的有机结合还促进了文化产业和旅游产业的共同进步与发展。文化产业通过游客旅游的方式得到更广泛的传播与推广，而旅游产业则因引入丰富的文化元素而显著提升了自身的品质和竞争力。这种耦合型产业系统以其独特的结构和功能，为实现文化传承与创新、推动旅游产业高质量发展提供了新的思路和方向。

（二）系统耦合的开放性

文化—旅游耦合型产业系统的开放性体现在旅游目的地广泛的文化内涵、可深入开发的旅游资源以及游客不断变化的旅游需求等方面。这一系统不设限地接纳新兴的文化元素和旅游活动，致力将这些新元素无缝融入现有的产业框架中。随着更多的文化要素和旅游活动的加入，系统本身展现出了更为旺盛的活力和生命力，其吸引力和影响力也随之增强。反之，如果系统中的文化要素和旅游活动过于单一，那么系统的活力和生命力便会受限，其对外界的吸引力和竞争力也会相应减弱。

这种开放的系统特性促使文化与旅游产业系统能够灵活适应外部环境的变化，有效响应市场需求的多样性。通过不断地引入新的文化要素和旅游活动，该系统能够提供更加丰富多彩的产品和服务，满足消费者日益增长的文化旅游需求。同时，这种开放性也为文化与旅游产业的创新发展提供了广阔的空间，鼓励产业内部进行跨界合作，促进新技术、新模式的探索和应用,从而推动整个产业系统向更高层次、更广范围发展。

(三) 系统耦合的复杂性

文化产业与旅游产业之间的紧密联系与互动,构建了一个比各自单独存在时更加复杂的体系——文化旅游产业系统。这种系统不仅继承了文化产业和旅游产业各自的特点和优势,还因为二者的融合而展现出更多层次的互动和更广的影响范围。由于文化和旅游都是与人的活动和社会发展密切相关的领域,因此,它们自然而然地对外部环境变化高度敏感,从政策变动、经济波动到社会趋势和技术进步等,均能对文化旅游产业系统产生影响。

在这个耦合型产业系统中,文化产业的创新与旅游产业的发展相互促进,相辅相成。文化元素的引入丰富了旅游的内容和形式,使旅游不仅仅停留在观光层面,而是成为一种深度的文化体验和交流。反过来,旅游产业的扩展也为文化产品和服务提供了更为广阔的市场和展示平台,推动了文化的传播和文化产业的进步。然而,这种相互作用的过程并非简单线性,而是充满了复杂性和动态性,受到多种内外部因素的共同作用和影响。

外部环境的变化对文化旅游产业系统产生的影响是多方面的。经济条件的好转可以增加人们对文化旅游的需求和消费能力,而经济危机则可能导致需求的下降。政策的支持和优惠措施能够促进文化旅游产业的发展,而政策的限制和约束则可能成为其发展的障碍。此外,技术的进步特别是信息技术的发展,为文化旅游产业提供了新的发展机遇,改变了服务的方式和用户的体验,但同时也带来了新的竞争和挑战。

(四) 系统耦合的多目标性

文化产业与旅游产业,作为两个独立而又密切相关的领域,各自承载着特定的行业目标、运行机制以及产品内涵。这两个产业在耦合形成

第三章 河北长城古迹文化和旅游融合发展的理论基础

新的产业系统时,必须在满足各自原本发展目标的同时,兼顾对方的发展需求,从而形成一个更为全面和协调的发展格局。

对于文化产业来说,其发展目标不仅仅在于经济价值的创造,更重要的是文化价值的传播和文化遗产的保护。文化产业通过文化产品和服务的生产、交流与消费,促进了文化的创新和多样性,同时也为社会提供了精神滋养和认同感。因此,当文化产业与旅游产业耦合时,这种新形成的系统需要能够促进文化的保存与传承,支持文化的多样性和创新,以及加强文化对公众的可接触性和影响力。

旅游产业的发展目标则更加侧重为游客提供高质量的旅游体验,促进目的地的经济发展,以及实现可持续旅游。旅游产业通过吸引游客来访,不仅能够直接带动当地的就业,增加收入,还能促进地方基础设施的改善和环境保护工作的投入。因此,在与文化产业耦合后的新系统中,旅游产业的发展目标需要得到充分体现,即通过为游客提供与文化深度融合的旅游产品和服务,提升旅游体验的质量,促进经济和社会的可持续发展。

因此,当文化产业和旅游产业耦合成一个新的产业系统时,这个系统的运行和发展必须能够同时满足文化事业的发展目标和文化产业的经济目标,以及旅游产业的多重目标。这意味着,新的产业系统要在促进文化的传播、保护和创新的同时,为游客提供高质量的旅游体验,支持目的地经济的增长和可持续性发展。这样的耦合不仅能够促进两个产业的共同进步,也能够为社会和经济的整体发展带来更多的正面效应。

(五)系统耦合的演化性

文化产业与旅游产业的紧密结合,尤其是在旅游产业与文化产业最为密切相关的领域,已经开启了一个文化与旅游耦合型产业的新纪元。这种耦合不仅仅是两个行业之间的简单结合,而是一种深层次的融合与互动,随着时间的流逝,更多的文化产业领域逐渐融入这一系统,推动了整个产业系统从单一的文化或旅游向综合性的发展方向演化。

在这一过程中，特别值得注意的是影视和动漫这两个文化产业领域，它们在早期就展现出了与旅游产业耦合的潜力与趋势。这些领域的内容不仅丰富多彩，吸引着广泛的受众群体，而且它们的故事背景、角色、场景等元素为旅游产业提供了无限的想象空间和创造力。例如，以某部热门电影或动画片的拍摄地为背景的主题旅游项目，能吸引大量影视动漫迷前来体验，从而实现文化内容与旅游体验的有机结合。

随着时间的推进，越来越多的文化产业领域开始意识到与旅游产业融合的重要性和潜力。这种跨界合作不仅能够为文化产业带来新的生命力，为旅游产业注入新的内容和体验，还能够为消费者提供更加丰富多元的文化旅游产品和服务。这种由单一向综合发展的演化特性，使文化与旅游耦合型产业成为推动区域经济发展、文化传播和旅游创新的重要力量。

因此，影视、动漫等文化产业领域的积极参与，不仅预示着文化与旅游耦合型产业的兴起和繁荣，更标志着一个全新的、综合性的文化旅游产业模式的形成。这种模式以其独特的吸引力和创新性，为文化和旅游产业的未来发展开辟了新的道路，展现了无限可能。

四、影响文化—旅游耦合型产业系统良性运转的关键因素

在构建与维持一个"文化—旅游耦合型产业系统"的过程中，多种因素起到了决定性的作用，其中，核心因素主要涉及需求、供给和系统本身的性能。需求层面的影响力不容小觑，因为这种耦合型产业系统的产品或服务是否被市场接受，直接关系到系统能否稳定运行。市场和消费者对于这类产品的需求情况，成为推动系统运作的基础动力。

在供给方面，耦合型产品的规划和管理的有效性直接决定了整个系统能否顺畅运作。一个精心设计、管理有序的耦合型产业系统能够更好地满足市场需求，促进资源的有效配置，从而保证系统的稳定性和发展潜力。这不仅包括产品设计的创新性和多样性，还涉及对旅游和文化资源的合理规划与利用，以及系统运作过程中的信息流通和反馈机制。

第三章 河北长城古迹文化和旅游融合发展的理论基础

关于系统自身的性能，文化与旅游产业之间耦合的深度和广度是影响系统运转的核心。耦合程度的高低直接关系到系统能否在市场上形成独特的竞争力，以及能否持续创新和适应市场变化。文化与旅游的有效融合不仅能够创造出独特的产品和服务，还能够促进两个产业的互补和共同发展，从而提高整个系统的综合性能和市场响应能力。

（一）目标受众

在文化—旅游耦合型产业中，所推出的产品和服务是否能够获得市场的认可，取决于广泛的市场受众。这些受众的需求心态、行为模式以及需求趋势成为衡量这一耦合型产业能否成功形成的标准，是该产业发展能力的决定性因素。因此，深入了解和精确把握目标受众的需求特征，不仅是耦合型产业发展战略的出发点，也是其成功的基石。

为此，政府必须采取有效的市场调研方法，通过问卷调查、深度访谈、市场分析等手段收集广泛的受众数据。这些数据不仅要包括受众的基本信息，还需深入探究他们的文化偏好、旅游兴趣、消费习惯、接受新事物的能力等多维度的需求特征。这样的调研可以准确捕捉受众的真实需求和潜在需求，为文化和旅游耦合型产业提供强有力的市场导向。

进一步地，基于这些调研数据和分析结果，耦合型产业可以更有针对性地设计产品和服务，从而更好地满足受众的多元化需求。这种需求导向的产品开发策略，能够有效提升产品的市场吸引力和竞争力，促进文化与旅游产业的融合发展，同时实现受众满意度的最大化。

（二）产业规划

精心的规划对于推动文化产业与旅游产业朝着融合的方向发展至关重要，有效地避免了各自独立运作而产生的分散效应。通过深入研究文化与旅游产业间的交互作用、理论依据以及实践的可行性，结合对当前市场需求的细致洞察和未来趋势的预测，学者们能够为耦合型产业的产品发展提供科学的指导方案。这种基于市场需求导向的规划不仅有助于确定耦合型产业发展的方向和重点,而且能够确保产业系统的健康运转和持续升级。

制订综合性的发展规划,可以更好地整合文化产业和旅游产业的资源,发挥两者之间的互补优势。规划中应包含对文化资源的保护与开发、旅游产品的创新与多样化、市场营销策略的优化等方面的详细措施。此外,规划还应重视文化与旅游产业的可持续发展,注重生态保护、社会责任以及文化遗产的传承。

良好的规划还需确保具备弹性,即能够根据市场变化和技术进步进行及时调整,以适应不断变化的市场需求和新兴的旅游趋势。同时,规划实施过程中,需要建立有效的监测和评估机制,及时收集反馈信息,对策略和措施进行优化,明确耦合型产业的发展方向,确保产业目标的实现。

(三)优化管理

在文化事业、文化企业、旅游企业及活动之间,由于行业性质等方面的差异,其发展过程需要实施一系列有效的管理策略和手段,以确保整个系统的顺畅运行。这些管理措施包括但不限于制定明确的政策框架、建立协调机制、优化资源配置、强化质量监控和增强服务意识等。这些措施不仅可以解决行业间的协调与合作问题,还可以有效地调动各方面资源,为系统内的各个组成部分提供稳定的发展环境。

良好的管理还包括对市场需求的精准把握与引导,通过市场研究、消费者行为分析等手段,及时调整和优化产品供给,使之更好地符合消费者需求和市场变化。这种需求引导不仅能够增强文化和旅游产品的市场竞争力,还能提升消费者的满意度和忠诚度,从而形成良性的市场反馈循环。

此外,有效的管理还应注重创新和技术应用,利用数字化、智能化等现代科技手段提升管理效率和服务质量，同时加强文化和旅游产品的宣传推广，扩大其影响力和覆盖范围。构建开放、共享、合作的管理体系可以更好地整合各方资源，促进文化和旅游产业的融合发展，实现产业升级和价值最大化。

（四）运作机制

为了确保"文化—旅游耦合型产业系统"的顺畅运作，建立一套能够调和文化产业与旅游产业之间利益关系的机制显得尤为重要。这套机制的核心在于促进两个产业之间的有效沟通与协作，通过共享资源、优势互补以及共同创新，实现系统产出的最大化，从而促使整个系统达到正向增长的协同效应。在这样的框架下，文化产业和旅游产业不仅可以加强各自的特性和优势，还能通过跨界合作开拓新的市场空间，提升整个系统的竞争力和影响力。

具体而言，这种机制需要涵盖多个层面的互动：政策制定与执行层面，出台促进文化与旅游融合发展的政策措施，为双方提供良好的外部环境和政策支持；产业布局与资源配置层面，优化资源分配，实现资源共享，打破行业壁垒，促进产业融合；市场推广与品牌建设层面，共同开发文化旅游产品，提升品牌价值，拓宽市场影响力；技术研发与创新层面，鼓励两个产业间的技术交流与合作研发，利用现代信息技术提升产业融合水平，提高服务质量和效率。

这些具体措施可以有效激发文化产业和旅游产业之间的协同效应，使每一个参与方都能在这个耦合型产业系统中找到自己的定位，发挥自己的优势，共同推动系统的健康发展。这样的耦合不仅能够增强双方产业的内在活力，还能够为消费者提供更加丰富多元的文化旅游体验，最终实现产业升级和社会经济的全面发展。

第三节 文化变迁理论

文化变迁理论涉及对文化演变机制的深入探讨,其核心可概括为三个基本维度:文化变迁的过程、原因及动力。这一理论框架旨在揭示文化如何随时间发展变化,以及这些变化背后的主要推动力量。

一、文化变迁的过程

(一)古典进化论学派

古典进化论提出了一个关于人类社会和文化发展的全面框架,它描绘了一个从简单到复杂、从原始到高级的单线文化进化历程。这一理论视角强调,文化发展遵循一条明确的历史轨迹,通过一系列连贯的阶段逐步展开。在这个视角下,全球各地的文化现象和发展阶段被视作人类文化进化大过程中的一环,每个阶段不仅体现了人类共同的文化特质,而且也是了解人类整体文明进程的关键证据和实例。

以美国人类学家路易斯·亨利·摩尔根(Lewis Henry Morgan)的观点为例,他在《古代社会》一书中,详细阐述了人类文明的构成要素,包括技术发明、生活资料、语言、政治制度、家庭组织、宗教信仰、财产观念、居住习惯和建筑风格等多个方面。[1] 摩尔根进一步划分了人类技术进步的几个主要阶段,如采集、捕鱼、种植淀粉性食物、畜牧和农耕等,指出这些技术发展阶段是通过对世界各地残存社会形态的观察而得出的总结。这不仅展示了技术进步的历史脉络,也揭示了文化演进的

---

[1] 路易斯·亨利·摩尔根:《古代社会》,杨东莼、马雍、马巨译,商务印书馆1977年版。

第三章 河北长城古迹文化和旅游融合发展的理论基础

普遍模式。

此外，氏族制度作为一种社会组织形式，曾广泛存在于古代社会，并在不同文明阶段中演化。摩尔根通过对氏族制度从起源到衰落的分析，展示了文化进化中的一致性和多样性。这一分析不仅涵盖了技术和社会组织的变迁，也涉及宗教、法律和家庭等文化方面的演变。

约翰·弗格森·麦克伦南（John Ferguson McLennan）也支持单线进化论，并在其著作《原始婚姻：婚姻仪式中掠夺形式源流考》中进一步提出文化进化是一种功能性变化，即文化的一个方面的变化往往会引起其他方面的相应变化。他以图腾制度、外婚制和家族血仇等文化现象为例，分析了这些文化元素之间的相互关系和功能性联系，从而为人们理解特定地区或族群文化变迁提供了新的视角。

这些理论家共同强调，人类文化的发展是按照自然科学中发现的生物进化规律，沿着一条自然而然、有序的路径前进的。他们认为，社会文化的演化与生物进化一样，遵循着内在的、独特的规律。然而，古典进化论的这一观点也面临批评，特别是它未能充分考虑人类社会和文化可能出现的非连续性和跳跃性发展。

尽管古典进化论是依据有限的文化遗迹和对人类创新能力的评估来推断文化发展的线性阶段，但在实际考察中，这一理论趋向将文化划分为不同的类别（如技术、语言、组织形式等），并分别探讨每个类别的发展过程和阶段。这种方法旨在揭示人类文化作为一个整体的进化规律，而非单一地区或民族的文化变迁。

（二）新进化论学派

新进化论学派继承了古典进化论关于人类文化发展历程的探索，但引入了新的理念和方法。在这一学派中，莱斯利·怀特（Leslie White）在其著作《文化的进化》中提出了一个创新的理论，认为人类文化的演进本质上是通过不断发现和改进获取能量的形式。怀特将这一进化过程划分为四个阶段：首先，人类完全依赖自身的物理能力来获取资源；其次，通过栽种作物和驯养家畜将太阳能转换为人类可利用的能源；再次，动力革命的到来使人类开始利用化石燃料；最后，进入利用核能的阶段。这一观点强调，每一次文化的进步都伴随着人类对更多能量的获取与利用，而这一切主要依赖技术系统的发展与创新。因此，文化的进化过程也被视为技术体系发展的历程，二者相辅相成、互为印证。

朱利安·斯图尔德（Julian Steward）作为新进化论学派的另一位重要代表，在其著作《文化变迁的理论》中提出了文化发展的多线进化论，对古典进化论的单线进化思想进行了重要修改。斯图尔德认为，文化的多线发展与其生态环境密切相关，相似的生态条件会促使相似的文化形态和进化路径的出现，而不同的生态条件则会导致不同的文化形态和发展轨迹。他通过分析五大古代文明的发展，指出这些文明之所以经历了类似的文化演进阶段，主要是因为它们处于相似的生态环境，这一观点凸显了生态环境对文化类型和进化路径的决定性影响。

萨林斯（Sahlins）的文化结构变迁论进一步丰富了新进化论的理论体系。他在解决怀特和斯图尔德之间的争议方面，通过对"特殊进化"与"普遍进化"的区分，提出了自己的历史结构论。在《历史之岛》一书中，萨林斯从历史人类学的角度探讨了文化历史变迁的逻辑和过程。他认为，文化的变迁是文化结构再生产与结构转型并存的过程，所有的结构转型都涉及结构的再生产。这一观点试图纠正将变迁过程简单视为延续与变异分离的视角，强调在变迁过程中，人们利用现有的文化图式和结构去解释和接纳新的文化要素，而在这一历史过程中，传统的文化结构通过引入新元素而发生了转型。

萨林斯的理论展示了在历史和文化变迁过程中，主观结构与客观结构的双重转型，这种转型自然发生在用传统去包容新事件的过程中。由于新事物被纳入传统的文化体系中进行解释和应用，因此，尽管表面上人们似乎并未显示出对新事物的抵抗或需要适应的意识，但是传统的观念结构和实际结构在这一过程的起点就已经开始发生变化,无论是多或少。因此,他认为是事件本身、实践、关系,以及新旧并存的现象,推动了文化的变迁。

(三)传播学派

在该学派的视角中,人类文化的演变遵循着一个独特的模式:文化始于单一之地,随后以该地为核心,向四周扩散。这一过程涵盖了文化特性在地理空间的分布及其随时间的传递。文化特性的产生被认为不会在不同地点同时发生,从而暗示了对人类创造性的显著低估,同时,这一假设也未能充分解释不同地域出现相似文化现象的实际情况。

按照伍兹(Woods)的分类,传播学派代表了传播论观点的一种高级形态。该学派持有的观点是,在文化发展的历程中,文化的传播比独立发明更为常见,因此倾向支持传播论,并反对基于独立发明的进化理论。此学派进一步发展了关于"文化区"概念的理论框架,认为相似的文化特征和文化群聚构成了特定的文化区域。在这样的区域内,存在着文化中心,文化变迁被视为文化特征和文化群从这些中心向外拓展的过程。在这一历史背景下,占据主导地位的模式会被吸收、重塑并向外辐射,这一过程被视为文化变迁的核心动力,这种变迁的源泉常被称作文化的"顶峰"或"焦点"[1]。

(四)功能学派

功能学派注重对文化的共时性分析,旨在揭示文化的本质与作用。然而,该学派并未完全忽视历时性的考量,而是持有一种观点:对文化共时性的深入理解应当先于历时性的研究。这种立场建立在一个前提之上,即只有在充分理解了文化的定义及运作方式之后,才能有效地探讨

---

[1] 克莱德·伍兹:《文化变迁》,何瑞福译,河北人民出版社1989年版。

文化如何经历变迁的问题。① 在功能论的视角中，文化的演变本质上被视为其结构和功能经历的变化。

在探索文化变迁的过程中，有两位学者的工作显得尤为重要：阿尔弗雷德·拉德克利夫（Alfred Radcliffe）专注社会功能的变化对文化变迁的影响；而布罗尼斯劳·马林诺夫斯基（Bronislaw Malinowski）则着眼文化进程中，人们的物质与精神需求如何发生变化。布朗的研究路径侧重文化的客观维度，即社会结构的演变，探究其对文化进程的影响。相比之下，马林诺夫斯基的研究则从文化的主观维度出发，关注作为文化携带者的人们，其生活需求如何变化，以及这些需求变化如何影响文化的发展。

这种重视人的生活需求及其在文化变迁中所扮演角色的方法，为理解文化变迁中的"生活理性"提供了理论支撑。通过这一视角，功能学派强调了个体在文化发展中的主体性，以及个体需求如何塑造和重新塑造文化结构和功能的过程。这不仅展示了文化变迁的多维性，还强调了个体与社会之间相互作用的重要性。通过分析社会结构的变化和个体需求的演变，功能学派为人们提供了一个理解文化动态和社会变迁的复合视角，突出了文化研究中既需要考虑宏观社会结构的演变，也需要关注微观个体生活经验的重要性。这种方法论不仅丰富了人们对文化本质的理解，也为探索文化如何应对并反映社会及个体层面变化提供了重要的理论工具。

（五）涵化理论

涵化这一概念，在文化研究领域中，被广泛认可的定义源自梅尔维尔·赫斯科维茨（Melville Herskovits）的著作《涵化——文化接触的研究》。在这本书中，赫斯科维茨引用了自己与罗伯特·雷德非尔德（Robert Redfield）和拉尔夫·林顿（Ralph Linton）在1936年的《涵化研究备忘录》中提出的涵化定义。该定义明确指出，涵化是指发生在具

---

① 拉德克利夫-布朗：《社会人类学方法》，夏建中译，华夏出版社2002年版。

有不同文化背景的个体或群体之间，通过持续的文化接触，导致至少一方或双方原有文化模式经历变化的过程。这种定义将涵化定位为文化变迁的一个特定场景，其中，文化接触促成了文化特质的传递，涵化因此成为这种传播过程的直接结果。

涵化不仅仅是文化特质传播的结果，它实际上涵盖了文化特质及文化集合之间发生的多种分化与组合的情形。姜栽植对此进行了详细的分类，将涵化的过程总结为六种不同的情况。①

第一，整合。"整合"被视为涵化过程中的一个关键类型，它描述了两种文化在接触后所产生的创新文化形态，这种形态既可能包括 A 和 B 文化要素的物理性整合，其中各自要素保持原有特质不变；也可能涉及 A 和 B 文化要素的化学性变化，导致形成一种与原有 A、B 文化均不相同的新文化形态。如图 3-4 所示。

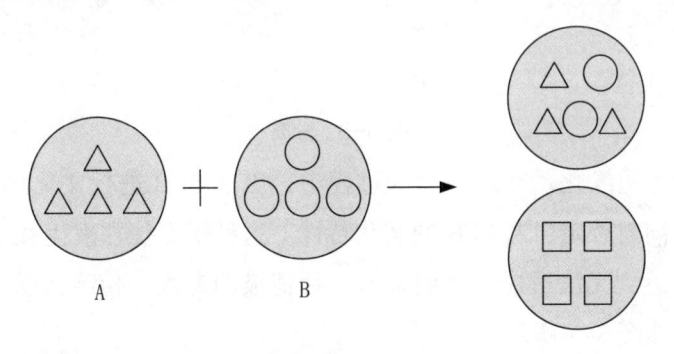

图 3-4　整合

第二，同化。同化过程涉及两种文化 A 和 B 中的任意一方，是指在它们相互接触之后，一方完全融入并接受另一方的文化特质。在这种情况下，被吸收方的原有特性完全消失，无条件地采纳了另一方的文化属性，如图 3-5 所示。

---

① 姜栽植：《中国朝鲜族社会研究：对延边地区基层民众的实地调查》，民族出版社 2007 年版。

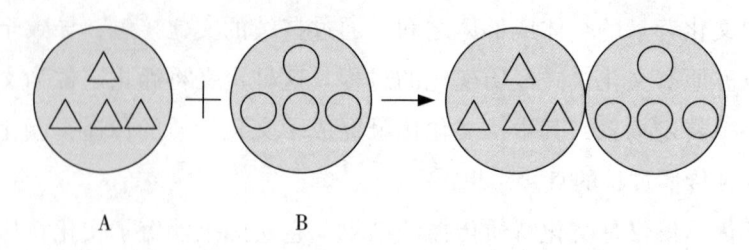

图 3-5 同化

第三，分离。在分离的情境中，尽管 A 和 B 两种文化发生了接触，它们却相互保持独立，未对对方产生任何影响或接纳。这通常表现为相互之间的排斥，伴随着偏见或歧视的现象，如图 3-6 所示。

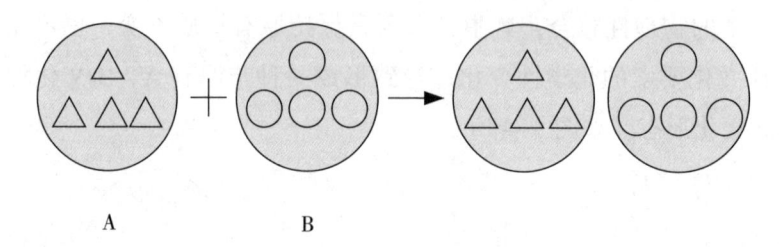

图 3-6 分离

第四，边缘化。在边缘化的过程中，当 A 与 B 进行文化接触时，A 的态度是同时否定自身和 B 的文化特性。这种情形往往发生在 A 面对 B 的文化时感到无法适应，进而采取一种消极的态度，拒绝接受双方的文化特征，如图 3-7 所示。

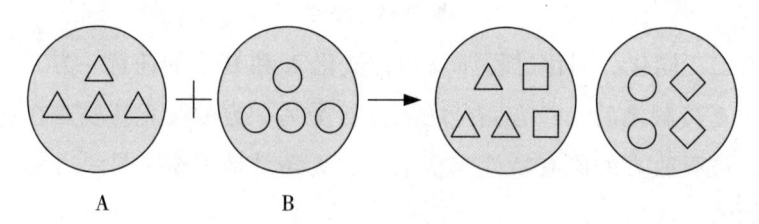

图 3-7 边缘化

第五，渗透。在渗透的情形中，当两个不同的群体进行文化接触时，它们中的一部分成员会进入一个初始的融合状态，这一阶段被视为整合过程的起点，如图 3-8 所示。

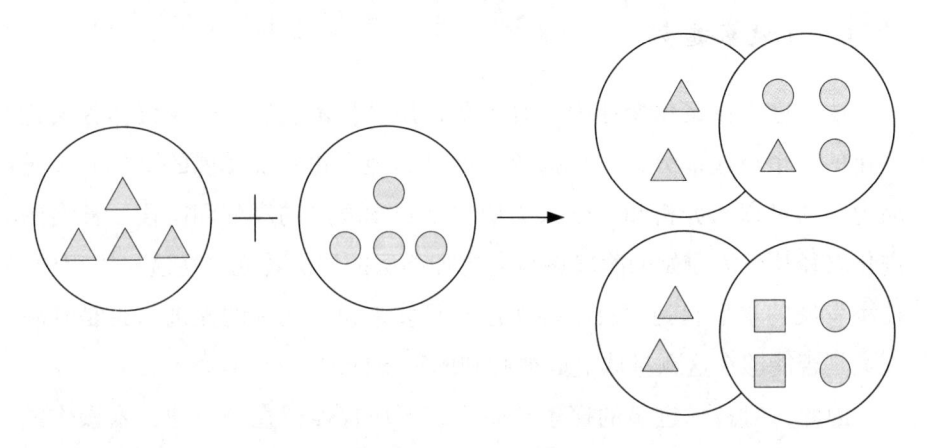

图 3-8　渗透

第六，侵蚀。在两个不同民族的交往过程中，某一民族的一部分成员开始被另一民族融合，放弃了自身固有的民族属性而采纳另一方的特质，这一现象标志着同化过程的早期阶段，如图 3-9 所示。

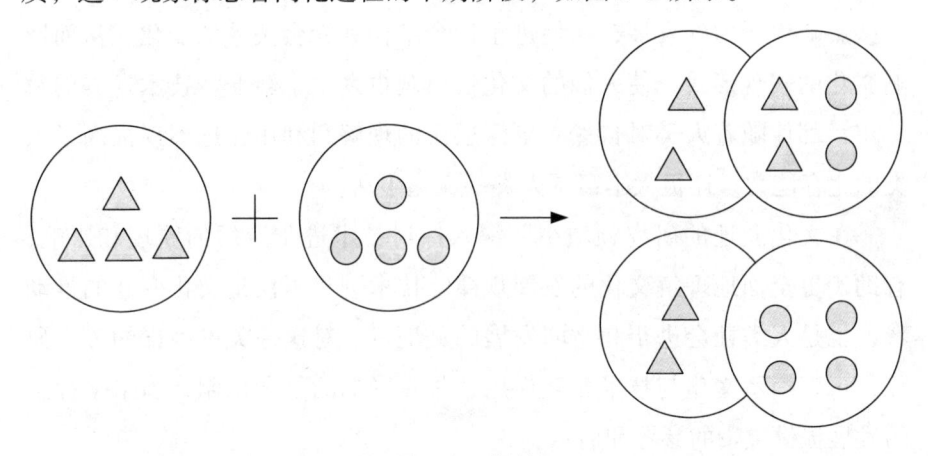

图 3-9　侵蚀

二、文化变迁的原因

文化变迁，作为人类社会发展的重要标志，涉及多种复杂的因素。在众多的研究成果中，可以明确指出几个关键的促进因素：技术进步、文化交流、政治变革等。

（一）技术进步

技术进步在文化变迁中具有重要作用。技术发展并非仅仅作为文化进化的一个组成部分，它还构成了推进其他文化系统发展的基础和关键动力。通过深入分析和观察人类历史上技术发展的序列和阶段，社会的进化路径从较为原始的阶段逐步向更加高级的层次转变。在这一历程中，技术发展的水平起到了决定性作用。具体来说，技术的先进与否是判断人类是否能够在这颗星球上取得胜利的重要标准。

因此，对技术进步的探索与研究，不应仅停留在表面的技术操作或应用层面，而需要深入发明和发现的背后，探寻其中的知识积累过程。这种深层次的探究，旨在揭示技术如何成为影响文化演变的根本动力，以及寻找技术与文化之间相互依存、相互促进的关系。

技术进步与文化变迁之间的关系体现在多个层面。技术的革新不仅直接影响生产力的发展，还促进了社会结构和社会关系的变化，从而影响文化的表现形式，使人们的文化价值观也发生了转变。技术发展的每一步，都伴随着人类对自然界更深层次的理解和利用，这不仅提高了人类的生存能力，还极大丰富了人类的文化生活。

在文化变迁的研究领域中，深入探讨技术进步背后的原理和影响，有助于更全面地理解文化的发展规律。技术进步不仅是文化变迁的推动者，也是人类社会进步和文明发展的见证者。对这一关键因素的深入研究，可以揭示文化与技术相互作用、相互影响的复杂机制，为未来社会的发展提供宝贵的参考和启示。

（二）文化交流

文化间的接触与传播对于文化变迁的过程有着至关重要的影响，这一点在学术界获得了普遍的共识。多个理论流派，包括进化论、传播论、功能论以及历史学派，在各自的研究中都强调了文化特质和文化群体之间传播的核心地位。这些理论的共同点在于，它们认识到了文化的传播和交流是促进文化变迁的关键机制。

文化接触，作为文化传播的基础，涉及一系列复杂且多样的活动和互动形式，包括人口的迁移和流动，战争的爆发，宗教的传播，殖民活动的进行，以及经济和社会层面的交往。这些活动不仅提供了不同文化之间相互了解和交流的平台，还促进了文化的融合和更新，为文化变迁注入了活力。

在文化接触的过程中，文化元素的传播不仅限于物质层面的交换，如工艺品、艺术品或是其制作技术的传承，也涉及非物质文化层面，如价值观、信仰、习俗和语言等的互相影响和融合。这种深层次的文化交流和互动，促进了文化视野的扩展和文化认同的多样化，进而导致了文化的变革和演进。

此外，文化接触并非总是和平和谐的，它也可能伴随冲突和摩擦，尤其是在文化差异显著的情况下。然而，正是这些冲突和摩擦，以及随后的适应和调整，推动了文化的创新和适应性变化。通过这一过程，文化群体学会了如何在吸收外来元素的同时保持自身的独特性和连续性。

（三）政治变革

政治变革，在历史的长河中，常被视为文化变迁的一个显著驱动力。在卡罗尔·恩伯（Carol Ember）和梅尔文·恩伯（Melvin Ember）的著作《文化的变异：现代文化人类学通论》中，将政治变革视作反抗与叛乱的表现，强调通过暴力手段推翻既有的社会统治结构，可能成为引发文化变革的剧烈且迅速的途径。这种观点揭示了政治动荡和变革如何深刻影响文化格局，导致文化价值、社会习俗以及人们的生活方式发生迅速而深远的改变。

然而，重要的是人们要认识到，政治变革与文化变迁之间的关系并非一成不变，而是复杂且多变的。恩伯夫妇也谨慎地指出，并非所有的政治变革都直接导致文化层面的显著变化。这一点强调了，虽然政治变革有时确实能够引发广泛的文化变迁，但文化的适应和响应可能因地区、时期以及社会结构的不同而有所差异。因此，了解政治变革如何影响文化，需深入探讨具体情境下的社会动态和文化互动。

政治变革之所以能够引起文化变迁，部分原因在于政治体系与文化实践之间存在着密切的联系。政治结构的变动往往伴随着权力、意识形态以及社会价值观的转移，这些转移反过来又影响着文化表达、教育内容、艺术创作以及公民身份的认同等方面。例如，新的政治力量可能推崇不同的历史叙事，促进特定的文化符号和语言的使用，或是改变公共空间和纪念物的文化景观。

此外，政治变革常常会引发社会结构和经济基础的调整，这些调整也会对文化产生深远的影响。社会制度的变化可能导致新的社会阶层出现，改变人们的生活方式和文化消费模式；经济政策的转变也可能影响文化产业的发展方向和文化产品的流通方式。

可以看出，政治变革对文化变迁的影响是一个复杂的过程，涉及政治、经济、社会和文化多个层面的相互作用。这一过程的具体影响因地区、历史时期以及社会背景的不同而存在差异，需要通过深入研究和细致分析来揭示其复杂性和多样性。因此，探索政治变革对文化变迁具体影响的研究，仍然是一个开放且富有挑战性的领域。

三、文化变迁的动力

在人类学理论的探讨中，文化变迁的驱动力问题经常被认为是一个理论上的弱点。人们的观点分歧主要集中在对变迁过程本身、变迁原因的理解，以及对外部影响与社会内部发展因素重视程度等方面。进化论者将技术系统的发展视为文化进化及历史发展的关键，从这个角度看，创新、知识的累积及技术的进步成为推动文化变革的核心动力。王海龙与何勇评价吉尔林（Gillin）对文化变迁动力的分析极为有力，认为文化变迁的动力与文化供应不能适应当时的社会要求、新的进步工具的掌握、及时的反应、新事物取代旧事物及其他因素紧密相连。①

(一) 文化供应不能适应当时的社会要求

当文化提供的内容无法满足当前社会的需求时，这种不匹配可能导致一系列的社会和文化问题。文化，作为一个社会的精神和物质实践的总和，包括价值观、信仰、习俗、艺术、法律、技术等多个方面。这些元素在一定程度上定义了一个社会的身份和运作方式。然而，随着时间的推移，社会需求可能会发生变化，这些变化可能源于多种因素，如经济发展、科技进步、人口结构的变化、外部文化的影响等。当文化内容无法适应这些变化时，可能会出现如价值观念的冲突、社会规范的不适应、技术应用的滞后等问题，这些问题反过来又可能促使文化自身的适应性变革，以满足社会的新要求。因此，文化的适应性和灵活性对于维持社会的稳定和促进社会的发展至关重要。

(二) 新的进步工具的掌握

当社会洞察到并且掌握了新的、进步的工具，这一行为本身就成了推动文化变迁的一个重要动力。在人类的历史中，技术的发展和创新一直是文化进步和社会变革的关键因素。新工具的发明和应用不仅提高了生产效率，促进了经济发展，还深刻影响了人们的生活方式、交流方式和思考方式。例如，从简单的石器到复杂的信息技术，每一次技术革新都伴随着社会结构的调整和文化价值观念的变化。

掌握新的、进步的工具意味着社会能够更有效地解决现有问题，满足人民的物质和精神需求，同时也为文化提供了新的表现形式和传播途径。技术进步促使文化内容、形式乃至传播方式的更新，从而引领文化

---

① 王海龙、何勇:《文化人类学历史导引》，学林出版社1992年版。

向更加多元、开放的方向发展。随着新技术的普及，人们的认知范围扩大，接受信息的速度加快，对不同文化的接触和理解也随之增深，进而加速了文化内部的创新和外部的融合。

因此，新工具的掌握不仅是技术层面的进步，更是文化变迁中不可或缺的推动力。这一过程涉及知识的积累、技术的传承与创新，以及文化价值观的更新，这些内容共同推动社会向前发展，使人们不断适应新的环境和挑战。

（三）及时的反应

当社会能够做出必要的反应，这代表了其对变化环境和新出现的挑战的适应力，是推动文化变迁的重要动力。在这个过程中，社会的反应不仅是对即时问题的解决，更是对未来可能发生的变化的预见和准备。能够做出必要反应的社会显示了其灵活性和创新能力，这些特质对于文化的发展至关重要。

文化变迁通常伴随对既有价值观、习俗和知识体系的重新评估和调整。社会对变化的响应可能表现为对新技术的采纳、对新思想的接受或新制度的建立，每一种响应都是社会对文化适应性和创新性的体现。通过这些反应，社会能够解决其所面临的问题，同时也为文化的进步铺平了道路。

此外，能够做出必要反应的社会能够更好地利用内部和外部资源，促进社会成员之间的交流和合作，增强社会凝聚力和文化认同。这种动态的互动过程不仅促进了文化内部的整合，也加强了社会成员与外部世界的联系，从而在全球化的背景下促进了文化的多样性和包容性。

（四）新事物取代旧事物

当新的事物相较旧的事物显得更加令人满意时，这种偏好和接受度的转变成了推动文化变迁的一大动力。这一过程涉及人们对于创新和变化的认知评估，以及这些新事物如何能够更好地满足个人和集体的需求。

第三章 河北长城古迹文化和旅游融合发展的理论基础

在这种情况下，新事物的吸引力不仅来源于其本身的优势，比如更高的效率、更大的便利性或更强的美观性，也可能因为它们代表了新的思想、价值观或生活方式，从而引发了文化层面的变革。

此类变革可能体现在多个方面，包括但不限于技术创新、艺术风格的变迁、社会习俗的演变以及价值观的更新。新事物的接受和普及，促使社会重新审视旧有的规范和体系，可能导致一些传统元素的淘汰或重塑。例如，在技术创新方面，新技术的引入不仅改变了人们的生产方式和生活习惯，也促进了新的社会结构和文化形态的形成。

同时，新事物的满意度高于旧事物，也反映了人们对于提高生活质量和追求更高生活标准的不断探索。这种探索不仅驱动了物质文化的进步，也促进了非物质文化，如教育、艺术和道德观念的发展。

然而，新事物取代旧事物的过程并非总是顺畅无阻，这一过程可能伴随着人们对于传统和现代价值的冲突和协商。在这个动态的互动中，文化变迁得以实现，体现了社会对于新旧之间平衡的不断追求和调整。

（五）其他因素

在探讨文化变迁的动力因素时，除了常见的技术进步、社会互动等因素，还有一些特定的因素，如"中枢导向"与"强制文明"，它们在特定历史时期和社会结构中扮演了关键角色。这些因素通常涉及权力结构和社会组织的深层次操作，展示了文化变革不仅仅是自然演进的结果，也可能是由上至下的推动和制定。

"中枢导向"这一概念涵盖了那些由社会、政治等权威中心发起的文化变革行动。在这种情况下，权力中心通过制定政策、推广特定的价值观念或文化实践，引导或促进了社会文化的变迁。这种变革通常是计划性的，旨在实现某些特定的目标，如社会整合、政治稳定或文化同质化。通过这种方式，权力中心试图塑造社会成员的行为模式、信仰体系和生活方式，以此来加强其权威和控制力。

"强制文明"则指通过强制手段推行的文化变革。这种情况下，一个文化或社会集团可能会被另一个拥有更多权力或技术优势的集团所支配，后者试图通过教育、法律或暴力等手段，强制将其文化价值、生活方式和社会组织强加于被征服或被控制的群体。这种文化强制不仅改变了社会原有文化的面貌，也导致了文化的混合或消失，影响深远。

这些特定的文化变迁动力因素显示了权力和控制在文化形态变化中的作用。通过这样的途径，文化变迁可能体现为一种权力动态，其中包含了冲突、适应和抵抗的元素。在这个过程中，文化的多样性和复杂性得以展现，同时也反映了文化身份和自我认同在面对外来压力时的脆弱性和韧性。

显然，文化变化的推动力源于对生物性、社会性、精神性需求的认识，对新事物的接受程度，以及采取行动的意识和能力。这种理解深刻揭示了文化变化的实质，即人们基于需求和价值观采取行动的过程。没有人类对文化的需求、创新、改进和接受，文化的产生和演变将无法实现。

黄淑娉和龚佩华提到，马克思主义关于生产力与生产关系、经济基础与上层建筑之间矛盾运动的观点，为研究社会文化变迁提供了重要视角，可以视为文化变迁的基础动力。[1] 行为人类学家将研究焦点放在行为主体及其实践活动上，认为行为主体在实践中既传承文化传统，又无意识地进行文化重构。尽管这些行为主体在现实实践中拥有主动性和自由度，但其能动性相对有限，主要作为传统的传承者而非文化的积极变革者。虽然传统文化在不断变化，但这种变化通常发生在传统文化框架内，并遵循传统观念，是对传统的无意识修改和背离。这种观点可能过于强调了传统的约束性，忽视了人类具有反叛性和创新性的可能。

在文化变迁的理论框架下，文化与旅游的融合被视作文化种类转变的一个实例，这种融合在文化发展的历程中显得尤为必然。在文化转变

---

[1] 黄淑娉、龚佩华：《文化人类学理论方法研究》，广东高等教育出版社2004年版。

第三章 河北长城古迹文化和旅游融合发展的理论基础

的分析中,文化与旅游的融合呈现为时间与空间的综合体,一方面经历着时间维度上的融合与变迁;另一方面在空间维度上主动进行融合。随着时间的推移,文化与旅游的融合旨在通过文化视角增强旅游的影响力和功能性,同时通过旅游视角拓展旅游产品的范围、融入文化元素、延伸旅游体验时间。

随后,在旅游与文化的空间交互方面,政府要努力将任何现有的景点路线、传播媒介、服务模式、旅游地点设施及建设项目与文化概念相结合。同时,最大限度地将历史文化遗产、文化设施、传播媒介及城市文化区域与旅游功能相融合,探索旅游潜力并彰显旅游价值。此过程旨在模糊原有文化与旅游之间的界限,推进文化与旅游的跨界发展,实现融合后向上螺旋式的进步,创造一个全新的融合境界。这一新兴的文化与旅游产业要做到空间布局全面覆盖,时间贯穿始终,结构层次丰富,产品种类全面,成为经济发展的支柱产业。

第四节 "点—轴系统"理论

20世纪80年代初,中国正处于改革开放的早期阶段,国土开发战略及其重点的确定成为热议的话题,众多观点交锋,呈现激烈的讨论局面。在这样的大背景下,1984年9月,陆大道院士在其报告《2000年我国工业生产力布局总图的科学基础》中,基于中国的生产力分布、区域发展状况及国土利用的实际情况,提出了"点—轴系统"理论模型。当时,陆院士并未深入详述该理论模型的科学依据和形成机理。然而,在随后发表的论文中,陆院士详细论述了"点—轴"空间结构的形成、发展轴的构造与种类、"点—轴"模式的逐步扩散和"点—轴—集聚区"的理论，分析了在社会经济发展不同阶段，空间结构的基本特点及由空间可达性、地理位置差异产生的地租对区域发展的作用，①如表3-2所示。

表3-2 "点—轴系统"理论的提出及发展概括

分类	描述
理论背景	1984年，陆大道院士提出"点—轴系统"理论，旨在解释和指导中国的区域发展和国土利用策略。该理论是在改革开放初期，针对国土开发战略及其重点的热议背景下形成的
理论基础	中心地理论：解释城市化过程中的空间结构聚集与分散过程，以及城市与人居地形成的等级规模关系； 增长极理论：经济增长首先在特定的增长点或增长极出现，之后向外扩散； 生长轴理论：强调关键交通与经济走廊形成周围的区域将成为经济活动的聚集地
理论要点	"点—轴系统"理论认为社会经济实体在地理空间中相互作用，包括空间上的聚集和扩散。在此框架中，"点"代表区域发展中心（如城市），而"轴"是连接这些中心点的线，沿线会形成产业集聚并扩散资源与生产力，带动周边经济社会发展
发展阶段	1. 初始阶段：区域内部缺乏有效连接； 2. 形成阶段：经济实体开始聚集，点与轴形成； 3. 发展阶段：主要的"点—轴"框架基本成型； 4. 成熟阶段：系统完全形成，区域发展达到有组织的全面状态
深度发展	20世纪90年代，网络开发模式开始出现，该模式强调通过构建先进的交通和通信网络促进经济活动的分布式经济转变，实现区域内多级中心的互联互通和经济活动的广泛分布
研究进展	自2002年起，围绕"点—轴系统"理论的研究逐渐细化和深化，主要聚焦理论总结、发展及应用。研究显示，该理论在区域经济学和旅游管理领域特别有价值，促进了跨学科研究方向的发展

① 陆大道：《关于"点—轴"空间结构系统的形成机理分析》，《地理科学》2002年第1期。

第三章　河北长城古迹文化和旅游融合发展的理论基础

一、"点—轴系统"理论的基础

（一）中心地理论

在 20 世纪 30～40 年代，西方社会随着城市化的快速进程，目睹了人口以及第二、第三产业向城市的大规模流动。这一时期，德国城市地理学者瓦尔特·克里斯塔勒（Walter Christaller）于 1933 年在其著作《德国南部的中心地》中提出了中心地理论，该理论提出后，迅速成为研究城市化发展的核心理论之一。中心地理论构想了一种理想的经济社会空间分布——六边形结构，其中的中心地代表了六边形区域内经济发展水平最高、商业活动最频繁、交通和通信设施最发达的区域。产业和商业活动倾向向这些中心地聚集，而六边形的边界则表示中心地影响力的最弱边缘。此外，中心地理论对中心地进行了等级划分，指出在一个高等级中心地的影响范围内，存在着众多低等级的中心地。与高等级中心地相比，这些低等级中心地的数量更多，影响范围更小，所提供的产品和服务的水平也更低。中心地理论作为"点—轴系统"理论的理论基础，阐释了社会发展过程中的空间结构聚集与分散过程，并揭示了城市与人居地形成的等级规模关系，为"点—轴系统"理论的逻辑思维和推理方法奠定了基础。

（二）增长极理论

增长极理念构成了"点—轴系统"理论中"点"思维的基础，这一概念最初由法国知名经济学者佩鲁提出。佩鲁于 1950 年在载于《经济学季刊》的《经济空间：理论与应用》中提出，经济增长不会在所有区域同时发生，而是首先在特定的增长点或增长极出现，之后经由多种传播途径向外扩散，最终对整体经济产生广泛影响。

(三) 生长轴理论

生长轴理论，作为"点—轴系统"理论中关于"轴"的理论基础，提供了对区域发展模式的深刻洞察。该理论的主要内容为：伴随着关键的交通与经济走廊的形成，那些将主要城市连缀起来的交通干线周边地带，将成为区位优势明显的地区。这些地区，由于交通线路的直接连接与便利，自然而然地成为经济活动的聚集地。在这样的聚集效应下，经济活动因规模效益而集中，进而导致生产成本的降低。因此，生长轴不仅仅是物理上的交通线路，而是经济活力、人口集聚和产业密集的带状地区。这种模式的形成和发展，对于人们理解区域经济结构的优化、城市间的相互作用以及如何有效利用区域资源具有重要的指导意义。

二、"点—轴系统"理论的提出及要点

陆大道院士在其文章《关于"点—轴"空间结构系统的形成机理分析》中，提出了"点—轴系统"理论，这一理论是基于我国的国土资源与社会经济发展的实际情况而形成的。这一理论超越了传统的"中心地理论"所局限的对城市的单向关注，拓展至区域内各实体间相互促进的综合考量，构成了社会经济空间结构理论的一个重要组成部分。据陆大道院士阐述，"点—轴系统"理论的核心在于，社会经济实体在地理空间中总是相互作用的，这种互动既包括空间上的聚集也包括扩散。

在这个理论框架中，"点"代表区域发展的中心，如城市或人口集中的地区，而"轴"则是连接这些中心点的线，可能是交通、通信网络或与基础设施如能源、水源相连的通道。"轴"沿线具有强大的资源吸引力，并能形成产业集聚，当这种集聚力达到一定水平后，"轴"沿线地区便开始向外扩散资源与生产力，从而带动周边地区的经济社会发展，促进整体社会生产力的提升。

陆大道院士进一步解析了"点—轴系统"空间结构的发展过程，将其分为四个阶段：第一阶段，区域内部缺乏有效连接，导致效率低下；

第二阶段，经济实体开始聚集，点与轴逐渐形成，出现了基本的交流渠道；第三阶段，主要的"点—轴"框架基本成型；第四阶段，即系统完全形成的阶段，区域发展达到有组织的全面状态，空间结构达到新的均衡。该理论认为，区域发展的逐步扩散促进了"点—轴系统"的形成，随着时间推移，"点"与"轴"的级别差异逐渐缩小，实现了从点到线再到面的全面发展，促进了区域从初始的不均衡状态向相对均衡状态的过渡。

"点—轴系统"理论不仅揭示了区域发展的渐进式扩散过程，而且指出了社会经济空间组织发展的客观规律，为人们提供了一种科学的指导模式，对于指导区域开发与规划具有重要的理论价值和实践意义。

三、"点—轴系统"的深度发展

20世纪90年代，中国的学术界提出了一种新的区域发展模型——网络开发模式，这一理念是在传统的"点—轴系统"理论发展到一定阶段后逐渐形成的。区域内部经济活动的过度集中开始对进一步的区域发展产生限制，出现了向外扩散和与外围区域进行更广泛交流的需求，这就要求更高效的交通和通信系统来支持。因此，网络开发模式强调通过构建先进的交通和通信网络，促进经济活动从集中的经济向分布式经济转变，实现区域内多级中心的互联互通和经济活动的广泛分布。

这种开发模式继承了"点—轴系统"理论的核心思想，即在区域发展的早期阶段，会诞生以产业聚集为特征的中心节点。当这些节点的发展达到一定规模，其对周围区域的正向推动作用减弱时，产业的向外扩散就会成为新的发展动力。这种扩散不仅促进了资源和生产力向较少开发地区的流动，还催生了新的次级中心的成长，使区域逐步构建起一个层级分明、多中心相连的网络结构。此模式充分体现了区域发展中的空间动态变化，指向了通过构建多层次、广泛连接的网络体系促进区域内均衡与全面发展的方向。

四、近年来"点—轴系统"理论的研究进展

从 2002 年起，中国在"点—轴系统"理论方面的研究逐渐细化和深化，主要围绕理论总结、发展及应用这三个核心领域展开。部分研究以概述历史背景或文献回顾的形式触及该理论，通过细化处理促进了理论的广泛传播。同时，有研究者尝试将"点—轴系统"理论与其他领域的研究相融合，通过这种跨领域的整合为理论的进一步发展提供新视角；或者在自己的研究中对该理论进行补充和修正，使其能够适应不断变化的现实情况，以新的形式应用于当代的实际问题。此外，一些学者和研究人员将"点—轴系统"理论作为研究的指导思想，在区域经济学和旅游管理领域开展了大量的实证研究。由此可见，我国学者的研究领域正逐渐向跨学科方向发展。研究主题从宏观层面的"空间结构""产业结构"和"区域发展"等，逐步转向更为细致和具体的方向，如"旅游资源"和"旅游开发"等领域。特别是自 2008 年以来，我国学者的研究开始聚焦旅游行业，探讨"丝绸之路经济带""生态旅游""乡村旅游"等具体主题，使研究不仅具有理论深度，也强调实践意义和应用价值。

五、"点—轴系统"理论与旅游业

（一）"点—轴系统"理论在旅游业发展中的应用价值

石培基教授与李国柱教授深入探讨了"点—轴系统"理论在旅游学领域的应用价值，明确提出要精心构建旅游节点，这些节点所在城市能显著推动区域旅游的发展进程，实现辐射带动的作用。同时，旅游轴线的构建，将有效提升区域旅游的影响力和覆盖范围，从而优化整个区域旅游发展的态势。[1] 宋亮凯等在此基础上，进一步阐述了在旅游业发展

---

[1] 石培基、李国柱：《点—轴系统理论在我国西北地区旅游开发中的运用》，《地理与地理信息科学》2003 年第 5 期。

第三章　河北长城古迹文化和旅游融合发展的理论基础

过程中，确定关键旅游节点与旅游轴线的重要性。他指出，旅游节点作为旅游产业发展建设与旅游资源空间结构布局的核心，对其周围区域及旅游轴线具备强大的吸引、聚集与扩散、带动作用。[①]

"点—轴系统"理论，作为经济社会空间结构科学规律的一种理论，为旅游行业的发展提供了坚实的理论支持和指导作用。其主要作用可以概括为以下几个方面：

第一，促进旅游资源的合理配置。"点—轴系统"理论在旅游业的应用中，特别突出了空间发展中的一个关键原则——聚集的客观规律。这个原则不仅仅是对旅游资源简单的集中，还是对旅游资源进行精细化的规划和配置，确保旅游业的发展与区域的基础设施能够相互配合，相互促进。在这一过程中，旅游业的发展不仅需要考虑景点对游客的吸引力，更要综合考虑交通、住宿、餐饮等旅游配套设施的布局与建设，使之与旅游资源的布局相协调，从而形成一个既能满足游客需求，又能有效利用和保护旅游资源的旅游发展模式。

理论指导下的资源聚集，强调的是一种有序、合理的聚集方式。这种方式要求在资源聚集的同时，能够对旅游资源进行优化配置，使每一处资源都能得到充分利用，避免资源的闲置和浪费。同时，基础设施与旅游业配套设施的有机结合，不仅提高了旅游地的接待能力和游客的满意度，还能促进当地经济的发展，带动相关产业的进步。

进一步而言，空间发展的聚集的客观规律还要求旅游业在进行资源聚集时，不仅要注重物质资源的聚集，也要注重非物质资源的聚集，如文化资源、服务资源等，这些都是提升旅游吸引力、增加旅游体验的重要因素。通过合理配置旅游资源，旅游业可以实现从量的积累到质的飞跃，从而在竞争激烈的市场中占据有利地位。

第二，强调中心点的带动作用。旅游业的繁荣与成长，在很大程度

[①] 宋亮凯、李悦铮、徐凯：《基于点—轴理论的环渤海地区旅游空间结构研究》，《世界地理研究》2016年第3期。

上取决于能否有效识别并利用某一区域内的中心点。这些中心点，因其拥有在区域内广为人知的特色或者独一无二的旅游吸引力，成为旅游发展的重要驱动力。它们不仅是旅游活动的焦点，也是旅游资源集中的地方，为游客提供了各类旅游所需的物质和非物质资源。通过对这些中心点的有效建设与优化发展，旅游业能够实现其增长目标，吸引更多的游客。

在旅游业的发展策略中，将这些中心点作为发展的核心，不仅可以提升旅游地的整体吸引力，还能通过中心点的辐射作用带动周边区域旅游业的发展。中心点的建设与发展涉及多个方面，包括但不限于旅游基础设施的完善、旅游服务质量的提升、旅游产品的创新以及旅游宣传的加强等。通过这些措施，区域可以增强中心点的吸引力，使其成为游客的首选目的地。

此外，围绕中心点的旅游业发展策略也促进了区域内资源的合理利用与配置。通过对中心点资源的深度挖掘与充分利用，旅游业不仅能够为游客提供丰富多样的旅游体验，还能促进当地经济的发展，带动相关产业的进步，实现经济与社会的双重效益。

第三，注重旅游轴线的建设。轴线在旅游业的发展中扮演着极为关键的角色，其主要功能体现在两个方面：一方面，轴线通过连接各个不同的中心点，形成一个连贯的旅游网络，确保旅游资源和服务的连续性与整体性。这种连接作用使游客能够便捷地访问多个旅游中心点，丰富自身的旅游体验，增加旅游对他们的吸引力。轴线作为一种有效的连接工具，不仅缩短了中心点之间的距离，也加强了旅游目的地之间的互动与合作，促进了旅游资源的共享与整合。另一方面，轴线为中心点提供了必要的服务保障，包括交通和能源等基础设施。这些服务保障是旅游业顺利进行的基础，确保了旅游活动的高效与安全。交通服务保障使游客能够方便快捷地到达各旅游中心点，无论是公路、铁路、航空还是水运，都是连接旅游中心点的重要轴线。能源服务保障则确保了旅游中心点的正常运营，包括旅游景区的照明、酒店的供电供暖、旅游交通工具的能源供应等，这些都是旅游业发展不可或缺的支撑。

因此，轴线的建设和完善是旅游业发展的基础工程之一。规划和建设高效的轴线网络，不仅可以提升旅游目的地之间的连接性和互动性，还能够保障旅游服务的质量和效率，从而提高旅游业的整体竞争力。在旅游业快速发展的今天，加强轴线建设，优化旅游网络布局，已成为促进旅游业可持续发展的重要策略。

第四，促进重点节点间的沟通交流。实施"点—轴系统"理论在区域旅游业的发展中起着至关重要的作用，它能够促进区域内旅游业的有序发展和资源的有效利用。此理论的核心在于优化区域旅游业的空间布局，通过精心设计和建立旅游节点（即重点旅游目的地或中心）、轴线（即连接这些节点的交通、信息等基础设施），实现区域内旅游资源的整合和优化配置。这样，旅游业就能够根据地理位置、资源特色、开发潜力等不同因素，加强各重要节点之间的有机联系，实现资源共享、信息互通。

在这一理论指导下，区域旅游业能够有效地实现各重要节点间的有机交流。这种交流不仅仅是物理意义上的互联互通，更包括文化、技术、管理经验等多方面的交流。通过这种方式，各节点可以根据自身的特色和优势，发挥各自的长处，同时借鉴其他节点在旅游开发、管理、服务等方面的成功经验，共同提升区域旅游业的整体水平。

此外，实施"点—轴系统"理论还能促使区域旅游业实现优势互补。各旅游节点在发展过程中，会根据自身条件和特点，形成不同的旅游产品和服务，这样不同节点之间就能根据各自的优势资源和特色互相补充，共同构建更加丰富多样的旅游产品体系。例如，某些节点可能以自然风光著称，而另一些节点则可能以文化遗产或现代娱乐设施闻名。通过互补，这些节点可以吸引更广泛的游客群体，满足不同游客的需求。

同时，"点—轴系统"理论的实施还有助于形成专业化的协作关系和相互促进的旅游网络。在这个网络中，各节点不是孤立的，而是通过轴线紧密连接，形成一个统一而高效的旅游服务体系。这种协作网络不仅能够促进资源的有效流动和利用，还能够促进旅游产品的创新和景区服务质量的提升，使整个区域的旅游业能够以更加活跃和可持续的姿态发展。

第五，推动区域旅游发展的统一规划。明确设定区域内旅游业发展的核心点位和关键轴线，可以有效地打破传统的行政区域划分，促进区域旅游业的整体协同与一体化进展。这种方法不仅有利于整合区域内的旅游资源，还能够确保旅游发展活动在一个共同的目标和规划指导下进行，从而达到资源共享和优势互补的效果。

实现区域内旅游发展的统一目标和规划是推进旅游业健康、可持续发展的关键所在。当区域内的各个旅游节点和轴线紧密相连，共同遵循统一的发展蓝图时，可以有效避免资源的重复建设和浪费，同时也有助于形成旅游资源开发的合力，提高整个区域的旅游吸引力和竞争力。

此外，通过跨行政区划的协作与规划，区域内的旅游业发展将更加注重旅游资源的整合与优化配置，使旅游资源的开发更为合理和高效。这不仅能够提高旅游资源的利用效率，还能促进旅游业管理水平的全面提升，包括服务质量、市场营销、环境保护等各个方面。

确立区域内旅游业的重点与轴线，有助于构建一个更加开放、互联互通的旅游市场环境。在这样的环境下，旅游资源和产品能够更加灵活地流动，各个节点之间可以进行有效的资源共享和信息交流，旅游产品和服务能够更加多样化，满足不同游客的需求。

（二）实际应用中的"点—轴系统"理论对旅游行业的影响

在旅游业中，"点—轴系统"理论的应用展现在几个关键方面，为行业带来深刻的实践意义和指导。

首先，是旅游资源空间开发的层次划分，该理论为区域空间提供了一个分层框架,每一层都有其独特的资源组合、发展水平及潜力,以及预期的功能角色。在这种分层指导下,旅游资源开发需评估其所处的地理位置、资源的吸引力以及开发的成熟度,并确定资源的影响范围和服务目标。

其次,旅游资源开发的类型选择是另一项关键实践。依据"点—轴系统"理论,旅游资源的开发不仅仅是单一的资源点的开发,还要围绕区域特色,整合各类资源和基础设施,构建多元化的旅游产品。这包括但不限于自然风光、历史遗迹、科教文化、民俗体验及休闲疗养等类型,旅游资源的开发既要明确目标和方向,也要根据资源特性和市场需求,进行科学规划和有序开发。

最后,旅游资源的地理位置和所处的大环境也是"点—轴系统"理论在应用时的重要考虑因素。在全国乃至全球范围内,经济圈和经济带的形成为旅游资源的开发提供了新的机遇。旅游资源开发需要与区域内的"点—轴系统"紧密结合,充分利用高等级系统的辐射效应和资源优势,促进旅游资源的有效利用和持续发展。

第四章　河北长城古迹文化和旅游融合发展的现实状况

第一节　河北长城古迹文化资源概况

一、河北长城古迹文化资源概况

河北省是拥有大量长城遗迹的地区。通过精密的考察和测量，考古学家揭示了河北省境内长城遗迹的总长度达到了 2498.54 千米，并且这些遗迹遍布河北省内的 9 个市及 59 个县区。从战国时期开始，燕、赵、中山三国在如今的保定、承德、张家口、邯郸等地修筑了长城，旨在互相防御及抵御北方游牧民族的侵袭。这些长城以土筑、石砌及土石混合等方式建成，并在多处设有防御和信号设施。

秦始皇统一六国后，对这一防御体系进行了整修和扩建，使河北省内的长城防线形成连贯的防御体系，也就是后世所称的"万里长城"。西汉、东汉、北齐、隋、唐、北宋、金等朝代均对这一体系进行了修缮和加固。尤其是自从朱棣迁都至北京之后，河北省的战略地位显著提升，从边境防线转变为直接保护京师的关键地带。明朝继承并发扬了金朝的建筑经验，大规模修缮和加固了河北省境内的长城。

河北省内的长城可分为两大部分：外长城位于北部，从山海关起，经过燕山山脉、河北北部山地及坝上草原，一直延伸至西洋河，其修建有效地阻挡了北方游牧民族的侵入；内长城则从慕田峪开始，沿燕山、太行山脉向南延伸至黄泽关，穿越张家口、保定、石家庄、邢台及邯郸等地，构成了京师西部和南部的坚固防线。明朝对长城进行了系统的管理，将其分为9个防区，俗称9边或9镇，最初由宣府镇和蓟镇负责管理，后增设真保镇和昌镇以加强管理。

河北省内现存的长城跨越战国、中山、燕南、赵南、汉、唐、金、明等多个历史时期，其中，明代的长城保存状况最佳，主要以砖石结构为主。其他时期的长城遗迹多以土岗、石碓等形式存在，保存情况不甚理想。自20世纪80年代起，为加强长城的保护工作，我国发起了"爱我中华，修我长城"的社会活动，鼓励各界人士参与长城的保护，以加深公众对长城文化的理解和认识。

二、长城古迹文化资源分布

河北省以其丰富的长城资源而闻名，是中国长城长度最为显著的地区之一。据相关资料统计，河北省境内的长城总长度达到2498.54千米。在这一壮观的长度中，属于明代的长城部分独占1338.63千米，包含1153个独立段落和5388座单体建筑，以及302座关堡和156处相关遗迹。此外，早期的长城建筑亦不可小觑，墙体总长为1159.91千米，分布290段，拥有915座单体建筑、70座关堡，以及26处其他遗迹，其分布情况如表4-1所示。

表4-1 河北省长城分布情况

时期	长城总长/千米	墙体/段	单体建筑/座	关堡/座	相关遗存/处
早期长城	1159.91	290	915	70	26
明长城	1338.63	1153	5388	302	156
总计	2498.54	1443	6303	372	182

河北段的长城贯穿了省内的北部、中部、西部及南部区域。这一伟大工程东接渤海之滨，顺着燕山山脉向西延伸，跨越冀北山地和坝上草原，最终沿太行山脉向南延绵。在河北省内，长城遗迹遍布秦皇岛、唐山、承德、张家口、保定、廊坊、石家庄、邢台、邯郸九个设区市，以及雄安新区，涉及59个县（市、区）。河北省大部分的设区市均有长城遗迹存在，仅沧州、衡水两地例外。就长城资源的总量而言，河北省在全国排名第二，其跨越了燕山、太行山、坝上高原和华北平原等多个地貌区域。

在战国时期，为防御北方游牧民族的侵扰，燕、赵、秦三国各自修建了宏大的长城体系。燕国的长城被分为南北两道，分别为燕南长城和燕北长城，后者在今天河北省的北部地区有明确的走向。根据国家文物局2012年的一份批复，河北省内长城资源的分布得以明确，包括战国时期的燕北长城、燕南长城、赵长城，及其他如汉、北魏、北齐、唐以及金代的长城遗迹。

特别值得一提的是明代长城，其东起于秦皇岛市山海关区，向西穿过多个县区，直至涉县。这段长城不仅长度惊人，而且沿线遍布关堡和单体建筑，是我国研究中国军事防御历史和长城建筑艺术的宝贵资料。除了明长城，还有一些时代不确定的长城遗迹分布在赤城县、宣化区和张北县等地，这亦说明了长城作为一项跨越数千年的巨大工程，其历史的深度和广度是非常令人震撼的。

河北省的长城遗迹不仅是中国乃至世界的文化遗产，也体现了中国古代人民在军事防御、地理策略上的智慧和勇气。这些长城段落的存在，不仅对研究中国的历史和文化有着不可估量的价值，同时也为今天的人们提供了深入了解古代中国社会和文化的独特窗口。通过对这些遗迹的保护和研究，人们不仅能够保存这一宝贵财富，也能够继续从中汲取智慧，启发未来。

第四章 河北长城古迹文化和旅游融合发展的现实状况

第二节 河北长城古迹文化资源特色

一、河北长城古迹文化资源特色

(一)聚集各朝代的长城遗迹

河北省在中国保存长城遗迹的数量堪称全国之最。这里的长城遗址历史悠久,起始于战国时期,覆盖范围广泛,时间跨度大,集合了自战国以来历代长城的精华。地理位置的独特性让河北成为长城建设的重要地带。战国时期,随着赵国、燕国和中山国的兴起,长城建设活动在河北地区如火如荼地进行。特别是在围场、临漳、磁县等地区,发现了属于三国时期的长城遗迹,这些遗址见证了长城在河北省历史上的重要地位。

秦始皇统一六国后,为了防御北方游牧民族的侵袭,首次将分散的长城连接起来,形成了贯穿东西的巨大防御体系。在丰宁、围场以及张北县等地,都可以追寻到秦代长城的足迹,这些地方的长城遗址成为研究中国古代边防历史的宝贵资料。

明代是长城建设的高峰期,也是建设规模最大、工程量最为庞大的时期。明长城的建设历时 200 多年,按照功能和防御需求,明代的长城被划分为内外两条主线。外长城东起山海关,西至西洋河,跨越了燕山山脉、冀北山地和坝上草原等多个地貌区域,穿过秦皇岛、唐山、承德、北京、天津、张家口等地,最终与山西的长城相接。这条长城线路不仅防御能力强,而且沿线风景壮丽,成为后世研究和游览的热点。内长城则主要布局在冀西山地,从北京经过张家口、保定、石家庄、邢台直至邯郸,构成了京师西部和南部的坚固防线。这一防御体系的建立,不仅在军事上提供了坚实的屏障，也促进了河北及周边地区的文化交流和经济发展。

河北省内的长城遗址，无论是在历史价值、文化内涵还是在旅游资源上，都占有举足轻重的地位。从战国到明代，河北长城的每一砖每一瓦都凝结了无数匠人的智慧和汗水，见证了中华民族抵御外侮、保卫家园的坚韧不拔。河北的长城不仅是历史的见证，更是中华文化的瑰宝，吸引着世界各地的游客来此瞻仰和学习。

（二）拥有最壮丽的长城景观

在燕赵大地上，河北省的长城遗迹以其保存完好、建筑风格多样著称，成为中国长城完整和具有代表性的区段之一。目前所见的大多数长城遗迹均属于明代，而明代长城中最为精华的部分集中在蓟州镇（蓟镇）、昌平镇和真保镇。这些区段之所以被视为精华，不仅因为它们的保存状态良好，建筑设计精美，更因为它们与自然环境的和谐融合达到了无与伦比的境界。尤其是蓟州镇长城，被视为明代利用全国力量修筑的长城中最坚固、最完善的段落。

明长城代表了中国长城中规模最大、最坚固、最壮观的建筑，而蓟镇段更是其中的翘楚。河北段长城因其能够充分体现长城的美学特质，而深受摄影师的青睐。

河北省在长城的开发利用方面已取得显著成效，开发的长城景点超过10处，以山海关和金山岭长城为核心，辅以其他小型景区。秦皇岛的老龙头不仅是长城的起点，也是古代边防的重要地标，更是历代帝王赋诗留念的地方。"天下第一关"的山海关位于秦皇岛，是连接京津的关键，被誉为"万里长城中最为重要的关隘"。此外，孟姜女哭长城的传说也源于秦皇岛，当地还保留有姜女庙和姜女坟。承德市滦平县的金山岭长城以险峻著称，主要景观包括"浮雕麒麟影壁"和"长城边古居"。唐山的喜峰口至潘家口一带，长城风景秀丽，而张家口的大境门长城则

第四章　河北长城古迹文化和旅游融合发展的现实状况

在历史上扮演着重要的军事角色，成为长城旅游文化开发的重要组成部分。

这一系列的长城遗址不仅展现了中国古代边防建筑的雄伟与壮观，也为当代旅游文化发展提供了丰富的资源和灵感。河北省的长城，无疑是中国乃至世界上一道独特的文化风景线。

（三）文化遗产价值丰富

河北省内的长城遗迹，因其丰富的文化价值和多样化的景观特征而备受珍视。该区域的长城不只包括了传统的烽火台、城墙、关口、城堡等建筑形式，而且其建造技法亦展现了多样性——从最初的夹板生土夯筑到后来的土坯建造，再到砖石砌筑，逐渐形成了一个完整的防御系统。除了地面上的长城，河北省内还保有如宋辽古战道这样的地下长城。由于怀来样边长城是明代长城建设的示范工程，山海关和金山岭长城具有独特的历史和文化价值，因此，它们均被列为世界文化遗产。

特别是山海关长城，作为唯一结合山海自然地形的关城，拥有多样的防御建筑，如箭楼、"天下第一关"等，与其他如官署、演武场等建筑共同组成了一个几乎完整保存的古代城防体系。1961年3月4日，山海关被国家认定为第一批中国重点文物保护单位，这一地区的长城被视为中国长城历代建筑风格、技术及材料应用的集大成者，堪称我国历代长城的大型博物馆。

河北的长城在建筑类型、质量、造型美感以及材料的使用等方面均占据"最"之称谓，其建筑类型之全，建筑质量之高，建筑造型之美，以及建筑材料之丰富，在全国长城中都具有显著特点。燕山山脉的独特地形为长城的雄伟造型提供了绝佳背景，而丰富建筑材料的使用则见证了河北长城历代建设技术的进步。

河北长城拥有历代长城中最为完备的防御体系，特别是蓟镇长城，不仅墙体高大坚固，而且配备有敌台、墩台、烽火台等多种防御设施，以及镇、路、关等多级城池，构成了历史上最为完整的防御体系。河北段长城的存在，不仅对于研究古代社会、建筑和军事历史具有不可估量的价值，也是中华民族智慧和勇气的象征，为世人所共同敬仰。

（四）承载着深厚的长城文化精髓

河北省内的长城遗址，因其丰富的历史文化和独特的景观多样性，被赋予极高的文物价值。这些长城不仅涵盖了从烽火台、城墙到关隘、城堡等多种建筑形式，其建设技术也从最初的生土夹板夯筑发展到后来的土坯和砖石砌筑，形成了一个完整的防御系统。除了地面上的长城，地下长城如宋辽古战道也是该地区的一大特色。怀来样边长城堪称明代长城建设的典范，山海关和金山岭长城更是因其不朽的价值而被列为世界文化遗产。

长城的文化价值不仅在于其作为边防工程的实用性，更在于它作为中华民族精神象征的深远影响。长城文化反映了不同民族间的交流、互动及社会风貌，被誉为人类建筑史上的伟大奇观。长城之所以伟大，不仅因为它的建筑壮观，更因为它代表了一种不屈不挠的精神，是对历史和文化的一种深刻理解。

学者对长城精神进行了深入探讨，将其概括为强国精神、团结精神、创造精神和献身精神等基本内容。长城精神还体现在爱国主义、民族团结、开放创新等方面，是中华民族坚韧不拔、自立自强的鲜明标志。

河北长城见证了中华民族的历史变迁。从战国时期的烽火连天，到秦始皇统一六国后将长城连接为一体，再到汉朝为抵御匈奴的进攻而加固长城，以及明代将长城建设上升到新的高度，分为内外长城并设立九镇进行管理，长城一直是国家防御和文化传承的重要标志。

长城不仅是历史的见证，还蕴含了深厚的文化价值，如爱国主义、民族互助团结、勇敢无畏的品质，以及坚韧不拔、抗暴扶弱的正义情怀等。这些文化内涵成为河北长城区段不可分割的一部分，是研究古代社会、建筑、军事等领域的重要资料来源。

第四章　河北长城古迹文化和旅游融合发展的现实状况

随着历史的发展，尤其是清代的"众志成城"政策，使长城的功能发生了变化，木兰围场和避暑山庄等成为长城文化的现代延伸，以不同的形式继续保护着国家的北疆安宁。

随着抗日战争的全面爆发，长城作为中华民族坚韧不拔的象征，再次被唤醒，其关口、敌台等古老防御工程重新被赋予了抵御外侮的使命。1933年，榆关抗战的发生标志着长城抗战的开始，这一战役展开了长城东段的争夺战，包括冷口、界岭口的战斗及喜峰口、罗文峪等地的激战，其中，喜峰口战斗更是孕育出了《大刀进行曲》。接下来，长城东段南侧的古北口成为抗战期间最为悲壮的战场之一，而5月份的冀东作战则标志着抗日战争进入更加广泛的地域。这一系列的抗战活动不仅是华北地区抵抗日本侵略者的重要战役，更是中华民族抗日战争历史上的重要篇章，展现了中华儿女视死如归的民族精神和对民族尊严的坚守。

长城同样是各民族文化交流与融合的重要纽带，茶马互市、长城文学等活动促进了沿线各民族文化的交流与繁荣。河北长城地带是多民族杂居的区域，可以说，河北长城见证了从战国时期到明清时期各个民族在这片土地上的生活和互动。河北不仅是多个少数民族建立政权的地方，而且也是历代管理北方少数民族行政机构的所在地，其在多民族融合历史中具有重要地位。

长城不仅是一种文化符号，也是中华文明内部区域文化交流的历史见证。河北长城内外的多民族融合现象尤为明显，无论是战争、安置还是经商活动，都促进了民族间的交流与融合。特别是张家口的大境门，既有丰富的武文化背景，也是多民族文化沟通的场所，茶马互市的频繁交流促进了中华民族的融合与发展。

关于河北长城的诗词创作亦为长城文化增添了丰富的文学内涵，如《饮马长城窟行》等名篇，反映了诗人对长城景观的赞美及对长城精神的颂扬。河北长城文学的发展经历了从萌芽到繁荣的过程，形成了以"山""海""关"为主题的独特诗歌内容，体现了地域特点和文学价值。

通过这些故事和历史记载，河北长城不仅证明了自身在中华民族历史变迁中的重要地位，还展示了其在促进民族交流、文化融合以及传承民族精神方面的深远影响。河北长城既是中华民族坚韧不拔、自强不息精神的见证，也是中国丰富多彩、包容并蓄的象征。

二、河北各市长城古迹文化资源特色

（一）秦皇岛市长城古迹文化资源特色

河北省的长城不仅以其数量众多而著称，各个不同段落的长城也各具特色，展现了多样化的风采。特别是在秦皇岛域内的长城文化资源，其独特性在于地理位置，环绕山脉且邻近海域，交通的便捷性更为这一地区的长城文化增添了独特的魅力。

山海关是长城线上一个重要的节点，由明朝名将徐达所建，经过数百年的扩建与发展，已成为众多长城中规模较为宏大的关隘。山海关被誉为"天下第一关"，不仅因为其军事防御的重要性，也因为其在历史和文化上的独特地位。紧邻山海关的老龙头标志着明代长城在东部的起点，更是长城唯一延伸入海的部分，被誉为"人类建筑史上的千古建筑"，展现了中国古代建筑技术的非凡成就和中华民族的智慧。

宁海城作为老龙头的重要组成部分，堪称我国现存完整、宏大的军营之一，其保存状况良好，不仅展现了明代军事防御体系的严密与复杂，也反映了当时社会政治和军事战略的高度发达。

穿越山海关后，向西北偏北方向延伸的是角山长城。登临此处，游客可以一览全城的壮观景色，体验历史与自然的完美融合。角山长城不仅因其地势险峻而著称，更因其战略位置重要，在长城防御体系中占据着举足轻重的地位。

在山海关城东的凤凰山上，坐落着孟姜女庙，该庙宇是基于中国古代民间传说"孟姜女哭长城"而建立。孟姜女庙不仅是对孟姜女这一历史人物的祭祀，更是长城文化与中国传统民俗文化结合的体现。这一传说的传播与庙宇的建立，反映了长城文化在民间深远的影响力，以及长城作为文化符号在民族记忆中的重要地位。

（二）唐山市长城古迹文化资源特色

秦皇岛境内的长城，蜿蜒穿过卢龙县的桃林口关，延伸至唐山境内，经过冷口关到达白羊峪。这一段长城见证了中国古代军事防御工程的卓越智慧和艺术。白羊峪，一处始建于北齐、明代经过重修并以大理石作为城墙基地的特殊水关，其珍贵性在于不仅稀少而且保存状态良好，成为研究中国长城建筑特色的重要实例。作为白洋河发源地的白羊峪，地理位置特殊，其内部的谎城、烽火台、水关及督察院等构成了一套较为完整的军事防御体系，反映了古代中国在军事策略和工程技术上的高度成就。

位于唐山迁西县北部的青山关，通过其长城和城关的组合展示了明代的军事防御和建筑艺术。青山关城坐落大青山脚下，内有众多明代建筑，包括千总官衙、戚军校军场等，这些古建筑不仅体现了明代的建筑风格，也让后世得以窥见当时的社会和军事生活。在这里居住的民众大多为当年驻守青山关的将士后代，他们的生活习俗和文化传统，具备深厚的戍边文化和民族风情。

青山关长城的建设始于明朝，尽管历经战火，但依旧保存完好。这里的监狱楼和七十二券楼，作为长城中独特的建筑形式，不仅展现了防御工程的复杂性和精巧性，也体现了长城建筑的多样性。

位于迁西县与宽城县交界处的喜峰口，则以其独特的水下长城构筑了一道别致的风景线。这段长城不仅因地理位置特殊而引人注目，更因在近代历史上扮演的重要角色而备受关注。在抵抗日本侵略的斗争中，喜峰口长城曾是激烈战斗的场地，赵登禹将军率领的大刀队在此与日军展开了殊死搏斗，展现了中华民族不屈不挠的抗战精神。这一段历史激发了音乐家麦新创作了《大刀进行曲》，该曲不仅是抗日战争时期的一首重要歌曲，也将喜峰口抗战的英雄气概传扬至今。

（三）承德市长城古迹文化资源特色

万里长城贯穿唐山直至承德，承德市的长城文化资源极为丰富，尤其是金山岭长城以其显著的特色和重要的地理位置脱颖而出。这一段长城是徐达所建，后由戚继光和谭纶进行改建和扩建，不仅因其军事建筑的精细和所处自然风景的唯美而闻名，更因其深厚的文化底蕴和独特的建筑成为学界研究长城的重要对象。

金山岭长城全长 10.5 千米，位于崇山峻岭之上，其沿线布满了大小不一的敌楼、关隘和烽火台等军事建筑，体现了中国古代军事防御体系的复杂性和精巧性。这些建筑不仅在当时发挥了重要的军事防御作用，也成为后人研究古代军事建筑技术和策略的宝贵资料。金山岭长城的建筑技艺精美，与周围的自然风光相得益彰，共同营造出一道令人赞叹的风景线，因而有"万里长城，金山独秀"之誉。

金山岭长城之所以著名，还在于其独特的建筑元素，如挡马墙、麒麟影壁、文字砖和将军楼等。这些元素不仅展示了中国古代建筑的精湛技艺，也蕴含了丰富的文化意义和历史价值。其中，文字砖上刻有各式文字，不仅具有极高的艺术价值，还记录了当时的社会文化和历史信息。

此外，金山岭长城以其美丽的风景和深厚的历史文化底蕴成为摄影和健身爱好者的天堂。每年的国际摄影节、杏花节、国际马拉松等节庆活动，吸引了众多国内外游客和摄影师，金山岭长城因此成为展示中国长城文化和增进国际文化交流的重要平台。

金山岭长城不仅是中国古代军事建筑的杰作，也是中国文化遗产的重要组成部分，其独特的风光和深厚的历史内涵使其成为国歌《义勇军进行曲》音乐视频的第一幕背景。这不仅展示了金山岭长城的文化价值，也表达了中华民族英勇和不屈不挠的精神。金山岭长城作为万里长城中的精华部分,其价值远远超越了其本身的历史和文化意义,成为连接过去与现在传递中华文化精神的重要纽带。

(四)张家口市长城古迹文化资源特色

张家口市在长城沿线以其密集的长城遗迹而闻名,与以军事防御为主要功能的山海关和金山岭长城不同,张家口市内的大境门主要承担通商的功能。大境门的建立时间可追溯到清朝,呈现为一座用砖砌成的拱门建筑,门楣之上刻有"大好河山"四个字,象征着国家的疆域风貌和民族的文化自豪,"大好河山"下方则明确书写了"大境门"三字,写明了这个地点的名称。

大境门的建造虽然具有一定的防御功能,但其更重要的角色是作为贸易往来的关键节点。这里不仅是农耕文化与游牧文化、经济的交流和碰撞之地,更是承载了历史上茶马互市繁华景象的见证。在明代,张家口市的宣化古城是长城沿线较大的城镇之一,同时也是军事重镇,被誉为"京师锁钥",这不仅体现了宣化古城在军事防御上的重要性,也彰显了其在经济和文化交流中的核心地位。

张家口市及周边的崇礼、野狐岭等地的长城遗迹,在历史上对抵御外敌侵略起到了重要作用。这些地方的长城不仅是军事防御体系的重要组成部分,也是中华文化与民族精神的象征。大境门及其附近的长城遗迹展示了中国长城不仅仅是一处军事防御重地,更是经济和文化交流的重要场所,反映了中国古代社会的开放性和包容性。

大境门这一特殊的历史文化遗产,可以使人们深入理解长城在中国历史上的多重角色和深远影响。它不仅连接了农耕与游牧两大文化经济体系,还促进了不同民族和地区之间的经济交流和文化融合,成为中国乃至世界历史上不可多得的文化交流典范。这些丰富的历史文化内涵使张家口市的长城遗迹成为研究中国历史、文化、经济的宝贵资源。

（五）其他市长城古迹文化资源特色

保定的紫荆关作为著名的"内三关"之一，占据不可忽视的战略地位。其地理位置独特，东、南、西三面环山，北面则紧邻拒马河，构成了天然的防御屏障。紫荆关的建筑设计展现了古代军事工程的高超智慧，墙体采用坚硬的花岗岩条石构建，不仅坚固耐用，而且在视觉上也颇为壮观。最引人注目的是其"城中套城"的设计理念，这一理念极大增强了紫荆关的防御能力，使紫荆关成为守护京师的坚固门户，易于守卫而难以攻克。

与紫荆关这样的重要关隘相比，廊坊、石家庄、邢台、邯郸等地的长城遗迹则分布较少，保存状况也相对较差。这一现象可能与地理位置、历史上的军事需求及后续保护措施等因素有关。尽管如此，这些区域的长城遗迹仍是研究古代中国军事防御体系和文化交流的重要资源。

河北省拥有丰富且独特的长城文化资源，特别是秦皇岛、承德、唐山、张家口等地的外长城部分，其遗址数量多且保存状态普遍较好。这些地方的长城遗迹，每一段都展现出了其特有的设计与建筑风格，如表4-2所示，反映了中国古代工匠的智慧和艺术创造力。外长城不仅是军事防御的见证，也是历史文化交流的桥梁，蕴含着丰富的历史信息和文化价值。

相较之下，位于廊坊、石家庄、邢台、邯郸等地的内长城，其数量和保存状况较为有限。这可能反映出在古代，这些地区的军事和战略重要性与外长城所在区域存在差异。不过，即便保存状况不佳，这些内长城遗迹仍然是河北省乃至整个中国长城体系中不可或缺的一部分，为学界研究中国的历史、文化、军事防御提供了珍贵的实证资料。

第四章　河北长城古迹文化和旅游融合发展的现实状况

表4-2　河北省各市长城的特点

城市	各段长城名称	特点
秦皇岛	山海关，孟姜女庙	依山傍海，是万里长城中规模最大的关隘，有"天下第一关"之称；由长城文化衍生出来的民俗文化代表
	老龙头	唯一的一段海中长城，被誉为"人类建筑史上的千古建筑"
	角山长城	登上角山长城可俯视全城
唐山	白羊峪长城	大理石长城，现存少有的水关，有"北国江南"美称
	青山关长城	青山关城戍边文化和民俗风情浓郁，青山关长城的监狱楼和七十二券楼为长城奇特建筑之一
	喜峰口长城	独特的水下长城，"喜峰口抗战"；麦新创作《大刀进行曲》
承德	金山岭长城	有"万里长城，金山独秀"的美称
张家口	大境门	张库大道的起点，贸易往来的必经场所
	宣化古城段长城	宣化古城为军事重镇，古有"京师锁钥"之称
	崇礼、野狐峪长城	抵御外敌入侵
保定	紫荆关长城	著名的"内三关"之一，京师南部的坚固屏障
廊坊、石家庄、邢台、邯郸	—	数量较少，保存相对较差

第三节　河北长城旅游产业概况

当公众提及长城景区时，北京的八达岭长城往往首先映入脑海。然而，河北省凭借其丰富的长城资源，成为开发长城主题景区的活跃省份。

一、长城景区的开发

河北省，因其具备丰富的长城资源，已成为开发长城主题景区的活跃省份，相较于北京八达岭长城的广泛知名度，河北省提供了更加多样化和具有地域特色的长城旅游体验。在该省境内，利用长城资源开发的旅游景区数量众多，涵盖了两家5A级景区、5家4A级景区以及7家3A级景区，展示了长城文化的丰富多彩和地域上的独特风貌。

河北省内的长城景区，既包括专门以长城历史和文化为主题构建的独立景区，也涵盖了将长城作为核心吸引力之一，与周边其他自然和文化资源一同开发的，具有综合吸引力的旅游目的地。这种综合性的旅游开发模式，不仅让游客能够近距离感受到长城的雄伟和历史沉淀，也使他们有机会探索长城周边的自然美景和地方文化，为他们提供了更为丰富和立体的旅游体验。

河北省的长城景区通过其独特的设计建造和历史文化的深厚背景，成为展现中国古代军事防御智慧和工艺技术的窗口。同时，通过与地方特色的融合，这些景区也成为传播地方文化、促进文化遗产保护的重要平台。游客在游览的同时，不仅可以学习长城的历史故事，还能体验地方的民俗风情和特色美食，使旅游体验更加深刻和难忘。

二、文化旅游的深度融合

随着长城旅游景区的持续发展与扩展，焦点逐渐从仅仅开发长城本身资源和向游客提供观光体验转向文化与旅游深度结合的方向。这一转变在多个层面得到体现，具体如山海关的长城博物馆、灯光秀以及大境门的摄影展览等活动，它们是这种转变最为直接的证明。这些活动和展览不仅让游客更加直观地感受到了长城文化的魅力，也使长城文化更加深入人心，成为旅游体验的重要组成部分。

通过策划和设计以长城文化为主题的旅游演艺活动，这些景区不仅增强了游客的互动体验，也使长城的历史故事和文化内涵得以生动展现。同时，独具特色的文创产品的开发，不仅满足了游客对纪念品的需求，更是长城文化传承与创新的体现。这些文创产品通常结合了长城的元素和现代设计理念，既保持了文化的原汁原味，又赋予了长城新的时代感和创意，使长城文化能够以更加多元和现代的方式传播至公众。

这种对长城文化的深度挖掘和创新性表达，不仅丰富了游客的旅游体验，也为长城的文化保护和传承开辟了新的途径。将长城文化与旅游、演艺、文创产品相结合，既保留了长城的历史价值和文化精髓，又让这一古老文化能够以更加活跃和现代的形式呈现在世人面前。

三、长城景区与地方文化的结合

在长城景区的发展策略中，注重将长城的历史与周边地区的文化特色进行有机融合，这已成为一种普遍实践。具体来说，这种融合体现在将当地的饮食文化、民风民俗与长城旅游紧密结合，旨在为游客提供更为丰富和多元的文化体验。这不仅增加了游客对于长城及其所在地文化的认识，也为长城的旅游开发增添了更多的文化深度与广度。

将饮食文化与长城旅游结合，意味着游客可以在游览长城的同时，品尝到当地的特色美食，从而体验到该地区独有的饮食文化。这样的体验让游客在感受视觉美景的同时，也能通过味觉享受到地方的文化特色，增强了旅游体验的层次感和满足感。

同样，将民风民俗融入长城旅游，能够让游客有机会深入了解当地的传统生活方式和习俗，如节日庆典、传统工艺或民间艺术表演等。这种文化的直接体验，不仅让游客从长城这一单一的历史遗迹，拓展到更广阔的文化领域探索，也让长城旅游的意义更加深远，超越了简单的观光旅游，成为一次深刻的文化之旅。

得益于长城文化的深厚底蕴，结合优美的自然风光、高效的管理团队和周到的服务，长城景区每年成功吸引了大量国内外的游客。这些景区的吸引力不仅源自长城本身的雄伟壮观，更在于它们为游客提供了一个深度了解长城及其背后历史故事的平台，同时还为游客提供了参与丰富多彩的文化活动的机会。

在长城的景区内，游客有机会近距离地接触到这一古老的建筑，这种体验远远超出了从书本或媒体上得到的知识。更重要的是，游客可以通过各种解说服务和展览，深入了解长城不仅仅是一道物理的防御工程，它背后蕴含的是丰富的历史、文化以及中华民族不屈不挠的精神。

除了历史的学习和视觉的享受，长城景区还通过策划各种文化活动，如传统节日庆典、民俗表演、文化讲座等，让游客能够体验到中华文化的博大精深。这些活动不仅增加了游客对长城和中国文化的认识，也使他们的游览体验更加丰富和多元。

这种独特的旅游体验给游客留下了难忘的回忆，同时也在促进长城文化的传播与发展方面发挥了积极作用。通过游客的口碑传播和社交媒体的分享，更多人开始关注并愿意探索长城及其背后的文化故事，这种关注度的增加有助于提高公众对长城保护重要性的认识，从而对保护和传承这一世界文化遗产起到积极的推动作用。

第四章 河北长城古迹文化和旅游融合发展的现实状况

第四节 河北长城景区旅游发展现实状况

河北省内长城古迹与旅游业的融合显著推动了城市旅游业的发展，标志着该地区在利用丰富的历史文化资源方面迈出了重要步伐。各市通过开发长城景区，展示了文化遗产与现代旅游业结合的模范案例，对城市旅游发展作出了显著的贡献，如表4-3所示。这种发展不仅增强了游客的文化体验，也为地方带来了直接的经济效益。

表4-3 河北各市长城景区旅游发展现实状况概括

地区	景区	特点	2019年游客量	2019年旅游收入	发展亮点或挑战
秦皇岛	山海关长城景区	国家5A级旅游景区，深度挖掘长城文化资源，智慧化建设	421.93万人次	1.3亿元	成为景区建设样板，与闯关东文化及特色饮食文化的结合
	角山长城景区	知名度和建设水平较低	9.41万人次	328.27万元	需要提升资源整合与文化挖掘能力
	祖山长城	结合自然风光与长城旅游资源	26.27万人次	2027.6万元	自然与文化资源的有效结合
	冰塘峪长城风情大峡谷	国家4A级旅游景区，结合明长城与自然环境	—	—	明长城文化与自然景观的完美结合

续 表

地区	景区	特点	2019年游客量	2019年旅游收入	发展亮点或挑战
唐山市	青山关旅游区	展现古香古色城池风貌和戍边文化	1.8225万人次	101.5万元	历史建筑保存完好，服务设施满足游客需求
	白羊峪长城旅游区	利用大理石长城资源，综合性旅游目的地	—	—	结合长城文化、生态文化、红色文化及民俗文化
	红峪山庄长城溶洞风景区	长城与佛教文化结合	30.9万人次	1568.1万元	提供沉浸式的军事历史体验
	喜峰口旅游区	综合性旅游区，环境优美	15.02万人次	987万元	展示长城文化的深度和广度
承德市	金山岭长城	历史和文化价值，自然美景	69.5万人次	3249.39万元	摄影、马拉松等活动，民宿业兴起
张家口	大境门等	多个特色主题旅游景区	—	—	展现长城文化的深度和广度，为地方经济发展注入活力
其他	保定、廊坊等	存在长城资源，旅游开发未充分	—	—	需要更深入挖掘长城文化，开发创新性体验产品

一、秦皇岛长城景区旅游发展现实状况

山海关，作为河北长城资源开发的领头羊，已经成功发展成为一个5A级旅游景区。近年来，该景区顺应时代发展趋势，通过资源的持续整合与优化，展现了在景区建设和管理方面的创新实力。除深入挖掘长城文化资源之外，山海关也在积极探索明清时期的闯关东文化和当地独特

的饮食文化，这些举措不只让游客的文化体验更为丰富，同时也拓宽了文化的深度与广度。

山海关景区在智慧化建设方面也取得了显著成效——运用现代科技手段提升了游客体验和管理效率。同时，引入人才和培育一支专业的管理团队，确保了景区运营的效率与严格性。这些成就让山海关成为其他景区及学者研究和参考的范例。2019年，山海关景区的游客接待量达到了421.93万人次，拥有了1.3亿元的收益，充分证明了其作为景区建设样板的成功和吸引力。

相较于山海关，位于同一区域的角山长城景区在知名度和建设水平方面稍显不足。2019年，该景区的游客接待量为9.41万人次，旅游收入为328.27万元。这一对比突显了山海关在资源整合、文化挖掘和智慧化建设方面的先进性。

青龙县的祖山长城采纳了一种别致的旅游发展策略，把一部分长城旅游资源与祖山的天然景观融合起来，创建了一个以"奇特岩石、异花怪草、云雾缭绕的仙境"为特色的祖山景区。这一结合了自然美景与文化深度的景区成功吸引了众多游客，于2019年接待了26.27万游客，收益达到2027.6万元，证明了将文化与自然资源相结合的巨大发展潜力。

冰塘峪长城风情大峡谷作为相对较晚发展起来的景区，2019年被评为国家4A级景区。这一景区以明长城为背景，北依燕山，东临梁家湾原生态峡谷，南望丘陵，将历史深厚的明长城与优美的自然环境完美结合。冰塘峪的成功评级以及其依托独特的长城文化和自然景观的发展策略，是秦皇岛长城文化旅游走在河北省前列的明证。

二、唐山市长城景区旅游发展现实状况

唐山市利用长城资源打造的四大旅游景区，虽然知名度相对较低，但每个都有其独特之处，为游客带来了特殊的文化和自然体验。其中，青山关旅游区尤为突出，它由青山关城和长城组成，为游客展示了古色

古香的城池景观、深厚的边防文化与地方风俗。内部保存良好的明代建筑，比如监狱楼和七十二券楼，标志着万里长城独有的建筑风格。周边的酒店和民宿等便利设施，充分满足了游客在住宿、餐饮、购物等方面的需求。2019 年，该区域共接待了 1.8225 万游客，旅游收入达到了 101.5 万元。

白羊峪长城旅游区利用其独特的大理石长城资源，发展成为综合性旅游目的地。白羊峪长城旅游区，作为少见的水关之一，在其发展过程中有效地融合了长城文化、生态文化、红色文化以及民俗文化，推出了包括长城观光、水上活动、休闲度假等在内的多样化旅游产品。该区域的目标是成为一个国家级的长城文化体验园区。尽管白羊峪长城旅游区在 2019 年因进行 4A 级景区创建而未营业，但 2018 年已吸引了 42.48 万游客，收入达到了 0.4482 亿元。

红峪山庄长城溶洞风景区以其内部的明初长城遗址、仰天大佛和天然溶洞等景观著称。这一景区巧妙地将长城与佛教文化结合，成为长城旅游中的一道独特风景。在这里，游客不仅可以欣赏到古老的长城和佛教文化，享受特色餐厅和接待用房带来的便利，还能参观附近村庄中的特色民居，体验当地的淳朴民情和宁静的乡村生活。2019 年，该区共接待游客 30.9 万人次，旅游收入达 1568.1 万元。

喜峰口旅游区位于唐山和承德交界处，以古长城景区为核心，是一个融合了山水城景的综合性旅游区。这里的环境优美，满足了不同层次游客的旅游需求，2019 年接待了 15.02 万名游客，创造了 987 万元的旅游收入。喜峰口旅游区的成功，进一步证明了以长城为核心的综合性旅游发展模式的可行性。

三、承德市长城景区旅游发展现实状况

承德市闻名于其丰富的长城文化资源，其中，金山岭长城是其目前主要的长城旅游景区。这一段长城经过明代将军徐达、戚继光和谭纶的

建设与修葺，保存较为完整。由于其位置位于山脊之上并且周围自然景观独特，已经吸引了众多摄影和健身爱好者，成为他们旅游放松的首选之地。金山岭长城不只因其深厚的历史与文化价值而吸引游客，其壮丽的自然风光也成为摄影爱好者的追求之一。除此之外，金山岭长城还定期举行各类大型活动，如摄影节、国际马拉松赛和杏花节等，使其成为一个集文化与旅游于一体的多元化综合地，提供给游客众多活动选择和深入的文化体验。

金山岭长城的旅游发展，进一步促进了当地民宿业的发展。当地居民纷纷创办民宿，为来自世界各地的游客提供住宿和特色餐饮服务，让游客在享受长城壮丽景观的同时，也能深入体验地道的长城文化和当地民众的生活方式。这种住宿体验，让游客从食、住、行、游等多个方面感受到了长城文化的魅力，给游客留下了深刻而独特的旅行记忆。

2019年，金山岭长城接待的游客数量达到了69.5万人次，带动了当地经济的发展，创造了3249.39万元的经济收益。这一数字不仅反映了金山岭长城旅游景区的巨大吸引力，也体现了长城旅游对于地方经济发展的重要作用。

四、张家口市长城景区旅游发展现实状况

张家口的长城旅游发展展现了其独特性，依托长城文化资源而创建的诸如大境门、张家口堡、宣化古城、野狐岭要塞军事旅游区及长城岭滑雪场等旅游景区，以其各自独特的主题和发展方式，为游客带来了多样化的旅游体验。这些景区不仅展现了长城文化的深度和广度，也为当地的经济发展注入了活力。

大境门展现了其作为古代贸易通道及农耕文化与游牧文化交流融合地的历史作用，向游客展示了其特有的魅力。大境门不仅开发了长城本身的资源，其周边的文化商业街也满足了游客在饮食、住宿、购物和娱乐等方面的需求。此外，大境门附近的照片展览馆通过展示大境门的历

史照片，使游客能够深入理解大境门的历史演变。

张家口堡，作为重要的军事城堡，"武城"的美誉显示出其在历史上的军事重要性。随着旅游业的持续发展，其文化影响力也在被不断挖掘，受到越来越多人的关注。

宣化古城，素有"京西第一府"及"京师锁钥"之称，站在长城沿线的文化名城地位上，拥有丰富的文化内涵和历史价值。这座古城以其深厚地方文化、丰富民俗活动、特色餐饮以及传统艺术形式如挎鼓和剪纸等，展现了不同于其他地区的独特文化魅力。这些文化元素不仅是当地居民生活的一部分，也是吸引游客的重要因素。

宣化古城内的民风民俗深深植根其悠久的历史和文化，为访问者提供了一扇观察和体验中华传统文化的窗口。游客可以在这里品尝地道的特色美食，感受独具特色的地方风味，同时，通过观看挎鼓表演和剪纸艺术，游客能够直观地感受到宣化古城文化的深度和广度。

此外，宣化古城的特色美食和传统手工艺品不仅丰富了游客的旅行体验，也促进了当地经济的发展。通过这些文化和旅游活动的相互促进，宣化古城成功吸引了62.26万名游客，创造了2264.4万元的旅游收入。这一成就不仅展示了宣化古城在文化保护和传承方面的成功，也反映了其在促进地方经济发展、提升城市形象方面的重要作用。

野狐岭要塞军事旅游区，依托其独特的地理位置和丰富的历史遗迹，成为一个特色鲜明的旅游目的地。这一区域通过精心策划的古长城和古战场遗址等景点的组合，向游客提供了一个深入了解中国军事历史的独特机会。此类景点的布局旨在让游客在参观过程中，身临其境地体验古代军事防御体系的宏伟和历史上的军事冲突。

为了使游客的体验更加丰富和多元，野狐岭要塞军事旅游区还设立了纪念馆和电影放映厅等设施。这些设施中展示的丰富军事信息和历史资料，不仅增强了游客的知识性体验，也让他们对中国的军事历史有了更深刻的理解和感受。通过观看历史影片和参观展览，游客能够更直观

第四章 河北长城古迹文化和旅游融合发展的现实状况

地理解过去军事冲突的背景、过程及其对当地乃至全国历史发展的影响。

2019年，野狐岭要塞军事旅游区的独特魅力吸引了约14.1万名游客，这不仅证明了其在文化旅游市场中的吸引力，也为当地带来了409.3万元的旅游收入。这一成绩不仅体现了野狐岭要塞军事旅游区在保护和利用历史文化遗产方面的成功，也展示了其在推动地区经济发展和提升地区文化软实力方面的重要作用。

长城岭滑雪场，利用其靠近明长城遗址和优美自然风光的优势，发展成了集餐饮、住宿、会务接待于一体的全民健身场所。特别是2022年冬奥会的举办，令滑雪场不断加强自身建设，吸引了6.43万人次的游客，创造了1791万元的旅游收入。

保定、廊坊、石家庄、邢台、邯郸等地，尽管拥有长城资源，但其在旅游开发方面尚未充分挖掘和利用这些珍贵的文化遗产。目前已开发的长城景区主要停留在文化和旅游的初级融合阶段，这主要表现为长城文化资源与旅游产业之间仅仅实现了简单的叠加。在这样的发展模式下，观光型的旅游产品成为主流，长城本体不仅是文化的重要载体，也成为吸引游客的主要元素。游客主要通过登高望远、欣赏风景的方式，从视觉上感受长城的文化内涵和自然美景。

然而，这种开发模式并没有有效延伸产业链条，缺乏创新性的旅游产品，限制了长城旅游产业的深层次发展和产业结构的优化调整。当前的长城旅游产业更多依赖长城的历史价值和自然景观，而忽视了对长城文化的深入挖掘和创新性体验的开发。这不仅影响了游客体验的丰富度和深度，也未能充分发挥长城资源在促进地方经济社会发展中的潜力。

为了突破这一现状，对长城旅游产业进行进一步的产业结构调整至关重要，通过加强创新和延伸产业链条，开发者可以开发出更多具有创新性和互动性的旅游产品。例如，可以结合长城的历史文化，开发相关的文化体验活动、主题演出、文创产品等，让游客在参与中深度体验长城文化。同时，通过融入现代科技手段，如虚拟现实、增强现实等技术，为游客提供沉浸式的文化体验，使游客能够更加全面和深入地了解长城的历史和文化。

此外，加强与当地特色饮食文化、民俗文化的结合，发展特色餐饮、民宿等，也是延伸产业链条、丰富旅游产品的有效途径。这不仅能为游客提供更加丰富多元的旅游体验，也能促进当地经济的发展，提高长城旅游产业的综合竞争力。

第五节 河北长城古迹文化和旅游融合发展的现实状况

长城古迹文化及旅游的进步不仅涉及对长城本身的维护，还涵盖了其创新性的传承。此外，这一进程也包括了基于长城文化元素的创造性拓展。

一、河北省持续推进长城古迹文化保护模式

在构建长城文化和旅游产业带的过程中，保护文化遗产成为不可或缺的任务。自中华人民共和国成立伊始，面对广泛的废墟重建任务，长城的状况尤其引人注目。这一历史文化遗迹，经历了无数岁月和战争的考验，其保存状况引起了全国上下的广泛关注。为此，国家自19世纪50年代起就开始实施一系列文物保护的政策、命令和条例，将长城保护纳入重要议程。

1952年，当时的政务院副总理兼文化教育委员会主任郭沫若，提出了将长城修复并作为国家对外展示窗口的建议，这一提案极大地促进了长城的保护和修复工作。2006年，《长城保护条例》发布，成为国家专门针对单一文化遗产颁布的第一部，也是迄今为止唯一一部行政法规，标志着长城保护法律体系的正式建立。同年，我国开启了《长城保护总

体规划》的编制工作，这一规划历经13年的努力，终于在2019年由中华人民共和国文化和旅游部、国家文物局正式发布，旨在为长城的保护、传承和利用提供一个长效的工作机制。

河北省作为长城古迹资源丰富的地区，得益于国家层面的政策和法规支持，开展了一系列长城保护工作。2016年12月，河北省政府通过了《河北省长城保护办法》，该办法自2017年2月起实施。此办法明确了长城古迹保护的基本原则，即依据保护优先、紧急抢救、合理利用和加强管理的原则，确保长城的真实性、完整性和历史面貌得到有效保护。该办法还规定了县级以上地方政府在本行政区域内负责长城的保护工作，解决保护过程中遇到的重大问题，并委派专人进行巡查和看护。

进一步地，为了实现《长城、大运河、长征国家文化公园建设方案》的目标，推动长城国家文化公园的建设，加强长城古迹的保护和利用，2021年3月，河北省人民代表大会常务委员会通过了《河北省长城保护条例》。该条例自同年6月起生效，它在既有的保护办法基础上进一步加强了法律支持，旨在解决长城古迹文化价值发掘和保护过程中的困难和不足。

1952年，位于秦皇岛的"天下第一关"城楼迎来了中华人民共和国成立以后的首次大规模维修工作。1961年，山海关被认定为全国重点文物保护单位之一，这一举措大大促进了长城古迹保护工作的展开。自1980年起，政府在山海关、阜宁、卢龙、青龙等长城沿线地区陆续成立了多个长城保护领导小组及90余个群众性保护组织，显著提升了长城保护工作的组织性和系统性。

2003年，秦皇岛率先在全国实施长城保护员制度，根据长城古迹的实际情况，将其分为78个段落，每个段落指定一名保护员负责日常的巡护工作。该制度同年11月被推广到全国。2016年，国家文物局发布《长城保护员管理办法》，通过岗前及日常业务培训和统一证件发放等措施，对保护员实施正规化管理。

2014年，秦皇岛市委和市政府率先在全省启动了长城保护的立法工作。2018年9月1日，《秦皇岛市长城保护条例》正式生效，这一政策的实施为长城古迹保护提供了法律依据。承德市采取全程保护、分段管理的策略，对散落的文物和城砖进行了全面的调查统计，并通过野外调查掌握了县域内明长城的基本情况。金山岭长城自2010年起，进行了一系列保护设施的建设和维修加固工作，同时聘任了133名保护员进行安全巡查。

唐山遵化于2013年邀请了专业人员对古长城进行了为期一周的实地测量，为研究和保护世界文化遗产提供了重要依据。河北省文物局和其他相关单位也组织实施了包括山海关关城、东罗城、滦平金山岭、张家口大境门在内的多个长城保护工程，并开展了长城资源调查，以便及时了解长城古迹资源的现状，为保护工作提供数据支持。

保护长城古迹的措施，若不能连接历史与未来，则被视为一种破坏行为。长城古迹见证了众多重大历史事件，保护和修缮工作需尽可能保留各个时期的重要历史遗存和信息。在"十三五"期间，河北省开展了一系列长城古迹保护工作，包括成立河北省长城保护协调领导小组，设立省级长城保护专项资金，将389处长城遗迹认定为省级文物保护单位，并执行了超过10项的长城维修工程。每年，河北省都会安排专项经费，用于长城的抢救性维护、监控防护和监测等。2021年底，河北省发布了《长城国家文化公园（河北段）建设保护规划》，进一步坚持了"保护为主、抢救第一、合理利用、加强管理"的文物工作方针。这些措施共同构成了一个全面、多层次的长城古迹保护体系，不仅体现了对这一古老文化遗产的尊重和保护，也为其未来的传承与利用奠定了坚实基础。

二、河北省长城古迹文化旅游综合优势开始显著展现

在当前时代背景下，长城已转变为一项文化遗产，其在文化与旅游融合的过程中展现出了新的活力和意义。董耀会，中国长城学会常务副

第四章　河北长城古迹文化和旅游融合发展的现实状况

会长、河北地质大学长城研究院院长，强调了将长城这一遍布广阔大地的遗产注入活力的重要性，这需要在保护和利用上进行周全的顶层设计，并积极推动文化与旅游的融合。自2017年起，国家层面推动的长城国家文化公园、长城文化带以及全域旅游等政策为新型文旅融合发展注入了新的动力。这使长城古迹的开发和利用成为整合区域资源、促进文物保护与地区发展协调的关键，也成为大型文化遗产开发与文化旅游融合的典范。

2021年11月，河北省政府发布了《河北省建设全国产业转型升级试验区"十四五"规划》，明确将文化和旅游纳入河北省主导产业，并提升这些产业的支撑作用。规划还提出了与京津地区文化和旅游资源的对接，致力打造区域旅游的精品线路，形成京津冀文化和旅游发展的协同体，推进以雄安新区和张北地区为主轴的文化和旅游产业区建设，从而构筑环绕京津、长城、大运河、太行山、沿渤海和坝上草原的六大文化旅游带，形成一体两翼六带的空间布局。

作为河北省"十四五"规划的重点项目之一，长城古迹文化和旅游带的建设对于河北省的经济和文化发展具有深远影响。河北省通过与京津地区的协作，共同打造京津冀文化旅游发展协同体，并创造了"京畿福地，乐享河北"的品牌，建立了旅游发展大会、产业投融资及文化旅游云等平台，推动了长城古迹文化和旅游的综合发展。

2022年初，张家口崇礼与北京共同举办的冬季奥运会，不仅在体育竞技上展现了国际水平，还在文化传承上创造了独特的景象。将长城古迹文化与冬季冰雪运动相融合，展示了长城精神与冬奥精神的和谐共融。特别是在崇礼区，长城景观展示亮化工程覆盖了桦林东段6千米的长城本体和7个烽火台，通过点光源和龙骨灯网等技术手段，既保证了从远处观赏的视觉效果，也提升了游客近距离的体验感，实现了在长城下观赏冬奥赛事和在冬奥赛场俯瞰长城的独特体验，成为崇礼夜景中的亮点。

秦皇岛市通过整合本地的长城文化资源，致力构建一个涵盖文化和旅游的大长城产业带，深入挖掘长城的文化价值，将当地的长城旅游项目纳入全国性的大长城旅游线路中，进一步加强了山海关的军事旅游区，旨在打造完整的军事体系文化旅游品牌。

唐山市的迁安地区以长城为基础，建设了"长城天路"山野绿道，从红峪口西起，至徐流口东止，全程49千米，途经26个村庄，沿线设立了10个观景区，将长城的自然景观与乡村旅游有效连接，展现了迁安地区独有的风情，实现了乡村振兴与旅游业的深度融合。

承德的金山岭长城通过探索文旅融合的新方式，如在文化和自然遗产日期间，通过线上线下的活动组合，展示了民乐、太极、汉服等传统文化表演，与古老的长城景观相融合，推广了长城的保护和传统文化的现代传播。现如今，"金山岭长城杏花节"已成为承德的文化标志之一。

非遗文化作为传承长城文化的重要媒介，是活化长城古迹文化旅游的重要动力。秦皇岛通过"长城脚下话非遗"项目的五大主题活动，将非遗文化融入长城旅游，成为其文化旅游品牌之一。山海关通过"非遗+旅游"的新业态，举办"山海关古城年博会"，将民俗资源转化为文旅产业，有效缓解了冬季旅游淡季的问题。

《河北省文化产业发展规划（2021—2025年）》提出了构建长城文化产业带的目标，以秦皇岛、保定、唐山、张家口、承德为重点，开发文化体验、生态休闲、康养度假等多种文旅业态，促进河北长城文化旅游产业的发展。2021年底，河北省文化和旅游厅投入4800万元资金支持长城重点项目的建设，举办了以长城国家文化公园建设为主题的招商推介活动，推出了包括古御道明清文化旅游小镇、崇礼长城山林康养小镇等29个文旅融合项目，这些努力不仅从顶层设计到实际操作展示了长城文旅融合的广泛效应，也标志着长城文化旅游产业的全面推进和良好成效。

三、河北省内长城国家文化公园建设稳步前行，产业发展向综合文化旅游方向发展

构建国家文化公园体现了以习近平同志为核心的党中央对新时代文化繁荣发展的深远布局，是一个标志着文化振兴的重大工程。2019年7月24日，习近平在中央全面深化改革委员会第九次会议中，通过了《长城、大运河、长征国家文化公园建设方案》。该方案旨在通过一系列具有明确主题、清晰内涵、显著影响的文化资源和遗产，展现中华文化的独特性和鲜明特色。方案强调了保护优先、文化传承的重要性，以及需要进行总体设计和统筹规划的必要性。此外，该方案也强调了在改革创新的同时，要根据各地的实际情况，重点构建包括保护、展示、文旅融合、传统利用在内的主体功能区。

为了加速国家文化公园的构建，2021年8月发布的《长城国家文化公园建设保护规划》，聚焦整合长城沿线多个省份的文物和文化资源。该规划依据一系列原则，旨在建立一个全面的空间布局，同时重点实施文物保护、文化研究、环境提升、文旅深度融合等多个项目。该规划特别强调了标志性项目的建设，旨在建立一个符合新时代要求的长城保护与传承体系，使长城国家文化公园成为展现民族精神和传承中华文明的重要平台。

河北省作为推进长城国家文化公园建设的先行者，作出了诸多努力。通过加强顶层设计，河北省不仅是全国首个发布长城国家文化公园建设保护规划和实施方案的省份，而且创新性地完成了《长城周边风貌管控导则》和《长城国家文化公园（河北段）文化和旅游融合发展专项规划》的编制。这些指导性文件为长城（河北段）的周边风貌管控和文化与旅游的高质量融合发展提供了基本遵循，明确了以文化为核心、以旅游为载体、以融合为途径、以产业为目标的发展方向。河北省通过构建"两带、四段、多区"的文旅融合发展模式，打造和推广了"万里长城雄冠

河北"的品牌，形成了一个促进文化传承与发展的新格局，展现了文旅融合发展的新风貌。

根据《长城国家文化公园（河北段）建设保护规划》，进行长城古迹文化和旅游产业带的开发，这一过程紧扣了点—轴发展理论。《长城国家文化公园（河北段）建设保护规划》指出，要以明代长城为核心轴线，遵循特定原则，即核心点段的支撑、线性廊道的引领、区域的整合与整体形象的展示，在燕山和太行山区域打造了包含两个主带、四个关键段落及多个特色点的空间布局和展示系统。优先发展那些景观与文化价值俱佳、最能反映长城精神的核心区段，如山海关、金山岭、大境门和崇礼段，依此引领周边区域的整体发展，并分享可推广的成功模式和经验。

该规划还特别指出，通过设定840平方千米的保护区域，以及规划山海关、金山岭、大境门三个主要展示中心、多条展示带、众多特色展示点和文旅融合区，打造一个内容丰富、功能分明、重点明确的保护和建设体系。河北省在长城文化旅游产业的发展中，已逐渐摆脱过去对单一点或线的依赖，展现出上层政策的系统思维和文旅产业的综合发展趋势。

基础设施建设是发展的前提，这对于长城古迹文化旅游的发展尤为重要。2021年11月，河北省文化和旅游厅与河北省交通运输厅联合发布了《河北省长城风景道建设指南》。作为长城国家文化公园建设的关键环节，风景道旨在整合交通、文化、体验、休闲等多重功能，成为一个综合性的文旅廊道。长城廊道扮演着连接各个关隘、古村落、景点的"轴心"角色，通过整合沿线的各个"点"，强化产业带的聚集效应。

河北省推出的长城国家文化公园（河北段）精选路线，总结了四大主题下的十二条精品线路，覆盖了长城河北段的精华部分。长城国家文化公园的建设、区域性廊道和旅游路线的设计，不仅彰显了产业带的逻辑，也代表了一种广阔的文旅发展视野。

四、河北省强调在长城文化旅游产业发展中应用科技创新

随着信息技术和媒体技术的不断进步，包括大数据、5G 技术、虚拟现实、增强现实、混合现实以及元宇宙等先进技术和概念，正在加速文化产业场景的重塑和技术的变革。这些技术的应用使人们文化旅游的体验方式产生了根本变化，趋向提供更多沉浸式和互动式的体验，以吸引游客的多感官参与。

河北省旅游行业的统计数据显示，该省正在全力推动智慧旅游的发展，通过实施"河北旅游云"和省级文化旅游分时预约平台等信息化建设项目，建立了一个多层次、立体化的产业运营监控与应急指挥体系。通过构建"一部手机游河北"的生态系统，成功上线"乐游冀"平台，大大提升了游客体验。此外，河北省还积极开展智慧景区示范点的评定工作，成功建立了省内首个文化旅游领域的 5G 大数据创新实验室，实现了超过半数 5A 级景区的 5G 全覆盖，其中包括高清安防监控、人脸识别客流分析等 5G 智慧应用，对冬奥会赛区建设产生了积极影响。

河北省利用 5G 和大数据等新兴技术，不断加强长城古迹文化资源的整合与数字基础设施的建设。河北省文化和旅游厅推出的"云长城河北"数字云平台是国内首个以长城为主题的数字展示平台，通过利用云计算和大数据技术，为游客提供 VR 全景、手绘地图、数字建模、智能导览等多种功能，实时展现长城重要节点及其周边的文化遗产、自然景观、非物质文化遗产、文学作品以及食宿信息，使游客能够通过手机深入体验长城。此外，河北省还专注对山海关、金山岭、大境门、崇礼等长城关键段落进行数字化展示，初步构建了一个集观赏、阅读、体验和感悟于一体的长城文化在线空间，为公众提供了一个全新的长城文化学习和体验平台。

河北省各地区积极创新，推出了一系列基于智能技术的长城古迹旅游新产品。这些产品融合了云展览、云娱乐、线上演播、数字艺术、沉

浸式体验等多种新兴的文旅服务业态。秦皇岛市特别制定了《秦皇岛长城数字智慧平台设计方案》，推进了山海关长城古迹的数据建模项目。同时，秦皇岛市玻璃博物馆通过线上展览推广了长城古迹的故事和传说。承德市金山岭长城景区在智慧景区建设方面也取得了显著成绩，完成了包括在线直播平台、智慧景区建设、5G 高清直播平台在内的数字化项目，实现了 VR 展示和智慧管理。

尽管河北省已经在文旅产业的科技创新方面取得了初步成果，但仍面临一系列挑战。首先，对于文化和旅游的科技创新理解不够深入，缺乏足够的基础研究，专业人才短缺，创新意识有待提升。其次，文化和旅游科技创新基础薄弱，成果的应用转化不足，数字化和智慧化技术在旅游景区和公共文化场所的应用程度不高，发展存在不平衡问题。最后，文旅科技创新的资金投入渠道单一，缺乏吸引社会投资的建设模式和市场融资机制。

面对这些挑战，长城文旅产业与科技创新的融合需要政府、社会和企业的共同参与和努力。元宇宙作为下一代互联网的代表，具备沉浸式体验、丰富内容、社交性和经济体系等核心要素，其深入发展预示着文旅产业模式和形态的转变。因此，文旅产业面临的要求包括在项目布局上建立智慧化云平台，开发富含元宇宙的产品和内容；在内容生态上强化数字基础建设，促进平台、内容、终端、渠道的深度融合，打造有特色的数字文旅 IP，并制定行业标准；在资本投入上，支持新业态的发展，通过 5G、人工智能、云计算、区块链等技术的应用，实现虚拟世界与现实世界的无缝连接。探索元宇宙旅游、长城国家文化公园元宇宙开发等项目，成为河北文旅产业未来发展的重要方向。

第五章　河北长城古迹文化和旅游融合的影响机制与方法建议

第一节　河北长城古迹文化和旅游融合的影响机制

旅游与文化之间存在着一种固有的联系，旅游本质上是一项特殊的文化活动。中国的旅游行业正从初级开发模式和走马观花的旅游方式转变为向更加精致和深入体验的方向发展。在这一过程中，开发者更加重视挖掘文化的深层次含义。通过对文化内涵的深度挖掘和创意表现，旅游业不仅丰富了自身的内涵，也为游客提供了更加丰富和深刻的体验，满足了他们对深度体验的追求。此外，旅游业的发展对本地文化的推广、传播和保护也产生了积极影响。随着旅游业的发展，越来越多的人开始了解并深入了解当地的文化，这促进了当地文化的保存和传播，进而促使地区文化得到了进一步的兴盛。

针对河北省长城古迹文化资源与旅游产业融合发展的情况进行的分析表明，河北省的长城古迹文化资源具备显著的稳定性和持续性，其发展在短期乃至较长时期内不会发生显著变化。相比之下，由于旅游产业的开放性和包容性，其在较短时间内可能发生较大变化。长城古迹文化资源与旅游产业的融合发展受到了多重因素的影响。具体来说，通过对河北省及其具有长城资源的各城市的文化旅游融合发展特征的分析可以看出，河北省长城古迹文化资源与旅游产业的融合发展受到了内部因素与外部因素的共同作用。

一、影响河北长城古迹文化和旅游融合的内部因素

（一）长城古迹文化对旅游产业的作用机制

早期的研究指出，文化资源的天然优势是推动旅游产业发展的基础条件，这种文化资源的优劣在某种程度上决定了一个地区旅游业发展的规模。通过总结前人的研究成果并结合进一步的分析，可以认为长城古迹文化资源的优越性是长城旅游业发展的基础和必要条件，并且这种资源在一定程度上影响了长城旅游业的发展。从地区分布的角度考察，拥有丰富长城文化资源的地区天生拥有旅游业发展的优势，通常这些地区会率先开展旅游开发。秦皇岛和张家口以其丰富独特的长城古迹文化资源为基础，为当地长城旅游业的发展提供了坚实的底蕴，这两个地区利用这一优势大力推进旅游业的发展。高质量的长城古迹文化资源不仅是旅游业发展的关键前提，而且在旅游产品开发阶段提供了丰富的素材。河北省大多数长城景区的旅游产品开发主要以长城本身的资源为中心，在不断发展的过程中优化长城文化旅游的业态。

高质量的文化资源对提升一个地区旅游业的声誉和发展水平具有重要意义。这些文化资源因其显著的知名度、独特的文化价值、稀有性以及不可替代性，为旅游业的发展提供了坚实的基础。依托这类优质文化资源发展旅游业的地区，能够持续吸引游客，覆盖更广阔的市场范围，促进当地旅游业的快速发展。丰富的文化资源为旅游景点的产品设计提供了宝贵的素材，有助于扩展旅游产业链，增加旅游收益，从而逐步优化旅游产业结构。河北省拥有众多具有显著特色的长城古迹文化资源，如秦皇岛的"天下第一关"和老龙头、张家口的大境门、承德市的金山岭长城等，这些地标性资源已经成为旅游开发的焦点。这些地区将珍贵

第五章　河北长城古迹文化和旅游融合的影响机制与方法建议

的长城古迹文化资源融入更广泛的地方文化之中,通过深入挖掘和创新设计,开发出多样化的旅游产品,从而不断拓展当地的旅游产业链,推动旅游业的发展成为地方经济增长的关键点。

结合上面内容分析可知,长城古迹文化资源禀赋是发展长城旅游产业的基础和必要条件,并在某种程度上影响了当地旅游业的发展。河北省的一些城市如秦皇岛和张家口,拥有较好的长城古迹文化资源禀赋,这些城市较早开展了长城旅游业。通过将特有的长城文化资源与其他本地资源结合,这些城市开发了多样化的旅游产品,不断扩展本地旅游产业链,并致力完善旅游产业体系。

(二)长城古迹文化在旅游产业中的反馈效应

文化资源构成了旅游产业发展的基础与条件,对于旅游产品的开发及产业链的扩展具有关键的影响。同时,旅游产业对文化资源也产生了一定的反馈效应。

1.旅游产业带动当地文化的发展和传播

旅游产业的发展对于增强当地文化资源的知名度具有显著效果,同时能有效地推动本地文化的发展和传播。在旅游业中,逐渐增加了对文化元素的深入挖掘,使用导游讲解、旅游演艺以及虚拟现实和增强现实等现代技术手段,让游客在欣赏自然风光的同时,能更深入地欣赏和理解当地的文化,从而提高该文化的知名度和吸引力。河北省的长城旅游业通过持续发展,使得越来越多的游客能够了解到河北省的长城古迹。随着旅游业的进一步发展,各长城景点开始更加重视以长城古迹文化为核心的旅游产品开发,这不仅使游客在食、住、行、游、购、娱等方面有了更全面的体验,也使长城古迹文化得到了更深入的展示和传播。

随着河北省的长城古迹在国际上的知名度逐渐提升,尤其是在秦皇岛、承德等地,越来越多的游客对这些地方的长城古迹产生了浓厚的兴趣甚至是深深的喜爱。为了进一步扩大旅游市场和促进旅游业的持续繁荣，地方政府和相关部门采取了多种营销策略，如通过社交媒体推广、组织国际旅游博览会等，有效提升了当地文化和旅游的知名度。长城古迹文化与旅游产业的紧密融合，不仅可以进一步提升长城古迹文化资源的知名度，还能促进当地经济的增长和繁荣。这种融合不仅带来了文化上的丰富多彩，也为当地居民和游客创造了经济上的直接和间接效益，实现了文化保存与经济发展的双重目标。

2.旅游产业的发展有助于文化资源的保护和传承

旅游产业的发展在文化资源的保护和传承方面扮演着积极的角色。文化资源作为人类珍贵的财富，必须得到持续有效的保护和传承。随着时间的推移，不少文化要素面临逐渐消失或丧失原有生态和保护环境的风险。在这种背景下，旅游产业的发展促使政府部门和当地居民重新关注并强化对本地文化资源的保护和传承。旅游业通过包装和深入挖掘文化资源，不仅为吸引游客提供了亮点，而且为了旅游业的长期可持续发展，采取了一系列保护和传承文化资源的措施。例如，通过组织文化展览、文化体验活动等，不仅增加了旅游的吸引力，还传播了当地文化的相关知识，并利用这些知识对游客进行了教育，从而提高了游客对文化遗产价值的认识。此外，在经济相对落后的地区，旅游业的发展对于文化资源的保护和传承尤为重要。在这些地区，旅游业常常成为推动当地文化资源保护的关键动力。政府和社区通过开发以文化为主题的旅游项目，如文化村庄、手工艺工坊等，不仅为当地居民创造了经济收益，还保持和传承了传统技艺和文化习俗。通过这样的实践，旅游产业不仅为当地带来了经济上的利益，更重要的是，它还保护和弘扬了宝贵的文化遗产。这种从经济和文化双重层面的影响，显示了旅游业在全球文化保护和传承中的重要作用。

以河北省为例，该省拥有众多建于明代的长城古迹文化资源，这些资源主要分布在山林和原野中，面临较为严重的自然破坏问题。为了应

第五章　河北长城古迹文化和旅游融合的影响机制与方法建议

对这一挑战，河北省积极响应"爱我中华，修我长城"的国家号召，采取了多项措施来保护这些珍贵的长城古迹文化资源。其中包括利用社会捐款及长城旅游收入这两大主要资金来源，这些资金被专门用于修复和保护长城古迹，确保其不仅能够承受自然侵蚀的挑战，还能继续作为国家的文化象征传承下去。在推动长城旅游开发的过程中，河北省特别注重将长城古迹文化资源与地区内的其他文化资源以及相关的非物质文化遗产项目进行整合。这种整合不仅丰富了旅游产品的内涵，也深化了游客对于长城以及周边地区文化的欣赏和理解。此外，长城景区的管理者还经常在运营期间举办各种非物质文化展览和节庆活动。这些活动不仅增加了游客对当地文化的了解，提升了游客对当地文化的兴趣，也大大促进了地方文化的保护和传承。通过展示地方的传统艺术、民俗活动，旅游开发不仅成为经济增长的驱动力，更成为文化传承的重要平台。河北省在长城古迹文化资源的保护和旅游开发方面展现了一种示范作用，通过整合资源和举办文化活动，不仅保护了这些宝贵的文化遗产，还激发了游客的文化自豪感和保护意识。这些举措无疑加深了人们对长城以及中国文化的认识，为未来的保护工作奠定了坚实的基础。

综合上述分析，旅游产业发展对长城文化的反馈机制主要体现在两方面。一方面，旅游产业的发展能够提升河北省长城古迹文化资源的知名度，进而促进当地经济的繁荣。另一方面，它有助于长城文化资源的保护和传承。这些互动不仅增强了文化的持续生命力，也为地区经济带来了积极的推动效果。

二、影响河北长城古迹文化和旅游融合发展的外部因素

长城古迹文化资源与旅游产业的融合发展不仅由内部因素所推动，外部因素的影响也起到了重要作用。基于对长城古迹文化资源和旅游产业融合度的分析，可以总结出几个主要的外部影响因素：政府的宏观调控、旅游市场的需求、经济发展水平、跨界人才的支持以及技术创新的

进步。这些因素共同作用，塑造了长城古迹文化资源与旅游产业融合发展的外部环境。

（一）政府的宏观调控

长城古迹文化资源与旅游产业的融合发展不仅依赖内部因素，还受到政府宏观政策的显著影响。2018年，随着中华人民共和国文化和旅游部的成立，管理效率和机制得到了显著提升，推动了文化与旅游的深度融合，成为发展的新趋势。河北省拥有丰富的长城资源，这些资源涵盖了古代的军事文化、边防文化、农耕与游牧民族的文化交融以及近现代的抗日红色文化等，构成了多元文化的集合体，具有较为重要的价值。在《河北省文化产业发展"十二五"规划》中，明确强调了推动文化与旅游的融合发展，提出利用历代长城等资源打造精品文化旅游景区。同时，《河北省长城保护办法》《河北省明长城保护规划大纲》和《河北省非物质文化遗产保护条例》的颁布及实施，都强调了对河北省长城的保护，主张在保护的基础上适度开发。继而，《河北省文化产业发展"十三五"规划》进一步指出发展长城文化旅游产业的重要性，旨在提升长城旅游的文化价值，设计长城文化创意产品，构建"长城文化产业带"。

在2013年的《政府工作报告》中，秦皇岛市明确表示将全力打造"长城滨海画廊"，并将长城设定为开发的重点。近年来，张家口市相关部门也着力推进"大好河山张家口"这一旅游品牌的建设。以大境门为核心，该市着手打造大境门仿古特色商业街，旨在让昔日的市场风貌得以重现。到了2019年，党中央进一步提出建设长城国家文化公园的计划，将文化旅游融合主体功能区的建设定为重点。此外，多项政策均强调了加强长城古迹文化资源的保护以及推动长城古迹文化资源与旅游产业的深度融合。

除了制定各种方针政策以指导长城古迹文化与旅游的融合发展，政府每年还投入大量资金用于长城景区的建设、基础设施的完善、项目的实施，以及长城古迹文化资源的修缮和维护。河北省长城资源丰富，尽管只有少部分被开发为旅游景区并带来一定的旅游收入，大多数长城古迹资源仍然保持自然状态，并由政府负责资金的投入从而进行修缮和维护。政府在各个长城旅游项目的实施和基础设施的完善上均进行了大量的资金投入。这些方针政策和财政支持共同推动了长城古迹文化与旅游的深度融合发展。

（二）旅游市场的需求

随着旅游业向更精细化的方向发展，游客的需求也日渐成熟，传统的浅尝辄止的旅游方式已无法满足他们的需求。深度体验式旅游因此成为游客的新选择，越来越多的游客倾向于从熟悉的环境出发，探索未知的美景和体验不同的文化，以此获得精神上的满足。这要求旅游目的地不仅展示自然风光，还需挖掘当地独特的文化元素并将其融入旅游产品，形成一条全新的产业链，让游客能够真正体验到文化的多样性。

河北省作为拥有丰富长城资源的省份，拥有独特而多样的长城风貌，吸引了众多游客深入探索和体验长城古迹文化。通过开发长城旅游，深入挖掘长城的文化内涵，并开发相关旅游产品，可以让游客在游览过程中深刻感受到长城古迹文化的底蕴。长城古迹文化资源与旅游产业的融合不仅有助于长城古迹文化的传播，也对推动旅游业的发展具有重要意义。

（三）经济发展水平

对于区域产业发展而言，根据不同的发展阶段，调整产业结构显得尤为重要。随着文化产业逐步成为区域发展的新途径，第一产业和第二产业正在逐渐向第三产业转型。在这一过程中，文化资源作为区域文化产业发展的核心和主要来源，扮演着至关重要的角色。如果一个区域拥有丰富的文化资源，那么其文化产业的发展路径将更加顺畅。同时，如果该区域经济基础雄厚，便拥有充足的资金支持新创意和技术手段的研发，这将有助于实现资源的创新，加速文化与旅游的深度融合。

河北省正处于产业转型的关键阶段。曾以重工业如钢铁和煤炭为主的河北省，现在面临由于环境保护要求和供给侧结构性改革的推动而必须进行的产业转型。这些传统产业亟待转型升级。河北省利用早期发展中积累的资本，支持新技术和创新项目的研发，从而为产业转型提供了动力。近年来，河北省大力发展旅游业，如秦皇岛制定了以旅游业促进城市发展和振兴的战略。特别是在产业转型的关键时期，长城作为一项宝贵的旅游资源，受到了高度重视。依托长城古迹文化资源，长城文化产业和长城旅游产业正在逐步壮大和完善，成为河北省产业转型升级的重要路径。长城古迹文化资源与旅游产业的深度融合是大势所趋。

（四）跨界人才的支持

区域文化和旅游的发展依赖人才支持。单纯的资金投入在缺乏高端人才进行研究和开发的情况下，往往难以发挥应有的作用。社会发展的需求对于复合型人才的要求越来越高。近年来，国家在科学教育方面的持续推进培养了多方面的专业人才，尤其是在旅游和文化领域，不断涌现出具有专业知识和创新能力的人才，为这两个领域的进步提供了强大的动力。自中华人民共和国文化和旅游部于2018年成立以来，文化与旅游的融合发展已成为一个明显趋势，对精通这两方面的跨界人才的需求也日益增长。

河北省在推动长城古迹文化与旅游融合发展方面，高度依赖跨界人才的支持。河北省在保护和开发长城古迹文化资源方面表现出较强的意识，设有专门的长城保护员在分布区域内巡视和保护长城，这些保护员对当地长城古迹文化资源有着深入和全面的了解。自1987年中国长城学会成立以来，一直致力保护长城并弘扬民族精神。随着长城古迹文化保护和弘扬工作的深化，河北省逐步加大了对长城的保护力度。此外，省内多所高校也建立了相关的研究机构，专注于长城的研究和开发，培养相关人才。例如，2016年，河北地质大学成立了长城研究院；2019年，在秦皇岛建立了中国长城研究院；2020年，燕山大学成立了中国长城文化研究与传播中心等。越来越多的高校加入长城文化的研究、开发和弘扬中，为长城的文化旅游发展贡献了智慧和力量，同时培养了一批复合型人才，推动了长城古迹文化与旅游的深度融合。

（五）技术创新的进步

技术创新是推动产业融合并形成新业态的关键因素。文化与旅游行业的融合发展同样建立在技术创新之上。虚拟现实、增强现实等高新科技的出现及应用，大大推动了文化和旅游的融合发展，使得本来无形的文化资源能以有形的方式展现给游客。尤其是在非物质文化旅游和旅游演艺等活动中，高新科技的支持尤为关键。在长城古迹文化与旅游融合发展的初期，技术创新的需求可能不是非常高，而随着融合程度的加深，对技术创新的需求逐渐增加。

秦皇岛、唐山、张家口等地的长城旅游景区最初的发展重点是长城本身的资源。随着对长城古迹文化资源的保护和旅游内涵的深化，这些地区开始利用高新科技进一步挖掘长城的文化内涵。例如，秦皇岛的山海关利用高新科技创设了"灯光秀"和"印象长城"展览馆；而张家口和唐山的长城旅游发展也融合了技术，设计了相应的旅游演艺活动。长城古迹文化资源与旅游产业的融合发展依赖技术创新，通过技术的广泛应用，实现了更深层次的融合。

（六）影响河北长城古迹文化和旅游融合发展的其他因素

河北长城古迹文旅融合发展不仅受到前述分析的影响因素，还受到其他几个关键因素的影响。首要考虑的是长城所在地区的公共设施完善程度。公共设施的完善，特别是解决长城景区"最后一千米"的问题，对于满足游客的需求至关重要。如果游客能够便捷地到达景区，不仅有助于提升游客体验，也有助于提高游客流量和增加旅游收入。因此，建设和完善道路、停车场、卫生间等基础设施是推动长城古迹文化与旅游深度融合的基础。

另一个影响因素是信息技术的发展。随着信息技术的快速进步，信息的传播速度不断提升，使得更多人能在较短的时间内接触到更丰富的信息。这种信息的快速流通不仅提升了河北省长城的知名度，还激发了更多人的旅游兴趣，从而促进了河北长城古迹文化和旅游的结合。有效地利用信息技术，如社交媒体、旅游推广网站和移动应用，可以有效地向潜在游客传达长城的历史价值和旅游魅力，从而吸引更多游客前来体验，进一步推动长城旅游业的发展和长城文化的传播。这些技术和基础设施的结合，为河北长城古迹文化和旅游的融合发展提供了坚实的支持。

第二节　河北长城古迹文化和旅游融合的方法建议

一、深挖长城古迹文化资源，加大旅游开发力度

从之前的分析可以看出，长城古迹文化和旅游的融合程度与长城旅游产业的发展趋势是一致的。长城旅游产业的积极发展是推动长城古迹文化和旅游深度融合的关键。目前，无论是从整体还是从各个城市的情况来看，长城旅游产业大多处于发展滞后状态或与长城文化旅游的发展保持同步。因此，需要进一步加强努力，促进长城旅游产业的发展，以便更好地实现文化与旅游的深度融合。这种推动不仅将带动经济增长，还将增强对长城文化的保护和传播。

第五章　河北长城古迹文化和旅游融合的影响机制与方法建议

河北省拥有全国数量排名第二的长城古迹文化资源，其中尤以明代长城为多，保存状况亦相对完好，显示出独特性。目前，河北省对长城古迹文化资源的开发主要是直接将长城本体展示给游客，而对长城古迹的深层文化内涵有待进一步挖掘，因此迫切需要进一步深化长城古迹文化的开发，扩大其在旅游领域的应用。

河北省的每一段长城都有其独特之处。在进行旅游开发前，有必要深入研究每段长城的历史和文化，充分利用这些独特元素来设计旅游产品。在开发和建设过程中，应避免内容的重复和低俗化，力求通过差异化和特色化的旅游体验来吸引市场，抢占竞争优势。

在开发长城古迹文化资源时，还应当注重高新科技的应用。利用虚拟现实、增强现实等现代科技手段，可以让游客如同身临其境般地体验古时的战场氛围、军队生活和贸易通商场景，这些技术的应用不仅能够丰富游客的体验，还能更生动地传达长城的历史和文化。此外，持续完善长城景区的讲解体系也十分重要，应设计多样化的讲解方法，并在讲解中采用易懂的语言，使游客能够更全面地理解长城的历史和文化。

除了在景区内深挖长城文化，还应在游客的食、住、行、游、购、娱等各个方面融入长城古迹文化元素。例如，提供长城主题的特色美食、设计长城风格的住宿设施、销售具有长城特色的旅游商品等，这些都能使游客在游览期间从多个角度体验和感受到长城古迹文化的魅力。这种全方位的文化体验不仅丰富了旅游产品的内涵，也提升了游客的满意度和留存率。

二、在文化开发和保护之间实现平衡，完善旅游反馈机制

相较于其他资源，文化资源具有更高的脆弱性，一旦被破坏便难以恢复到原有状态。因此，在追求旅游业的持续稳定发展中，必须着重保护长城等古迹文化资源。在长城古迹文化和旅游融合发展过程中，平衡文化开发与保护的双重需求，以及经济利益与资源利用的关系至关重要。

长城古迹文化资源大多分布在野外，易受自然条件如风吹雨打的影响，相较于其他类型的文化资源更为脆弱，保护难度较大。因此，在推进长城古迹文化与旅游的融合发展时，必须优先考虑对长城古迹文化资源的保护。

在旅游开发过程中，文化部门的工作人员应密切监督并依据相关法律法规进行工作，对于重点保护的文物，应实施严格的保护措施，确保开发活动不会对文物造成损害。在实际操作中，进行长城古迹文化资源的旅游开发时，以下几个方面应受到重视：

（一）严格遵守"保护为先，适当开发"的原则

在开发长城古迹文化资源的旅游项目时，遵循"保护为先，适当开发"的原则至关重要。这意味着任何旅游项目和旅游设施的建设都必须将文物保护置于首位。开发活动应严格限制在文物能够承受的范围内，以确保不会对长城等文化遗产造成不可逆的损害。具体来说，开发前应进行详尽的文物承载能力评估，确保所有建设活动不会超过文物所能承受的压力。此外，应制定一套严格的文物保护和管理体系，包括定期对长城等文化遗址进行安全检查，以便及时发现并解决可能的安全隐患。

这种保护和管理体系应当能够确保所有开发活动都是安全的、有序的并且合理的。通过实施这些措施，可以在不破坏文化遗产的前提下，合理利用文化资源，发展旅游业，从而使文化遗产得到有效的保护和合理的利用，确保这些宝贵资源能够得到持续的保护，同时为后代留下宝贵的文化财富。

（二）在文化资源保护和开发上进行创新

在文化资源的保护和开发中，创新扮演着至关重要的角色，这不仅是当代社会的主题，也是文化资源可持续利用的关键。尤其在长城这样的历史文化资源的保护工作中，采用高新科技是实现资源保护和普及教

第五章 河北长城古迹文化和旅游融合的影响机制与方法建议

育的有效途径。为了加强对长城古迹文化资源的保护，可以借助互联网和现代科技，建立一个全面的长城资源保护系统。这样的系统能实时监控长城在全国各地的现状，及时发现并解决保护中出现的问题，如非法建筑、环境退化等，确保这一珍贵文化遗产的安全。

此外，创新的应用不仅限于保护，还应延伸到文化资源的展示和教育中。例如，建立数字化放映厅和展览馆等，可以让游客通过虚拟现实、增强现实及其他互动技术，深入了解长城的历史和文化。这种技术的运用不仅能够提供游客前所未有的体验，还能激发他们对长城文化的兴趣，增加长城古迹文化的吸引力。通过科技的运用和创新思维的加入，古老的文化资源能被活化，不仅满足了现代游客的需求，也打开了文化传承的新方式。这种方法不仅促进了文化资源的有效保护，也为文化资源的开发提供了新的可能性，实现了文化遗产的现代转化和可持续利用。

（三）完善长城古迹文化资源保护体系

为了确保长城文化资源的持续保护和传承，需要完善当前的保护体系。我国在长城古迹文化资源的保护工作中主要由政府主导，但单靠政府的努力是不够的，公众的参与同样重要。为此，保护长城文化资源的策略需要进行调整和完善。政府应继续承担领导和监管的角色，同时积极引导和鼓励公众参与长城的保护工作。这包括教育公众认识到长城不仅是国家的象征，也是世界文化遗产的一部分，每个人都有责任保护它不受破坏。

在旅游发展方面，可以利用这一平台加强对长城保护重要性的宣传。通过在旅游景点设置解说牌、举办文化遗产保护的展览和讲座等方式，提高游客和当地居民对长城保护的认识。此外，应当经常对旅游从业者和导游进行培训，让他们以正确的信息引导游客，从而教育游客应如何尊重和保护这些珍贵的文化资源。

（四）建立长城古迹文化资源保护基金会

为了确保长城古迹文化资源的持续保护和有效传承，建议成立一个专门的长城文化资源保护基金会。旅游业的发展不仅可以促进地区经济的发展，还能为文化遗产保护提供必要的资金支持。事实上，旅游业所产生的收入中已有相当一部分被用于长城的修缮和保护工作，显示了旅游业与文化资源保护之间的正向反馈机制。

设立专门的保护基金，可以确保为长城的持续保护和修复提供稳定的资金来源。这个基金会可以作为一个平台，汇聚政府、公众及社会各界的支持和资源。政府可以提供初始资金和政策支持，公众的捐赠和社会责任投资可以进一步扩大基金的规模，而来自旅游收入的一部分再投入基金，形成一个良性循环。此外，长城文化资源保护基金的建立也有助于提升社会公众对长城保护重要性的认知和参与度。通过教育和宣传活动，基金可以增强公众的保护意识，鼓励更多的人参与对长城的保护工作。同时，基金还可以支持相关的科研和技术开发项目，探索更高效的保护和修复技术，以应对长城所面临的自然侵蚀和人为破坏问题。

三、整合各区域文化资源，实施分区开发与区域协同

从对河北省内分布在9个市的长城古迹文化资源及旅游产业的分析中，可以看出存在明显的发展差异。其中，秦皇岛和张家口两市在长城古迹文化资源及其旅游产业的发展上表现较为突出；唐山和承德两市的发展水平紧随其后；而其他5个市在长城古迹文化资源和旅游产业发展上相对较弱。

河北省的长城古迹文化资源贯穿多个市区，这为整合各市的长城古迹文化资源提供了天然优势。根据不同市区长城古迹文化资源的具体分布情况，可以采取分区域开发的策略。具体来说，北部的秦皇岛、唐山、承德和张家口，不仅长城古迹旅游产业发展较好，长城古迹文化资源也较为丰富，因此这些市区是重点开发的对象。在这些地区的开发中，除

了对长城本体的资源开发，还应深入挖掘长城相关的文化如戍边文化、砖窑文化等，利用高新技术发展如长城特色文化小镇或举办长城文化演艺活动等。保定市拥有丰富的长城古迹文化资源，尽管目前旅游开发尚处于起步阶段，但具有很大的发展潜力。在开发过程中，应该注重将长城古迹文化资源与当地其他文化资源相结合，从而提升其旅游吸引力。对于廊坊、石家庄、邢台和邯郸，由于现存的长城古迹文化资源相对较少且保存状况不佳，因此在旅游开发方面，更应强调文化遗产的保护。在进行必要的修缮和保护基础上，可以探索与当地其他资源的综合开发，以此增强地区的整体吸引力。

  河北省的长城古迹文化资源丰富且分布广泛，各市除了依据各自的长城文化资源分布情况进行针对性的分区开发，为了使资源的利用效率最大化并促进区域经济的整体发展，实施区域联动策略也是至关重要的一个环节。通过制订统一的规划、发展目标和政策纲要，可以为河北省各市之间的合作提供一个有序的框架，减少合作中的障碍，推动区域内协同发展。为了有效实现这一策略，重要的一步是进行全区域的整体宣传，而不是局限于单个市的独立推广。这种全域宣传策略可以帮助游客全面了解河北省的长城古迹文化资源和旅游发展情况，从而吸引更多的游客，增强区域旅游的吸引力。例如，可以通过多媒体广告、旅游展览和社交媒体平台等方式，展示河北省长城古迹文化资源的丰富多样性和各地区之间的文化联系。此外，建立一个贯穿河北省的长城旅游廊道将是一个具有战略意义的举措。这样的旅游廊道不仅能串联起各市的长城古迹文化资源，还应配备必要的设施和设备，如信息指示牌、休息区、交通链接等，为游客提供便利，给游客良好的出行体验。通过这种物理和文化的连接，可以更有效地展示长城的历史连续性和文化丰富性。

四、利用先进科技，推动长城文化旅游产品的创新发展

  创新是文化与旅游融合发展的关键驱动力，它不仅能提升现有旅游

产品的质量，也能助力资源相对匮乏的地区发展旅游业，从而推动区域经济的增长。当前，依托长城古迹文化资源开发的旅游景区主要展示长城本体，游客体验可能仅限于欣赏自然美景和体验攀登长城的劳累，对长城深层的文化内涵理解不足。因此，在未来长城古迹文化资源的开发中，可以更多地注重高新科技的应用，采用创新的方法和技术，借鉴并融合先进的文化资源与旅游产业发展模式，不断创新旅游产品以适应市场需求。例如，拥有丰富长城文化资源的秦皇岛、张家口、唐山和承德等市，应以这些资源为基础，结合市场趋势，引入新技术和新方法以创新旅游产品。秦皇岛的山海关景区通过夜间灯光秀吸引游客，张家口的大境门则通过投资建设具有特色的商业街以及重现张库大道，这些都是有效的创新实践。对于长城文化资源不那么丰富的城市如石家庄和邯郸，可以考虑引入创意文化元素来辅助开发长城古迹文化资源。通过结合当地的文化特色和创新概念，可以开发出独具特色的旅游产品，不仅可以丰富游客的旅游体验，也有助于提升地区旅游的吸引力。

五、强化文化旅游品牌建设，优化文化旅游产业链的发展

河北省拥有全国最多的长城旅游景区，但这些景区的知名度普遍不高，尤其是与北京的八达岭长城相比。众所周知，旅游品牌化是当今旅游企业的核心战略之一，因为旅游业的竞争本质上是品牌的竞争。一个知名度高的旅游品牌更容易被游客认可，从而推动旅游产业的发展。尽管从2009年起秦皇岛就开始尝试打造长城旅游品牌，并在过去几年中取得了一定的成效，但仍需持续地努力和提升。同时，张家口也在努力打造"大好河山张家口"的旅游品牌，但目前仍处于品牌建设的初级阶段。为了更好地推动河北省长城旅游的品牌化，未来的工作需要深入挖掘长城古迹的文化资源，构建与长城古迹文化相关的旅游品牌。这包括创建独具特色的文化旅游产品，提升游客的体验，并通过有效的市场营销战略加强对这些品牌的宣传，扩大其影响力和辐射范围。

在建设河北长城古迹文化旅游品牌的过程中，深入了解旅游市场和自身的特色至关重要。这要求从资源整合和特色项目的支持着手，以建立一个既符合地区特色又具有独特吸引力的文化旅游品牌。这种做法不仅可以强化旅游目的地的个性，还能更好地满足游客的需求。同时，重视区域之间的交流与合作也是构建旅游品牌的关键。通过共享资源和经验，各地可以共同打造一个有凝聚力的区域长城旅游品牌形象，这样的合作不仅可以提升各地旅游品牌的知名度，还能增强旅游业整体的竞争力。此外，鼓励旅游企业增强自身实力和市场竞争能力也是品牌化建设的重要方面。企业在运营过程中应相互扶持，探索市场新机会，这不仅有助于企业自身发展，还能对整个长城旅游品牌的发展起到推动作用。通过不断优化和升级服务，旅游企业可以更有效地吸引和留住游客。

在河北长城古迹文化旅游品牌建设的具体实践中，还需要注重旅游产业链的延伸。这包括将长城古迹文化与地方的其他资源相结合，如设计具有特色的长城演艺活动和创意文化产品。这些独具特色的旅游产品，不仅能丰富游客的体验，也能进一步完善旅游产业链，提升整体的文化和经济影响力。

六、加强政府宏观调控，制定相关发展策略

长城古迹文化资源与旅游产业的融合发展密切依赖于政府的宏观管理。政府在这一过程中扮演着总舵手的角色，负责引导和控制长城古迹文化资源和旅游产业的融合发展方向。由于河北省拥有丰富的长城古迹文化资源，各城市需要根据自身的特点和优势，合理规划并重点发展旅游业。这包括完善旅游项目的规划、优化产品开发，以最大化地利用这些文化资源，从而增加旅游收益，并通过旅游业的发展进一步促进文化的保护和传播。政府的职责还包括确保旅游产业收入的一部分被重新投入长城古迹文化资源的修复和保护工作中。这不仅有助于文化遗产的保护，还为文化传承提供了坚实的基础。此外，政府还需推动和支持区域

性的合作与发展策略，以确保河北省整个区域的长城旅游产业能够稳定发展。

政府在长城古迹文化旅游发展中的宏观把控发挥着至关重要的作用，尤其是在融资、发展政策和优惠政策的制定与实施方面。目前，长城古迹资源的修复和旅游发展主要依赖于政府的财政拨款，但这种资金支持往往是有限的。因此，迫切需要制定相关的融资政策，充分发挥资本市场的功能，创建多样的融资渠道如项目融资、股权置换及产业发展基金，以确保长城古迹文化资源与旅游的融合发展得到充分的资金保障。

文化与旅游的融合是学术界的研究重点之一，单靠市场力量难以实现高效融合，因此需要政府的政策引导和支持。例如，2019年提出建设长城国家文化公园的计划就需要多方面的政策支持。地方政府应迅速推出长城古迹资源保护政策、长城文化旅游政策、相关旅游项目规划和企业招标方案等，以促进长城古迹文化与旅游的深度融合。此外，为了更好地推动长城古迹文化旅游产业的发展，政府应当制定相应的优惠政策，以减轻相关企业的运营负担或提供必要的财政补助。这可以包括合理的税收政策，如通过减税或退税来激励旅游企业的发展，同时确保旅游收入能够有效用于长城文化资源的保护。同时，土地优惠政策也非常关键，应对长城周边地区的土地进行综合规划，为旅游产业发展提供充足的用地，确保重点旅游项目的顺利实施。

七、培养复合型人才，促进文化旅游行业发展

在长城古迹文化资源与旅游产业融合发展的过程中，除了政府和市场的作用，对复合型人才的培养尤为关键。这特别指的是那些既了解长城文化又精通旅游发展的跨界人才。

为了推动长城文化资源与旅游产业的有效融合，迫切需要培养能够在这两个领域都有所贡献的跨界人才。对现有的工作人员，应定期组织专业讲座、培训和学习活动，以此不断提高他们的专业知识和技能水平。

此外，也需要实施吸引高层次人才的政策，如引进学术背景深厚的专家和具有旅游业务经验的专业人士。

河北省各高校已经开始关注长城文化的保护与开发，并设立了相关研究机构，这是文化保护和发展的积极步骤。然而，仅依靠高水平的学者进行研究还不足以满足长城旅游产业的需求。高校应在本科和研究生的课程设置中增加与长城文化及旅游相关的科目，专门培养能够在这一领域内做出专业贡献的人才。

此外，高校与长城景区之间可以建立合作发展机制，通过联合培训项目为长城古迹文化和旅游产业培养必要的人才。这种跨领域的教育和实践机会能够使学生做好准备，以应对将来实际工作中的挑战，同时促进学术界与产业界的交流与合作。

第六章　河北长城古迹文化和旅游融合发展的案例分析

第一节　承德长城古迹文化和旅游的融合发展

一、承德境内长城概况

承德地区的长城遗迹总长度大约为 540 千米，具体分布如下：

燕秦时期的长城遗迹遍布丰宁和围场，全长大约 182 千米，大多数长城的原始外观已不复存在。1752 年，乾隆皇帝在木兰围场发现了这段长城，并在《古长城说》一文中对其进行了描述，还立碑纪念，为后人研究提供了宝贵资料。

汉代长城主要分布在滦平和丰宁的交界处以及隆化郭家屯、承德县的北部等地，关键位置通常设有军事防御设施。承德地区的汉长城特别以烽燧为主要的防御构造，这些烽燧遍布滦平、隆化和承德等县，总数超过 360 座，多沿着古今交通要道布局，形成了密集的防御线。

金代的界壕位于丰宁草原乡北部，从东南向西北方向延伸，全长约 8 千米，始建于 1198 年，被当地人称为"边墙"或"头道边"。

明代长城在承德境内的长度接近 300 千米，从宽城的东部开始，穿过兴隆县、承德县，直至滦平营盘乡进入北京密云，主要分布在宽城、

第六章 河北长城古迹文化和旅游融合发展的案例分析

兴隆、承德、滦平等县。这段长城上设有烽燧、挡马墙等防御设施，其中金山岭长城是明代长城中保存较完好、颇具代表性的一段，位于滦平县与北京市密云区的交界处，由徐达在明洪武年间开始修建，后由戚继光和谭纶在隆庆年间进行了扩建和改造。

二、承德长城古迹文化旅游产业带发展的现实状况

承德在维护长城遗产与发展文化旅游产业带方面进行了许多富有成效的尝试。

（一）积极推进长城保护的基础性工作，加大对长城的保护力度

承德的各县区文物保护部门根据地方管理原则，依法承担着长城的保护与管理职责。这些部门采取了一系列具体措施来确保长城及其文物的完整性和安全。一个关键的步骤是创建了长城保护档案，这不仅包括对长城本体的全面记录，还涉及对长城沿线的文物进行全面的统计工作。为了凸显长城某些重要段落的价值，还特别设立了保护标志，以增强公众对这些重要文化遗产保护的意识。

在保护工作中，特别注意到辖区内散落的长城文物和城砖的情况。例如，在2015年进行的一项调查中，便发现并记录了超过107200块分散在当地农户家中的城砖。这些城砖是长城历史的见证，对其进行保护具有重要意义。

除了保护和记录工作，及时对长城的现状进行监测并对出现的倒塌、松动等结构问题进行加固和修复也是工作的重要组成部分。2010—2015年，文物保护部门对金山岭长城后川口发生倒塌的部分进行了修复，涝洼段的三道边长城得到了加固。此外，西梁砖垛楼至大金山楼长达2000余米的马道上，对碎裂松动的城砖进行了更换，沙子沟楼至碾子沟楼段也进行了修复，并在2016年底顺利通过了省级文物部门的验收。

此外，对宽城喜峰口段的长城进行了修整，这些工作展示了承德在长城保护方面的全面和系统性努力。这些措施不仅对维护长城的结构完整性至关重要，也对提升长城作为文化遗产的价值和对公众的教育作用发挥着重要作用。承德通过这些综合性的保护管理措施，展现了对长城这一世界文化遗产的深切关怀和高度责任感。

（二）采用"5A"级标准进行整改和创建，提高长城景区的管理效能

依据国家5A级旅游景区的评定标准，金山岭长城管理处在2014年采取了"查漏补缺，全面提升"的策略，动用了3000万元资金，专注于实施四项关键建设项目。这包括将管线埋设于地下、建设污水处理设施、扩建停车场和改善卫生间等基础设施，从而在多个方面强化了基础建设的质量和范围。为了扩大宣传效果，运用了包括社交媒体平台、"两微一端"（微信、微博和新闻客户端）、条幅、标语、宣传栏和电子显示屏等多种手段进行景区的宣传推广。

此外，金山岭长城管理处还着重于职工培训，旨在通过教育提高员工的专业素质和服务水平。同时，加强了督查机制，确保道路、停车场、商业街和智慧旅游等基础设施的全面改善和提升，以满足5A级景区的高标准要求。

到了2017年，经过这些综合性的改进和提升工作，金山岭长城顺利地通过了国家5A级景区的景观质量评定。评审专家组对金山岭长城给予了高度评价，认为它在自然景观方面拥有独一无二的价值，不仅如此，金山岭长城还具备深厚的人文科学和历史文化价值。评审团队还指出，金山岭长城在市场影响力和公众美誉度方面也表现突出，成为国内外游客广受欢迎的旅游目的地。

(三)强化长城保护人员团队的建设

2016年,承德市文物局采取了积极措施,组织了一次专门针对长城保护员的培训会议。此次培训的目的是对承德市各县区的长城保护员进行专业的业务培训,使长城保护员能够更加深入地了解承德长城的基本情况,掌握与长城保护相关的法律法规、政策以及工作要求。培训内容旨在明确长城保护员的职责范围,确保他们能够在工作中知晓自己的角色和责任,从而为更有效地进行长城的保护和管理工作奠定坚实的基础。

到了2021年,承德市的文物保护部门进一步加大了对长城保护员工作的支持力度,为他们统一配备了适合夏秋季节使用的户外工作服装、望远镜、手电筒、双肩背包、遮阳帽、雨衣、保温壶和登山杖等巡查所需的基本装备。除此之外,还提供了对讲机、刀锯等应急设备,以便在执行保护任务时能够更好地应对可能遇到的各种情况。这些装备的配备不仅为长城保护员提供了工作上的便利,也体现了对他们工作重要性的认可,同时提高了长城巡查和保护工作的效率和安全性。

通过这些措施,承德市在长城保护员队伍建设方面取得了显著进展,不仅提升了长城保护员的专业技能和工作效率,也为长城的长期保护和维护工作提供了有力的支持。这样的培训和装备配备工作,确保了长城保护员能够在保护这一珍贵文化遗产的过程中,发挥出更大的作用,为保护和传承中国的历史文化遗产作出了重要贡献。

(四)深化对长城历史的研究,增强长城的文化价值

承德市各县区文物部门在执行长城的保护和管理职责之外,还投入了大量精力进行深入的研究工作,这些研究不仅涉及长城的历史和建筑特点,还包括长城的军事功能和文化意义。通过这些研究,一系列关于长城的学术文章得以编撰并在国家级和省级的专业期刊上发表,如《河北围场境内的古长城和古城址》《河北丰宁境内的古长城和金代界壕》《从

金山岭长城看长城敌楼的建筑形制》《古代长城砖瓦的制作》《长城的武器——础石的种类和作用》《从库房楼铺房看金山岭指挥机构》等，这些研究成果为深化对长城历史的理解提供了宝贵的资料。

这些研究工作不仅展示了承德市长城丰富的文化内涵，还反映了当地文物部门在长城研究方面的专业水平和学术贡献。更重要的是，这些研究成果的发布和传播，有效提高了公众对长城文化遗产价值的认识，激发了人们对长城的热爱和保护意识。通过这样的学术活动，承德市不仅在学术界树立了良好的形象，也为长城的保护和传承作出了积极贡献，确保了这一世界文化遗产的历史和文化价值得以被更好地尊重、理解和传承。

（五）利用长城资源，创新发展旅游模式

承德市通过将长城与体育、摄影、比赛等多种活动相结合，有效地扩大了长城的影响力。金山岭长城景区作为主要的活动场地，定期举办了一系列具有吸引力的活动，如春季的"杏花节"、国际摄影节、国际马拉松比赛和国际艺术节等。这些活动不仅丰富了游客的体验，也增强了金山岭长城景区的知名度和吸引力。

除了这些常规活动，金山岭长城还是多项特色活动的举办地，包括金山岭长城徒步大会、全国青少年文化遗产知识大赛等。这些大型且具有特色的活动在宣传金山岭长城方面起到了重要作用，大大提升了其品牌效应。特别值得一提的是，1999年金山岭长城景区成功举办了"万人穿越金山岭长城"的活动，这不仅打开了金山岭长城到司马台长城的穿越路线，还吸引了众多国际户外运动爱好者的参与，进一步扩大了长城的国际影响力。

在品牌传播策略方面，承德不断创新，积极利用新媒体和网络平台推广长城。2020年，金山岭长城杏花节期间推出了"云游金山岭"的网络直播系列活动，使得无法亲临现场的游客也能在线上享受到美丽的杏

花盛景。2021年，将电商直播引入金山岭长城，通过在景区内的直播活动，为金山岭长城带来了新的宣传途径和视角。

目前，承德市正积极探索将互联网技术、数字化和智能化手段融入金山岭长城的开发与管理中，以推进智慧化旅游的发展。这些措施旨在为游客提供更加丰富、便捷和新颖的旅游体验，同时为金山岭长城的保护、传承和利用开辟新路径，展示承德市在文化遗产保护与利用方面的创新意识和实践能力。

（六）利用长城国家文化公园建设的机遇，提高长城保护与开发的水平

建立长城国家文化公园作为一项国家战略，对于承德市在打造全年全域旅游新模式、推动国际旅游城市建设方面起到了显著的推动和引领作用。承德市委和市政府对此高度重视，并把它作为一次重要机遇，成立了由领导和专家组成的专门团队，确保相关工作得到有效的组织和支持。

2019年底，长城国家文化公园承德段的建设正式启动，到了2020年6月18日，《长城国家文化公园（承德段）保护建设实施方案》的编制也已完成。该方案提出了构建以明长城遗产保护带、燕秦汉金长城遗产保护区、金山岭长城文化遗产保护利用区、喜峰口长城文化遗产保护利用区为核心的"一带三区"空间结构，采取"一带引领、南联北融、重点建设、全线振兴"的战略方针来统筹公园的整体建设。

为了围绕长城的保护传承、研究发掘、环境配套、文化旅游融合、数字化展示等多方面工作，承德市规划的总投资达到173.9亿元，初步确定了14个长城国家文化公园的重点建设项目。这些项目主要集中在滦平县金山岭长城区域和宽城喜峰口长城区域的蟠龙湖景区综合管理服务中心。随着项目实施进度和实际需求的变化，建设项目也会进行相应的调整。

到 2022 年初，长城国家文化公园（承德段）的两个重点项目，即滦平县金山岭长城保护展示工程（一期）和滦平县涝洼五道梁段长城抢险加固工程已顺利完成。通过长城国家文化公园建设这一契机，承德对长城的保护和开发进行了全面的提升，不仅强化了长城文化的保护和利用，也为提高承德市旅游品质和文化影响力作出了重要贡献。

三、承德长城古迹文化旅游产业带发展的策略

（一）遵循政府规划的长城文化旅游发展方向

依据《承德市城市总体规划（2016—2030 年）》，承德市的城市空间结构规划为"一心、三副、两带、两区"，旨在通过构建三个副中心城区来促进城市整体发展。"一心"代表中心城区的核心地位，而"三副"则指向营子区、承德县城和滦平县城，预示着这些区域在未来发展中的重要性。特别是滦平县的金山岭区域，规划中将其升级为城市的一个中心，显示了其在承德市发展中的战略地位。

根据 2022 年发布的《承德市旅游业高质量发展规划（2022—2035 年）》，承德致力构建一个"一核三带八组团多级"空间格局的旅游发展模式。这一模式旨在将承德市从一个旅游集散地转变为一个集休闲度假、文化体验、健康养生等于一体的城市休闲旅游目的地。"三带"分别指环京津长城文化旅居康养度假带、皇家御道历史文化旅游带以及坝上草原森林生态康养旅游带，涵盖了从历史文化探索到自然休闲的多元旅游体验。"八组团"进一步细化了旅游发展的具体方向，包括塞罕坝、大滩镇草原、金山岭等区域的特色旅游集群，旨在打造多样化的旅游产品和服务。

这一规划不仅将长城文化旅游纳入承德的旅游业发展中，而且将其作为发展的重要方向之一，特别强调了将长城文化旅游发展与承德的地理位置相结合，将北京、天津等大城市的游客纳入其辐射范围。通过精

准定位旅居康养度假的发展方向，承德旨在推动长城文化和旅游产业的提升，不仅增强了城市的旅游吸引力，也为承德市的经济发展和文化传承提供了新的动力。这种以长城为核心的文化旅游发展策略，不仅有助于保护和传承长城这一珍贵的文化遗产，也有利于促进地区旅游业的高质量发展，为游客提供丰富多样的旅游体验。

（二）围绕金山岭长城中心，构建"最美长城"品牌

依照《长城国家文化公园（承德段）建设规划》，承德市将实施多个关键项目，包括金山岭长城自然博物馆、喜峰口长城大刀进行曲博物馆、长城风景道、长城十里春风小镇等。这些项目的开发将遵循全面的规划，采取广阔的视野和大格局来推进金山岭长城国家文化公园的整体建设，其具体实施策略如图6-1所示。

```
构建"最美长城"景观品牌 ─┬→ 最美漫道游
                      ├→ 最美风情游
                      ├→ 最美组合游
                      └→ 最美智慧游

构建"最美长城"文化品牌形象 ─┬→ 利用文化资源，突出地区特色
                          ├→ 利用人才资源，创新文化旅游产品
                          └→ 利用市场资源，举办文化旅游活动

建立"最美长城"生态经济品牌形象 → 推进长城生态建设，整合长城文化与地域特色、绿色生态，创造独特的文化旅游产品
```

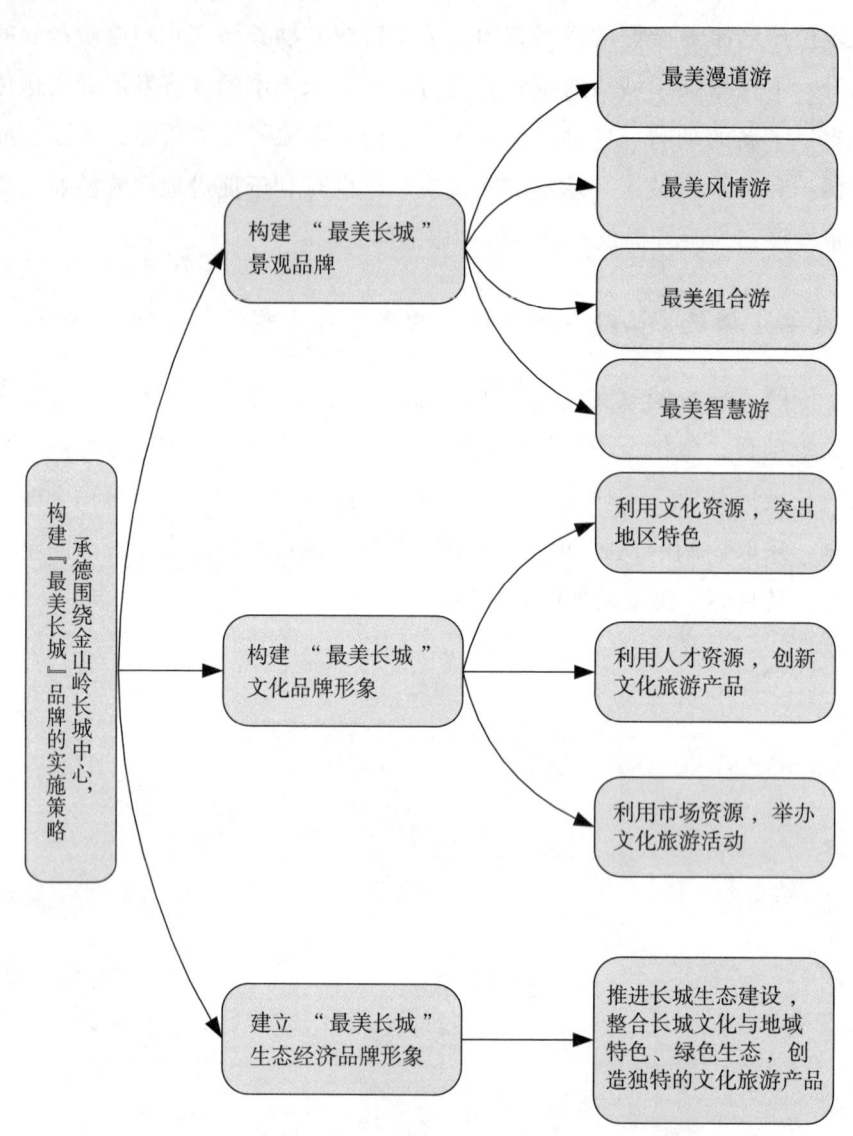

图 6-1　承德围绕金山岭长城中心，构建"最美长城"品牌的实施策略

这种做法的目标是确保滦平县内所有长城区域的综合发展，通过全面纳入金山岭长城国家文化公园的建设计划，进而推动滦平县的整体进步。此举不仅有助于保护和弘扬长城的文化遗产，也有利于促进当地的经济和社会发展，实现文化旅游与地方发展的有机结合。

第六章　河北长城古迹文化和旅游融合发展的案例分析

1. 构建"最美长城"景观品牌

（1）最美漫道游。漫道，也被称作慢道，是一个与高速公路等快速通行路线相对立的概念，主要包括景观路和步行道，强调的是一种更加注重体验和沉浸感的游览方式。对于金山岭长城来说，这种慢行旅游方式尤为适合，因为它允许游客在漫步中深度体验长城的壮丽景色和丰富历史。

金山岭长城的主要路线起点位于西侧的龙峪口，途经六眼楼、桃春口、西五眼楼、砖垛口、将军楼、沙岭口、小金山楼、大金山楼、后川口、拐角楼、东五眼楼、三眼楼，最终东至望京楼。这一路线横跨西线和东线，其中从龙峪口到西五眼楼为西线，余下部分构成东线，提供了多个出口，游客可以根据个人偏好和体能选择合适的徒步路径。

金山岭长城推荐了几条徒步路线：3千米的环线路线，从检票口出发，经过砖垛口、沙岭口再回到检票口，游客可以从这一路线上欣赏到《金山岭晨光》中长城的壮丽景色；4千米的环线路线则从检票口出发至砖垛口、沙岭口、小金山楼、索道站再回到检票口，这条路线让游客能够在小金山楼体验到迷人的迷魂阵；5千米的路线能让游客从检票口出发，途经砖垛口、沙岭口、后川口再返回检票口，途中可以享受到长城日出日落的美景；对于运动爱好者，则可以尝试10千米的环线，体验在运动中欣赏长城的乐趣。

在漫道的建设中，应充分考虑到游客的需求，不仅要完善基础设施，还要提供丰富的产品和服务，确保游客能够享受到更好的慢行游览体验。此外，漫道的建设还应与快行道路协调发展，优化金山岭长城与其他知名景点之间的连通性，并将其纳入京承张环线、京承唐津环线、京承辽线等重要交通线路之中，以便游客能够便捷地到达这一历史悠久的景点。

（2）最美风情游。在深入分析金山岭长城旅游区的独特长城特质、地形特点、历史发展和产业布局后，推动风情旅游的发展可围绕以下三个核心方向展开。

首先，着眼于长城及其周边的自然景观和人文景观，开发长城—山水村镇风情游。这一方向主要将长城附近的村庄及巴克什营旅游镇作为开发的中心，旨在为游客提供一个深度体验长城文化与乡村风情相结合的旅游产品。

其次，以凸显承德独有的文化特色为目标，依托御道行宫等历史遗迹，打造一条集长城和行宫文化于一体的风情旅游线路。这样不仅能够丰富游客的体验，还能进一步展现承德深厚的历史文化底蕴。

最后，注重森林草原的生态休闲旅游发展，以金山岭长城为起点，结合雾灵山、塞罕坝国家森林公园等自然景观，共同构建一条融合长城历史与自然康养的风情游览线路。通过这种方式，不仅可以为游客提供从历史到自然的多元化的休闲体验，也有助于保护和推广当地的自然环境和文化遗产。

这三个方向的共同目的是通过多维度、多层次的旅游产品开发，为游客提供一个立体、丰富的金山岭长城旅游体验。同时，这样的开发策略也有助于促进当地经济的发展，提升长城旅游的品质和竞争力。

（3）最美组合游。金山岭长城产业带的发展不应仅限于传统的观光旅游，还需要采取多元化的策略，通过"组合拳"的方式，与不同类型的旅游活动相结合，以创造出叠加效应。这意味着可以结合围猎、赛事、军事体验、乡村采摘、亲子游等多种形式，从而丰富金山岭长城旅游的内涵并提升其吸引力。

为实现这一目标，关键在于寻找合适的组合点，使不同旅游形式能够与金山岭长城的特色和文化背景紧密结合。在军事体验游的组合上，除了提供真人CS、打靶训练、火线穿越等传统军事体验活动，还可以深入挖掘长城的戍边文化，通过建筑风格、餐饮特色、"剧本杀"等娱乐形式，探索更多业态的可能性。

金山岭长城国际摄影大赛作为一个成功案例，已经连续举办两届，将金山岭长城打造成为中国十大典藏摄影旅游胜地之一，成为摄影爱好者的"天堂"。通过"旅游+摄影"的组合方式，继续利用摄影这一平台，可以推广金山岭长城的独特风景和文化魅力。

（4）最美智慧游。利用互联网和大数据技术在旅游管理服务领域的应用，旨在全方位整合景点、餐饮、住宿、交通等各类旅游信息资源。构建包括多媒体、多种形式、多项服务以及多终端支持的智慧旅游信息化体系，对于提高服务的水平和质量起到了较为关键的推动作用。持续完善和提升"一部手机游承德"功能，旨在提高承德长城旅游的智慧化水平，实现从信息检索、路线设计到住宿预订、餐饮选择、门票购买等一系列旅游活动的网络化和便捷化操作。

在游览过程中，通过实时的导览服务和共享的人流分布信息，提供数字化场景体验等方式，确保游客能够享受到更加满意和便捷的旅行体验。例如，运用数字技术精准再现历史场景，不仅增强了游览的互动性和趣味性，也让游客在仿佛历史重现的文化氛围中深度体验，从而在游客心中留下难忘的印象。

这种智慧化旅游的发展策略，不仅大幅度提升了游客的体验质量，也为旅游业带来了新的增长点。智慧旅游体系的建立，能够有效地提高资源的利用率和管理效率，为游客提供更加个性化、高效化的服务。此外，这也有助于促进旅游产业的可持续发展，为承德长城旅游品牌的塑造和推广提供有力的支持。

2.构建"最美长城"文化品牌形象

构建文化品牌意味着将深邃而丰富的文化内涵注入品牌，这种内涵不仅体现在管理、产品和服务等各个方面，还能在精神层面上赢得消费者的信任和认同。在打造"最美长城"这一文化品牌的过程中，关键在于把"长城"和"最美"这两个文化元素融入品牌建设，让它们成为品牌形象的核心。

（1）利用文化资源，突出地区特色。承德市拥有独特的地理优势，应充分利用这一点，深入挖掘金山岭长城及其周边地区丰富的文化资源。

例如，皇家御路文化、长城抗战文化、古生物化石文化以及普通话文化等。这些文化元素的融合，有助于塑造一个具有承德特色的长城文化品牌。这种方式，可以使承德段的长城品牌在众多长城品牌中脱颖而出，形成独特的品牌形象。

此外，承德市在推广非物质文化遗产进入景区、演艺活动进入景区等项目的同时，鉴于需要对长城本体进行保护，还应加强与金山岭长城附近村镇的协作，扩大长城举办大型活动的可能性。这不仅能够带动周边地区的经济发展，还能为游客提供更多元化的活动选择。

进一步地，开发结合红色印迹与长城、冰雪活动与长城的项目，推进长城人家康养项目的建设，也是值得探索的方向。将长城文化与区域特色美食、民风民俗体验以及自然风光观赏相结合，不仅能够丰富游客的体验，还能让他们从多个角度感受到长城的多元文化魅力。这种综合性的文化旅游产品，不仅能够吸引更多的游客来访，也有助于提升游客的满意度和留存度，进一步推动承德长城文化品牌的深度开发与推广。

（2）利用人才资源，创新文化旅游产品。创意人才在文化产业的创新发展中占据核心地位。为了有效推进承德市长城文化旅游产业带的发展，必须建立健全创意人才的引进和培养机制，采纳"引进一个，带出一批后备人才"的策略，确保创意人才培养的持续性。此外，特别需要培养那些能够深度挖掘承德独特资源、系统整理归纳承德特色文化的创意人才，以保证长城创意产品开发的质量和独特性。

深度挖掘金山岭长城的文化内涵并不断创新相关的文化旅游产品是发展文化旅游产业的重要途径。旅游资源的文化内涵挖掘是旅游业形成差异化竞争的关键策略之一。旅游产业与文化产业的融合发展迫切需要深入探索旅游文化内涵，为旅游景观注入丰富的文化底蕴和主题风格。金山岭长城的独特性要求对每个景点进行有针对性的文化内涵挖掘，通过这种方式，景点能够在无形中实现升级改造，形成新的文化旅游产品。

此外，开发具有标志性的金山岭长城旅游纪念品也是提升旅游产业附加值的有效手段。旅游纪念品不仅是文化的载体，也是旅游产业与文化产业融合发展的重要标志。开发反映金山岭长城历史文化特色的旅游纪念品，可以有效促进旅游消费，增强旅游宣传效果。承德市应利用旅游消费者对经历纪念的消费心理，动员企事业单位和高等院校师生参与旅游纪念品的创作，挑选出一系列展现金山岭长城历史文化特色的旅游纪念品，并规范其销售模式，以此加强对承德金山岭长城文化旅游品牌的推广并提升其影响力。

（3）利用市场资源，举办文化旅游活动。承德市在推动文化与旅游的融合发展上，应以项目引领为主要策略，定位于将城市建设成为"全国文化产业和旅游产业融合发展示范区"。这包括有效承接北京非首都功能区转移的任务，遵循"错位发展，优势互补"的原则，着重在动漫游戏、影视制作、创意设计、数字传媒等领域加强合作与对接。

通过推动产业间的融合，承德市旨在培育一系列将长城文化与农林、体育、商业、康养等元素结合的文化旅游项目。这不仅涉及推出一批文化旅游消费及夜间消费的示范项目，也包括大力发展以金山岭长城为主题的文创产品。利用大赛机制激发旅游供给侧的结构性调整，促进文创产品在景区、商店和游客中心的广泛应用，同时畅通销售渠道以促进游客的购物消费。

承德市还应深度开发国内外旅游市场，持续举办贯穿四季的长城旅游文化节庆活动。加强与"一带一路"国家及周边国家的交流合作，深挖长三角、珠三角和东北地区的市场潜力，通过高铁和航空旅游的宣传推广活动拓展市场。同时，针对京津冀地区市场，开展特色活动如"这么近，那么美，周末到河北"和"牵手京津冀 欢乐进万家"，并与辽西、蒙东、冀北"5+4"城市旅游大联盟合作，推出跨区域长城旅游线路。

此外，积极参与国内外各类文化旅游展会和博览会，是宣传推介承德市精品旅游线路和旅游产品的有效途径。通过这些综合性的策略和措施，承德市不仅能够在文化产业和旅游产业的融合发展上取得显著成效，还能进一步提升城市旅游的品质和竞争力，吸引更多国内外游客前来体验。

3. 建立"最美长城"生态经济品牌形象

承德市拥有得天独厚的生态环境，这为城市的发展提供了显著优势。作为京津冀水源涵养功能区、生态环境支撑区、国家可持续发展议程创新示范区、国际旅游城市，以及塞罕坝精神的发源地，承德市积极探索与自然和谐共存的绿色生态发展路径。特别是金山岭长城沿线地区，已经成为环境优美的绿色家园。例如，兴隆县通过彻底转变产业结构，使得绿色产业在财政中的贡献率高达89.20%；滦平县通过大规模实施退耕还林工程和建设京冀水源保护林，被评为"国家生态文明建设示范区"；宽城满族自治县推行林长工作制，保护都山、千鹤山及潘家口水库周边森林生态，实现了森林覆盖率达65.89%的成就。

绿色生态不仅为产业发展提供了新动能，也为发展绿色、有机、无公害农业创造了自然条件。为了促进农民增收，承德市启动了"承德山水"农产品区域公用品牌建设战略，吸引了212家企业加入该平台，推广了364个绿色、有机认证产品和23种国家地理标志保护产品，大大促进了农产品的销售。

在此基础上，承德市还应继续推进长城生态建设，整合长城文化与地域特色、绿色生态，创造独特的文化旅游产品。根据《长城国家文化公园（承德段）建设保护规划》，承德市以现存明长城为重点，通过整合周边的自然生态、非物质文化遗产、长城人家等资源，规划建设金山岭山乡文旅融合区、宽城长城民俗文旅融合区和兴隆生态文化旅游区等，并以"国家一号风景大道"为连接纽带。

在"十四五"规划期间，承德将加速推进金山岭长城自然博物馆等14个重点项目的建设，利用金山岭长城的中心作用，推动"一带三区"建设，以"最美长城"为标识，促进品牌的打响。这不仅需要注重增长极的带动作用，还要将金山岭长城文化融入承德的整体文化中，发挥长城文化的动能，促进文化、绿色生态与长城的融合反应，实现最大限度的整合效应，从而推动长城国家文化公园承德段品牌的建设与发展。

第二节 秦皇岛长城古迹文化和旅游的融合发展

一、秦皇岛长城古迹文化旅游产业带发展的基础和现实状况

（一）政策基础

长城不仅是中华民族宝贵的遗产，也象征着民族的精神。2002年，长城入选《世界遗产名录》后，其开发与保护工作吸引了社会和相关机构的广泛关注。

河北省，作为中华人民共和国成立后首个启动长城保护和修复工作的省份，通过《长城保护条例》《国家文物局关于进一步加强长城保护管理工作的通知》《河北省长城保护办法》等一系列政策文件，确立了长城保护的法规体系。特别是秦皇岛段长城，作为河北长城的关键部分，在国家和省级政策的支持下，秦皇岛发布了《秦皇岛市长城保护条例》《山海关历史文化名城保护规划》及相关的保护和管理制度，包括《长城执法巡查制度》《长城保护员管理制度》《文物安全应急预案》《文物保护项目审批流程》等，旨在加强对长城的保护。2022年，秦皇岛完成了《长城国家文化公园（秦皇岛段）建设保护实施规划》的编制，旨在进一步促进长城遗址的保护和长城国家文化公园的开发。这些都是在深入调研的基础上作出的努力，为山海关长城的保护提供了科学和规范的制度支持。

（二）现实基础

在秦皇岛地区的文化旅游产业发展过程中，山海关长城作为区域内颇具标志性的景点之一，也是周边文化旅游资源中发展比较成熟的部分。接下来，本节将运用 SWOT 分析法，深入探讨秦皇岛地区长城资源在文化旅游产业发展中的现实状况。

1.应用 SWOT 分析法

SWOT 分析法，亦称为态势分析法，涵盖了优势（strengths）、劣势（weaknesses）、机会（opportunities）和威胁（threats）四个主要方面的分析。该方法通过全面概括企业的内部环境和外部环境，清晰地展现其优势与劣势，同时有效地评估所面临的机会与威胁，对企业加强自身认知、明确发展策略以及提升竞争力具有较为重要的作用。将 SWOT 分析法应用于秦皇岛长城文化旅游产业的发展，也显得尤为合适。通过对当前发展状况的内外部机会和优劣势的全面考量，SWOT 分析能助力该地区制定出科学的发展策略。

2.优势分析

（1）自然及历史文化资源丰富。秦皇岛段长城以其雄伟险峻、多样的地貌特征著称，包括伸入海中的长城和穿越山地、平原、河道的长城，同时拥有许多重要关隘和丰富的历史遗存。这些特点让其在全国长城中享有较高的知名度，如山海关的"雄"，入海石城的"奇"，三道关、板厂峪的"险"以及董家口、祖山长城雕刻装饰的"秀"。此外，长城周边自然资源丰富，包括角山、长寿山等众多名胜以及石河、洋河等水系和国家级自然保护区。长城沿线亦散布着孟姜女庙、悬阳洞等众多文化遗址，并留有丰富的神话故事和民间传说，共同构成了一条独特的长城文化廊道。

秦皇岛通过依托长城的高质量文化旅游资源，推进以长城为中心的旅游经济带的发展，促进了周边产业的联动发展。文化与旅游的深度融

第六章　河北长城古迹文化和旅游融合发展的案例分析

合被视为新时代促进旅游业可持续发展的新路径。丰富的历史文化资源不仅增强了旅游景区的文化深度，也是推动地区经济高品质增长的关键。《国务院办公厅关于进一步激发文化和旅游消费潜力的意见》强调提升文化和旅游消费质量水平，通过供给优质的文化旅游资源来提高居民的幸福感，并推动高品质的景区服务及丰富文化产品的供应。

山海关作为万里长城中的精华部分，拥有丰富的文化和历史资源。通过有效开发这些特色资源，山海关的文化旅游产业开发能够提升服务质量和文化价值，实现文化旅游高效结合的目标。

（2）位置优越，交通便捷。秦皇岛市，位于河北省东北部。该市东北与辽宁省葫芦岛市毗邻，西北靠近河北省承德市，西侧与唐山市相接，南部面向渤海。作为京津冀城市圈的关键海港，秦皇岛在经济和地理上占据着重要位置。市内长城穿城而过，附近拥有众多旅游资源。秦皇岛山海关，被誉为"两京锁钥无双地，万里长城第一关"，是明代长城的东端，也是东北与华北之间的交通要冲，为当地长城文化旅游产业的发展提供了坚实的基础。

秦皇岛交通网络发达，铁路线路四通八达，是京山、京秦、大秦、秦沈、沈山5条国家铁路干线的交会点。公路网络亦十分便利，拥有多条高速公路、国道和省道。航空交通连接国内外32个城市，是河北省开通"一带一路"旅游航线的首个城市。近年来，秦皇岛新建了多条快速道路和大道，优化了城市交通网络。这些交通优势不仅吸引了大量游客，还促进了各大景区的互联互通，形成了品牌和规模效应。

在"十三五"规划期间，秦皇岛投资建设了长城旅游公路175.6千米，打造了多条精品旅游观光线路，如2017年就已经通车的环长城旅游公路。当前正在建设中的长城山海关风景道作为长城国家文化公园的国家级重点项目，起点为山海关古城北门，通过多条旅游公路和盘山路线，连接了边墙、边城、边乡，成为与山海关古城互动的10千米示范段，进一步推动了地区文化旅游产业的发展。

（3）特殊的地理标识。山海关，作为万里长城的东端起点，因地理位置的战略重要性，其历来是军事争夺的焦点。在明代长城众多关隘中，山海关被列为三大名关之首，享有"天下第一关"的称号。其关城建立于明洪武十四年（1381年），构成了山海关长城的核心，城墙布局呈不规则梯形，西北和西南角转为圆弧，无角台设计。城垣全长4727米，城墙高14米，厚7米。关城东墙连同长城主线，四周分别设有东、西、南、北四个城门，东门称为"镇东门"，亦即"天下第一关"，西门名为"迎恩门"，南门称"望洋门"，北门为"威远门"，每个城门上都设有城楼。城墙外围还建有瓮城，其有侧门开设。城墙东南和东北角各设有角台和角楼，为关城防御的关键结构，此外还有牧营楼等建筑。城墙的三个角设有水门，外围环绕护城河。

除中心的关城外，山海关的长城系统主要由城墙和四座城门外的东西两翼城、南北两罗城组成。山海关的长城还包括角山长城、九门口长城、老龙头长城等部分。这些地段不仅具有高度的文化价值，也是游览的重要景点。老龙头是长城唯一伸入海中的部分，自明代以来一直是京城的重要海防要塞。历史上的名臣如戚继光、孙承宗和杨嗣昌等都参与过此处的加固和修缮。到了清代，随着长城内外合为一体，老龙头的军事角色减弱，转而成为帝王将相和文人墨客的游览地。康熙、雍正、乾隆、嘉庆、道光等皇帝都曾到访，乾隆更是四次登楼观海，留下众多诗文。现如今，老龙头已成为知名的爱国主义教育基地。

（三）现实状况

《国务院办公厅关于促进全域旅游发展的指导意见》中，明确强调了文化对旅游业发展和质量提升的推动作用。目前，中国经济和社会正处于向高质量发展转型的关键时期，产业间的融合发展成为社会经济进步的主要趋势。近年来，山海关地区通过利用长城深厚的文化历史资源进行了初步的文化产业探索和尝试。在未来的发展规划中，秦皇岛应继续利用这些文化资源，打造独有的长城文化标识，实现与其他产业的协同发展，从而构建以"天下第一关"为核心的长城文化产业集聚区。

1. 建立两个长城博物馆

山海关长城博物馆，自1991年起建立于河北省秦皇岛市山海关区，与中国长城博物馆和嘉峪关长城博物馆并列为中国三大长城主题博物馆。该馆位于"天下第一关"城楼南侧200米，占地面积12100平方米，建筑面积达2600平方米，专注于展示万里长城，尤其是山海关部分的历史与文化。

作为国内外知名的以长城为主题的博物馆，山海关长城博物馆对于推广长城古迹文化、支持旅游和文化教育方面作出了显著贡献，通过与政府、企业合作举办活动，如图书发布、专题讲座、教育项目等，促进了长城古迹文化的普及和旅游文化的发展。

山海关中国长城博物馆，是长城国家文化公园建设的关键项目，旨在成为中国最具影响力的长城古迹文化遗产保护传承利用的现代化综合性博物馆。自2021年12月6日开工以来，主体结构于2022年8月1日完成，占地约106亩，总建筑面积约3万平方米，由地下一层和地上三层组成，展示长城的历史、建筑、文化传说及重大战役等内容。该博物馆遵循高标准的绿色建筑设计，成为全国首个绿建三星级博物馆。

山海关中国长城博物馆的建成，不仅将成为长城文化旅游的新地标，还将作为促进长城古迹文化保护、传承与利用的新动力，与长城文化产业园、风景道等项目共同推动文化旅游产业的深度融合，为长城文化的发展注入新活力。

2. 组建山海关长城古迹文化产业园

文化产业园区在促进地区经济增长和文化繁荣方面扮演着关键角色，是区域产业集聚发展的新模式。通过产业集聚，这种模式能够提升整个产业的经济效益，并对区域旅游品牌形象的塑造发挥重要作用。利用长城国家文化公园建设的重大机遇，秦皇岛以山海关中国长城博物馆为核心，全力推进长城文化产业园的建设。该项目内容包括长城文化体验核心区、城北文旅配套区等多个部分，从基础设施建设到各类配套项目，均有条不紊地推进。项目得到了中央和地方政府的支持和重视，获得了中央预算内投资，被纳入省级重点项目名单。通过创新的招商方式和线上推介会，吸引了多家企业的参与。

项目建设的目标是通过打造一系列有特色的项目，如利用古城文化、海洋资源、科技等不同的方面，增强游客体验，吸引更多的游客。这包括开发东罗城综合项目、完善音乐动感海岸项目、整合长寿山康养资源、结合数字科技提升旅游新业态，以及通过长城文化的整合展示，提升长城文化的影响力。此外，还计划通过民俗故事和婚恋产业基地等项目，吸引特定的旅游目标人群。

山海关长城文化产业园的建设不仅关注长城的保护和旅游开发，还致力产业发展和生态建设，旨在实现多方面的综合发展。通过深度挖掘和展示长城文化，项目旨在更全面地展现长城文化的丰富性和活力，同时促进民族历史文化的传播，推动地方乃至全国文化产业的发展。

3. 举办论坛、长城文化节等活动

为提升山海关长城的知名度，相关机构已经举行了众多以长城为主题的文化活动。2010年，以二月二龙抬头这一民俗活动为契机，山海关举办了第一届"山海关·中华龙抬头文化节"，对长城与民俗文化的结合进行了探索，包括民俗表演和特色纪念品展览。近些年，山海关不断拓展长城文化旅游的融合形式，包括创作《观·山海》长城情境光影秀、推出大型室内沉浸式光影剧《长城》、举办"长城脚下话非遗"等活动，成功吸引了大量游客，加速了当地非物质文化遗产和长城文化向经济资源的转变，将文化旅游产业转化为特色经济。2017年，《长城保护条例》发布11年后，由国家文物局、北京市文物局、天津市文物局、河北省文物局指导，中国文物保护基金会联合中国文化遗产研究院、中国古迹遗址保护协会共同主办的长城保护维修理念与实践论坛在山海关召开，旨在交流保护经验并制定保护规划。2020年8月，河北省文化和旅游厅与秦皇岛市政府主办了"长城文化传承与非物质文化遗产保护交流对话"，探讨了文化旅游融合的新途径。这些以长城为中心的文化活动为山海关旅游品牌的建立及长城古迹文化旅游产业带的发展奠定了坚实基础。

二、以山海关为中心的长城古迹文化旅游产业带总体规划

（一）民俗文化产业

长城不仅是一座壮丽的古迹，也在山海关地区的居民生活中充当着特别的精神文化象征。以长城文化为主轴，能有效促进当地民俗产业的增长。发展模式可以分为以下两类。

1. 以庙会为基础的民俗旅游

秦皇岛以丰富的庙会活动而闻名，包括孟姜女庙会和元宵灯会等，这些活动为当地文化生活增添了浓厚的传统色彩。特别是在中国文化中，常将"长城"与"龙"这两个符号联系起来，进而在每年的"二月二"于山海关长城附近举办各式各样的民俗活动，这一传统已经逐渐发展为一大特色。通过这些庙会活动，长城文化得到了深度的挖掘和广泛的传播，不仅展现了地方特色，还吸引了众多游客和文化爱好者的目光。

这类庙会活动有效地将长城文化与当地民俗产业相结合，通过庙会这一形式，汇集了各类文化表现形式和经济活动。在表演艺术方面，秧歌、皮影戏、武术等传统艺术形式得到了充分的展现，不仅保留了传统艺术的精髓，也为现代人提供了一扇了解和体验传统文化的窗口。美食方面，各式各样的特色小吃成为庙会的一大亮点，吸引游客品尝和购买，成为体验当地文化的重要方式之一。此外，当地的土特产和工艺品也在庙会中占据一席之地，不仅展示了地方的文化特色，也为当地经济的发展提供了支持。

2.体验式民俗旅游

体验式民俗旅游，聚焦深度的文化探索和亲身体验，特别是当以长城文化为中心，其潜力和魅力尤为显著。通过重现古镇街区、恢复秦代风貌，这种旅游形式不仅使得秦地的历史和文化得以展现，还为游客提供了一种独特的沉浸式体验。建立以长城为背景的特色民宿和农家院，使游客能够亲身体验在长城脚下的生活方式，这种体验远远超越了传统观光旅游的范畴。

模仿生态采摘园的模式，允许游客直接参与农产品的采摘和加工过程，这不仅增添了游览的乐趣，也让游客更加亲近自然，理解食物来源的过程。此外，通过举办剪纸、秧歌、皮影等艺术表演，不仅传承了非物质文化遗产，也让这些传统艺术形式与现代社会相连，增强了文化的活力和传播力。

民俗旅游作为文化旅游的一个重要分支，与国家乡村振兴战略紧密相连，对促进地方经济发展具有重要意义。秦皇岛的文化背景特别适合发展民俗旅游，其人文历史源远流长，文化底蕴丰厚，拥有众多的行为类、物质类、工艺类以及精神类民俗文化。从天马山庙会到山海关的孟姜女庙会，从二月二龙抬头节到赵家馆饺子和卢龙粉条，再到抚宁绣花鞋、昌黎地秧歌等，这些多样化的民俗活动不仅是当地文化的体现，也是吸引游客的重要资源。

将这些独特而宝贵的文化财富整合到民俗旅游中，不仅能够保护和传承这些文化遗产，还能够激发当地经济的新活力，同时为游客提供丰富多彩的文化体验。通过这样的方式，民俗旅游不仅成为一种旅游模式，更成为一种文化传承和经济发展相结合的有效途径。

（二）康养产业

随着现代社会的发展，人们对生活质量的要求日益提升，同时生活节奏的加快也带来了对身心健康的关注。在这样的背景下，康养旅游逐

第六章 河北长城古迹文化和旅游融合发展的案例分析

渐成为一个充满潜力的新兴产业。秦皇岛市，作为一个环境优美、资源丰富的宜居城市，自然成为这一产业发展的热土。此外，秦皇求仙入海的传说更为该地区增添了一抹神秘色彩，为疗养产业提供了独特的文化背景。

北戴河沿岸的许多疗养度假村，以其完善的基础设施和优质的服务，为游客提供了一个理想的康养环境。秦皇岛滨海森林公园等地区经过多年的开发和完善，不仅大大提升了疗养服务的水平，也使得疗养旅游能够覆盖更长的时间段，满足不同游客的需求。

在产业融合发展的大背景下，秦皇岛可以充分利用其丰富的自然资源、深厚的文化故事以及独特的红色旅游资源，吸引各个年龄层次的游客。这样的方式，不仅能够进一步丰富康养旅游的内容和形式，也能为当地经济的发展注入新的活力，推动滨海康养旅游产业的发展，实现做大做强的目标。这种以康养旅游为核心的发展模式，不仅满足了现代人对高质量生活的追求，也为地方经济的持续健康发展提供了新的动力。

（三）海滨休闲产业

秦皇岛，作为京津地区的后花园，成为附近居民休闲和度假的优先选择。这个地区以丰富的旅游资源著称，包括海洋、沙滩、湖泊、温泉、山脉、森林、湿地等，以及丰富的人文资源，如古长城、历史传说和名人等。考虑到游客的消费能力与时间，以及城市自身的资源禀赋，秦皇岛具备成为休闲度假基地的所有条件。在京津冀协同发展策略下，秦皇岛应确定自己的发展定位，利用自身自然景观的优势，致力成为一个休闲度假城市。特别是山海关长城，作为唯一的海洋长城，展示了长城文化与海洋文化的紧密结合，为当地海滨休闲产业提供了发展机会。秦皇岛通过发展海洋旅游资源，包括建设绿色海滨长廊、海底世界、海水浴场、海洋公园等，优化旅游线路设计，通过海上运动项目，为游客提供独特的海洋风情体验。此外，秦皇岛的昌黎葡萄酒产业快速发展，拥有华夏长城、地王、越千年等葡萄酒酿造企业，占全国产量的四分之一，昌黎因此被称为"中国干红葡萄酒城"。华夏庄园以深厚的历史和文化背景著称，其发展紧密与长城文化相连。葡萄酒庄园的建设旨在探索与旅游业的融合，提供餐饮和住宿服务，举办葡萄酒节等活动，与秦皇岛的休闲旅游定位相一致，为长城文化产业的发展贡献了重要力量。

三、打造"天下第一关"文化产业聚集区的具体策略

在构建长城文化产业集聚区时，重点应放在以长城为中心，促进产业在各个方向的扩散。这一策略的核心是扩大和加强"长城"作为文化象征的影响力，充分挖掘其深厚的历史文化价值，创建"长城+"的产业链。这将有效促进周围不同行业的共同进步，实现产业多元化集聚，共同构建以"天下第一关"为中心的长城产业圈。

（一）汇聚影视资源

长城，作为一项重要且不可替代的历史文化遗产，广泛被用于影视作品的创作中。以长城为背景的电影如《长城》，尽管评价各异，却展示了如何巧妙地利用长城的象征意义。影片围绕长城展开故事，融入了中国文化的元素，如饕餮、火药、孔明灯和秦腔，结合了民族文化标志和抵御外侵的精神。其他以抗战为主题的作品，如《烽火长城》和《长城红》，均展示了长城沿线中国人民的民族精神。在纪录片领域，《长城：中国的故事》《望长城》和《话说长城》等，以纪实方式结合人文解说，向观众揭示了长城的历史变迁和中华民族的兴衰荣辱，讲述了长城脚下的真实故事。这些作品通过直观的展示，传达了长城的历史和文化内涵，普及了基础知识，增强了人们对这一伟大遗产的敬意。

在综艺领域，以长城为主题的节目如《了不起的长城》，是对长城文化节目的创新探索，通过结合科普和娱乐，增加了文化知识的传播效果。节目选取长城起点的山海关老龙头作为录制地点，有效宣传了该地

区。在长城文化产业带的发展中,应以影视行业为突破口,以多样化题材,强化对山海关长城的宣传,扩大长城的品牌影响力。面对游客需求和旅游消费观念的变化,影视基地旅游产品亟须更新开发理念和模式,向体验型旅游产品转型。通过借鉴成功的影视基地营销模式,如横店影视城和无锡三国影视城,打造结合长城旅游的影视基地,实现影视产业与长城旅游的融合发展。

(二)汇聚文化活动启动仪式

文化活动的开幕式能够有效地宣扬地区文化,并促进产业之间的融合与共同发展。秦皇岛成功举行了众多以长城为主题的文化活动开幕式。这些活动包括由中国长城学会与《人民日报》、新华社等共同发起的"2006中国长城新闻采访万里行"、《长城》特种邮票的发布、纪录片《长城:中国的故事》的启动以及《万里长城知多少》新书发布会等。这些文化活动的启动仪式在推广山海关长城及其文化旅游品牌形象方面发挥了至关重要的作用。

旅游文化品牌的建设既包括品牌形象的塑造,也包括其市场营销。品牌形象的塑造通过深入挖掘文化内涵,创建具有竞争力的独特品牌形象;而品牌营销则是通过多种宣传手段来扩大影响力,提升市场占有率和游客的认可度。品牌形象塑造与市场营销的结合是提高游客对旅游品牌忠诚度和信任的关键。山海关长城依托其丰富的文化历史资源,在旅游文化品牌建设方面具有独特优势,并已在品牌形象塑造初期建立了一定基础。为了在未来的发展中进一步提升品牌影响力,应加大对旅游文化品牌的营销力度,通过一系列多元化的文化活动开幕式,进一步提升"天下第一关"的知名度,增强山海关长城的影响力。

(三)汇聚体验式活动

随着经济的增长和生活水平的提升,消费者的需求已经超越了传统的商品获取模式，开始寻求具有更高附加值的产品或个性化定制服务。同样，旅游行业也经历了变革。面对全国旅游景点数量的激增和服务同质化问题，单一的观光旅游越来越难以吸引游客。在这种情况下，体验式旅游作为一种新兴的模式，吸引了广泛关注。这一概念最初源自国外。体验式旅游强调从提供服务转向提供体验，是个性化的旅游方式，旨在深入探索旅游地的自然和文化内涵，并鼓励游客参与活动，强调体验项目应围绕明确的主题。基于山海关长城的文化资源，可以开发以下主题的体验式旅游项目：

1. 滨海长城主题

以长城文化为中心，融合海陆文明，结合长城探险与海洋休闲、水上运动、探索海底世界等活动。

2. 红色抗战主题

以抗战精神为引，利用长城沿线的抗战纪念资源，为中老年等特定年龄群体设计主题游览路线。

3. 关隘军事主题

修复长城上的关隘、城楼等遗迹，设置可操作的军事设施模型，提升游客的参与度和体验感。

4. 秦皇求仙入海主题

注重统一古建筑风格，打造仿古建筑群和秦时特色古街，大大增强游览的代入感，同时融合文化元素，对周边纪念品、住宿、餐饮进行统一规划。

在构建体验式旅游项目时，除了对整体风格进行规划，还需考虑景区内服务设施的配套以及提供高品质的服务。体验式旅游项目的构建应当强化基于互联网的智慧旅游平台，推动旅游管理向智能化方向发展，通过整合资源，为游客提供便捷、高效和优质的一站式新型旅游服务。

结合现代信息技术不仅能增强旅游产业的活力，还能显著提升其对经济的拉动作用。自改革开放以来，旅游产业在促进国家经济和社会发展方面的贡献逐年增长。依托互联网技术发展起来的智慧旅游，不仅能够提高旅游体验，降低管理与运营成本，还有助于推动地区内其他产业的共同成长。此外，建设智慧景区也是一种提高游客体验度的有效手段。

（四）汇聚文艺演出

随着现代生活节奏的加快，旅游已成为人们缓解精神压力、放松心情的有效途径，其中旅游过程中的精神享受尤为重要。旅游演艺，作为文化产业与旅游产业深度融合的新兴产业形态，近年来展现出了其独特价值。特色旅游演艺产品在丰富旅游内容、提升文化内涵、增强游客参与度以及建立地方旅游品牌方面发挥了关键作用，并对促进地区经济增长和社会效益提升具有积极影响。国内旅游演艺市场已涌现出《宋城千古情》《印象·刘三姐》等制作精良、内容丰富的作品。《印象·刘三姐》作为成功案例之一，其创作经验可归纳为以下四点：一是突出地域文化特色，根据市场需求设计独特且吸引人的主题；二是运用创新元素，强化产品个性；三是注重自然和文化生态的保护性开发，遵循可持续发展的理念；四是将杰出的创作团队和高质量的设施设备相结合，创作出高品质作品。《印象·刘三姐》融合了饱含生活气息的表演内容和创新时尚的表现技巧，以最大限度迎合现代观众的体验及审美偏好。[①]

山海关拥有的海上长城文化是发展文艺演出的宝贵资源。在推动山海关旅游产业发展时，可以借鉴《印象·刘三姐》等成功案例，依托长城文化，创建以"天下第一关"为核心的实景演出项目。地方政府应加强政策、资金和人才支持，制定有效的运营策略，有策略地融合文化产业与旅游产业。开发独具特色的主题内容是关键。融合当地的皮影戏、

[①] 余琪：《国内大型主题性旅游演艺产品开发初探》，硕士学位论文，华东师范大学旅游管理专业，2009。

秧歌和红色历史元素，不仅能吸引更广泛的观众，也能促进当地民俗产业发展，增加就业，推动经济增长。此外，积极的营销和宣传是不可忽视的环节。利用社交媒体和与旅行社合作，通过优惠政策将演出整合入旅游路线，可为演出带来更多观众。品牌成立后，可发展相关的文创产品，如书签、工艺品等，以及演出相关的书籍和影像产品，从而延伸产业链。同时，环境保护也至关重要。开发演出产品时，需注意长城遗迹的修复与保护，使用环保材料，并强化游客的文明旅游意识，确保长城资源的可持续利用。

根据《长城国家文化公园（秦皇岛段）建设保护实施规划》，该项目将覆盖广泛区域，以长城为中心展开，打造旅游发展带。山海关应以此为契机，融合长城文化与旅游产业，开发新形态的业态，结合长城游览、健康养生、民俗体验和海滨休闲等，构建文旅产业集聚区。通过旅游路线的建设，实现山海联动、双翼驱动的发展模式，促进全域经济发展。长城国家文化公园的建设不仅能够提升长城文化的国际影响力，也将成为国家级的文化名片。

第三节　张家口长城古迹文化和旅游的融合发展

张家口地区拥有的长城长度在河北省内占比达到三分之二，在全国范围内则占六分之一。这一地带包含了多个朝代的长城遗迹，如燕、赵、秦、汉、北魏、北齐、金和明等，总长达到 1804.846 千米，其中 344.664 千米展示了不同历史时期长城的重叠。作为我国长城建设密集的区域之一，张家口获得了"长城博物馆"的美誉。

一、张家口长城概况

张家口区域以丰富的长城资源著名，拥有目前长城保留区段最多、历

第六章 河北长城古迹文化和旅游融合发展的案例分析

史跨度最广的特点。这一段长城遍布张家口市及康保、沽源、尚义、张北、崇礼、怀安、万全、宣化、赤城、怀来、涿鹿、蔚县等共15个区县。

（一）张家口长城分布

在战国时期，由于诸侯国间的频繁争斗和北方游牧民族的侵袭，燕国和赵国在张家口地区各自修建了长城。《史记·匈奴列传》记载燕国的长城从造阳延伸至襄平，学界认同沽源为造阳的现代位置，标志着燕北长城西段位于沽源。沽源的长城全长15千米，由黄土构成。赵国在张家口修建的北长城覆盖张北、万全、怀安和尚义，总长度约83千米，采用夯土、土石混合及石块堆砌方法，并沿途设有防御设施。秦始皇统一六国后，拆除了互相防御的长城，只保留边疆长城，并在此基础上修建了秦长城，主要位于张家口的怀安、尚义、万全、张北、崇礼、沽源等地，延续并加强了燕赵的防御设施。汉武帝为抵御匈奴的侵扰，下令修缮长城，张家口的汉长城利用了赵北长城和秦长城的遗址，延伸约223千米。

北朝到金代期间，为抵御北方的游牧民族扰乱，继续采取修建长城的策略。北魏时期的阴山长城和"畿上塞围"长城均穿过张家口，部分区段继承了战国、秦汉的长城遗迹。唐代为阻挡契丹人的入侵，在赤城县及其周边修建长城，主要采用土筑和石筑方法，并设有防御设施。金代的长城防御体系更为完善，张家口的康保县长城为金长城的一部分，包括壕堑和望台等防御设施。

明代，随着明成祖迁都北京，张家口的战略地位更加凸显，长城修建受到较大重视。明长城在张家口全长720.74千米，包括南北两线的长城，北线为外长城，南线主要以烽火台为主，形成了密集的防御网络。这些防线共同构成了护卫京师的坚固防御。

（二）张家口长城现实状况

掌握张家口地区长城的当前情况，将为该地区长城的维护、发展和应用奠定实际的基础。

1. 张家口长城保护现实状况

张家口所在的长城最早拥有逾2000年的历史，长城及其附属遗迹历经年月变迁。目前，该地区长城普遍面临因自然侵蚀及人为因素导致的损坏，诸如土石混合墙体倒塌及毛石墙体破损等现象普遍。明代长城尤其遭受重创，某些区域的墙体已坍塌。张家口长城的建筑风格多样，包括干砌石、夯土、土石混夯、砖石结构等，其地面特征并不显著，辨识度低，这增加了保护工作的难度。然而，也有些长城段落和遗址得到较好的保存，如赤城县雕鹗镇黎家堡村北的一段唐代长城及燕、赵时期遗址在明代得到修缮，状态较为完好。

面对这一挑战，张家口地区采取了以保护为核心的长城开发、利用和管理措施。2006年起，当地对长城进行了全面勘探，详细记录了长城墙体、单体建筑、关隘堡垒及相关人文环境，建立了详尽的长城档案。此外，地方文物管理部门承担起日常的保护和管理工作，各级政府部门间签订保护责任书，共同肩负起长城保护的责任。同时，提升保护长城的公众意识，倡导每个人参与对长城的保护。近年，张家口对包括宣化镇长城城墙、万全右卫城、大境门段在内的长城段落进行了修缮，加大财政投入和强化日常巡查，显著推进了长城的保护工作。

2. 张家口长城管理现实状况

随着长城保护区及旅游点的建立，张家口地区成立了诸如怀来县鸡鸣驿管理处、桥西区大境门管理处及张家口堡子里管理处等长城保护管理机构。2012年，张家口进一步成立了负责全市长城保护管理的长城保护管理处，成为河北省首个市级专门负责长城保护的机构。成立之后，该管理处制定了《全市长城定期巡查制度》，把长城的定期巡查纳入常规工作，对于巡查过程中发现的非法建筑和工程，涉及侵犯长城保护区及其控制区的，进行了及时的拆除和制止，确保了长城及其附属结构的安全与完整性。

此外，张家口长城保护管理处还指导地方各县区对长城保护人员进行培训，使其深入理解长城保护的相关法规和自身的职责，从而提高了保护人员的防护技能、工作自信以及对文化使命的认识。张家口还特别强调管理人员增加巡查次数，完善巡查记录，利用数据收集、现场摄影和文字记录来掌握长城的最新状态，以便为应对紧急情况做好准备。到了2018年，张家口市处理了张北植树段毁坏长城、崇礼修路段毁坏长城和怀来村民建房段毁坏长城城堡三起典型违法案例，并实施了严厉处罚。

3.张家口长城开发现实状况

张家口地区向公众开放的长城景区包括大境门、张家口堡、野狐岭要塞旅游区、蔚县西古堡、崇礼长城岭风景区、赐儿山和小五台山等。这些景区得益于政府的政策支持和资金投入，其基础设施正逐步得到改善和完善。借助长城国家文化公园建设的机遇，张家口正在对大境门、万全右卫城、崇礼、赤城四个具有特色的点段进行发展，创建了围绕"长城文化"主题的文化博览、文创商业街区和专题宣传片等。

张家口长城博物馆设于大境门来远堡城堡东部，占地4360平方米，其中展览面积为2860平方米，全方位展示了张家口长城的建筑特征、防御系统以及与长城相关的民生文化和抗战历史。同时，万全长城卫所博物馆作为长城国家文化公园（河北段）的核心展示区，占地6600平方米，位于万全区万全镇，是全国首个以长城卫所文化为主题的博物馆，生动展现了明代长城卫所文化及万全右卫城600多年的历史变迁。

另外，崇礼长城本体保护和景观展示亮化、太子城遗址展览项目以及长城风景道（赤城示范段）项目等重点项目被纳入国家和省级长城国家文化公园建设项目库，使张家口在全省长城项目数量上位居前列。大境门段和崇礼段成为河北省长城建设的示范区。2022年，大境门段的堡子里历史文化街区、元宝山村元宝金街等文化旅游项目以及配套服务设施如游客中心、文创商店正在有序发展。崇礼段的太子城考古遗址公园和冰雪小镇等项目加速建设，长城冬奥文化旅游融合区正在形成。

长城国家文化公园的建设为张家口长城文化旅游产业带的发展奠定了坚实的基础。在开发过程中，张家口需依托自身的特色和资源，加强各方面的融合与联动，借助品牌意识进一步推动长城文化旅游产业的发展和壮大。

二、张家口长城古迹文化旅游产业带发展的条件

在中国悠久的历史进程中，长城是游牧文明与农耕文明的分界线，长城的一侧是辽阔的草原，彰显着游牧民族的文化特色，而另一侧则展现着农耕社会的生活方式。因此，长城不仅是一道防御工程，也成为农耕文明与游牧文明交流互动的关键地带。张家口地区的众多长城遗迹，便是这两种文化交汇的物质证据，形成了独特的文化边界。这种文化的交汇与碰撞，赋予了张家口长城区别于其他地区的独特属性，同时构成了张家口长城品牌建设的核心要素。

（一）长城两侧独特的文化风貌

根据历史记载，中国古代三位祖先——炎帝、黄帝、蚩尤——曾在今天的张家口地区相互征战、融合、发展，孕育出了辉煌的文明，包括农耕与游牧文明的早期形态。自春秋时期起，张家口的坝上地区就成为游牧文明发展的主要场域，同时，坝下地区的农耕文明也达到了相当高的水平，两者的交流日益加深。到了战国时期，随着诸侯国间的合并战争和北方草原上多个少数民族势力的崛起，秦、赵、燕等国频繁遭遇袭扰。为应对这一局势，赵、燕两国在北部修建了长城，以抵御游牧民族的侵袭，推动了长城防御体系的发展。

长城的建设虽以防御为主要目的，但从另一角度来看，它也是连接不同民族的桥梁。长城的存在，一方面是对游牧民族力量的承认，另一方面维护了中原地区的稳定。长城并非完全封闭，其数以千计的关口促

第六章 河北长城古迹文化和旅游融合发展的案例分析

进了双方的交流。游牧民族依赖牧畜生活,需要农耕地区的布匹、茶叶、粮食等,而农耕民族则需要游牧民族提供的马匹。这种双向贸易促进了两种文化的相互渗透和融合。

农耕与游牧文化是中国古代长期并存的两大文化形态,它们的相互作用和融合共同塑造了灿烂的中华文明。张家口地区留存的古建筑遗迹,都反映了当时游牧与农耕文化的相互借鉴与学习,展示了两种文明交流与融合的加深。

到了明清时期,张家口已经成为全国重要的贸易通商口岸和商贸中心。以大境门为起点的张库大道,被誉为"草原丝绸之路"和"草原茶叶之路"。张家口是中原与北方古文化接触的交汇点,是北方与中原文化双向交流的通道。中原与北方文化的融合,为张家口地区塑造了独特的文化特色,包括语言、生活习惯和风俗等多个方面。

今天,张家口的坝上游牧文明区与坝下农耕文明区的界线依旧明显。坝上高原草原地带适合畜牧业,而坝下河谷地带适宜农业生产。这一地区丰富的农耕与游牧文明遗产至今仍闪耀着迷人的光芒,展现了历史的深厚积淀与时代的独特魅力。

(二)长城两侧丰富的资源

张家口拥有迷人的自然风光和丰富的自然资源。由天然过程塑造的地形与地貌孕育出多样化的景观,共同构成了北方壮丽的风景带。

1. 自然资源

张家口位于蒙古高原与华北平原的接合部,得益于其独特的地理位置,这里孕育了丰富的生态旅游资源,涵盖了冰雪、草原、温泉、山林等多样的自然景观,地区内可见高原、草原、山地、沙漠等多种地貌。张家口的自然资源主要分为以下几大类:

(1)地文景观。该类景观主要由山丘、谷地及地质过程塑造的多样地貌组成。张家口市内著名的地文景观包括黑龙山国家级森林公园、小五台山国家级自然保护区等，共有9种基本类型、27个地点。

（2）水域风光。包括泉水、自然湖泊和池沼等，分为两个亚类，共9个地点，以赤城、怀来、阳原等县的温泉及怀来官厅湖、蔚县壶流河等为代表。

（3）生物景观。涵盖林地、单株树木、草地、花卉区及野生动物栖息地等，共5种基本类型，29个地点，以张北中都草原和沽源湿地草原等为代表。

（4）天象与气候景观。张家口市具有两个亚类、4种基本类型，共4个地点的天象与气候景观。特别值得一提的是张家口的大草原。草原天路是一条重要的通道，连接了崇礼滑雪场、赤城温泉区、张北坝上草原等多个景区，周边还有桦皮岭、野狐岭、古长城、玻璃吊桥等旅游景点。

张家口凭借种类繁多的自然资源和优美景色，成功展示了中国大地的壮丽风光，成为一个理想的旅游目的地。

2.历史文化资源

张家口拥有丰富的历史文化遗产和众多的文物古迹。涿鹿县藏有始祖遗址，讲述了中华民族三大人文始祖在此地的生存与斗争，深化了人们对中华文明的认识。阳原县的泥河湾遗址几乎完整记录了人类从起源到演化的历程，成为研究早期人类发展和文化变迁的重要窗口，堪称天然的历史博物馆。张家口张北县内的元代中都遗址，作为全国十大考古新发现之一，拥有不可替代的历史价值。大境门，作为万里长城四大关口之一，矗立于张家口市北侧。张家口还有如张北县的野狐岭要塞、怀来县的鸡鸣驿、下花园区的鸡鸣山、宣化的清远楼、赤城县的独石口长城、沽源县的梳妆楼等众多文物古迹。

此外，张家口地区还富含红色教育资源。察哈尔烈士陵园，作为华北地区早期建立且规模较大的纪念地，因其独特的爱国主义教育意义，吸引了众多人士前来缅怀。怀来县存瑞镇的董存瑞纪念馆，记录着董存

第六章　河北长城古迹文化和旅游融合发展的案例分析

瑞的英雄事迹，激励着一代又一代青年为国家的和平与建设贡献力量。苏蒙烈士陵园和平北抗日根据地，均旨在纪念抗日战争期间牺牲的烈士，承载着深远的教育意义。

3. 民俗资源

张家口的地理位置赋予了当地民俗文化独特的移民文化特征，展现了农耕与游牧文明的融合。这种文化融合在当地的语言、生活习惯、宗教信仰、民间艺术等多个方面得以体现。

自明清以来，来自西北、东北、山西等地的人口纷纷迁徙至张家口，形成了一个多民族共存的社区，包括汉族、蒙古族、满族、回族、维吾尔族等。这种多元融合让张家口地区的方言成为多种地方言的集合体，同时受到了周边地区语言的影响，使得各县的方言各具特色，蔚县方言尤为独特，反映了张家口独有的方言文化。

张家口的民俗文化也深入居民的日常生活，体现在特色鲜明的着装和饮食习惯上。坝上草原地区和坝下山区的饮食习惯体现了地域特色。蒙古族的食俗如手把肉、涮羊肉、烤全羊等，亦为当地饮食文化的一部分。明清以来，寺庙数量增多，如云泉寺、释迦寺等名寺，庙会文化因而形成，成为地方文化的一部分。

民间艺术方面，张家口坝上地区的二人台、蔚县的剪纸艺术、万全区的打棍舞等，都是当地文化的重要组成部分，其中蔚县剪纸以其独特的雕刀手工技艺而闻名。此外，阳原的石雕、赤城的根雕与石刻、康保的玉雕等民间艺术同样丰富多彩，为张家口的文化遗产增添了独特的风采。

这些丰富而独特的民俗资源为张家口城乡旅游业的发展提供了坚实的基础，展示了该地区作为一个多文化交汇点的独特魅力。

4. 其他旅游资源

张家口不仅拥有丰富的自然景观、历史遗迹和民俗文化，还积极开发和融合了多样的旅游资源。在草原天路一带，张家口建立了如中都原始草原度假村、沽水福源度假村、安固里淖草原旅游区、沽源牧场蒙古大营等众多草原旅游度假区。这些度假区配备了能够满足游客多样化需求的蒙古包、宾馆、仿古四合院、篝火舞场等设施，并提供了马术、越野车驾驶、射箭等娱乐活动，让游客能够深入体验草原文化。

随着2022年冬奥会的举办，张家口崇礼区的冰雪旅游业迅速发展，成为该地区的核心产业之一。崇礼区针对不同水平的滑雪爱好者建造了多样化的滑雪场，如万龙滑雪场适合经验丰富的滑雪者，而富龙滑雪场则更适合家庭和儿童，提供了全方位的休闲滑雪体验。

近年，张家口致力打造具有区域特色的旅游品牌，如草原天路、滑雪胜地、华夏祖源等，形成了独特的旅游产业结构"一核一带三区"。在京津冀一体化的推进下，加之北京都市圈的快速发展，张家口的游客量持续增长。得益于当地旅游基础设施的持续改善和优越的自然环境，张家口正逐步成为一个理想的休闲度假目的地。

（三）经济增长的需求

为推动地方经济增长，张家口正依托其独特的地理位置、深厚的历史文化背景、丰富的自然与民俗资源等优势，积极发展旅游业。冬奥会的成功举办为张家口带来了发展旅游经济的新机遇。近些年，该地区积极发展冰雪旅游产业，并力求打造成为国际知名的冰雪旅游目的地。已开发的冰雪旅游小镇吸引了大量游客，显著推动了地方经济发展。

为吸引更多游客，张家口还深入挖掘了当地乡村民俗和历史文化资源，如长城文化、泥河湾文化和三祖文化，为旅游经济增添了丰富的文化内涵。同时，张家口地区的农产品资源丰富，利用冬奥会的契机，该地区培育了具有市场竞争力的农产品品牌，如宣化葡萄、坝上口蘑等，为地区经济发展提供了坚实的物质支持。

综合来看，张家口正根据自身的特点，打造符合自己发展需求的旅游品牌。通过将现有资源与长城等文化遗产深度整合，发展特色的长城文化旅游产业带，不仅能加速地方经济发展，还能增强地区的经济实力。

（四）政策的大力扶持

张家口致力对长城的保护、传承和利用，遵循"保护为主、抢救第一、合理使用、强化管理"的文化遗产方针，针对区域内的长城实施了多项保护策略，并为其开发利用提供了政策上的支持。2002年，张家口市政府发布了关于加强长城保护管理的通知。随后的2005年，张家口市与桥西区政府共同出台了大境门保护规划方案，并筹集了680万元资金，用于迁移大境门东西两侧的居民，拆除旧房并改善设施，恢复了大境门东侧100米长城段，重现了从明代至民国期间400年的边贸市场风貌。

自2010年起，张家口市根据历史资料恢复了来远堡等古迹，重建了包括领事馆、博物馆等在内的一系列历史文化设施，并复原了大境门至元宝山沟口段的建筑，再次展现了"茶马互市"的兴盛场景。同时，大境门广场也进行了升级改造，建成了集休闲、娱乐、演艺于一体的现代化大型文化广场，旨在打造成省内外一流的文化休闲场所。

除了市政府的努力，张家口的各区县也根据自身实际情况，出台了一系列长城保护措施。例如，2005年怀来县成立了长城保护管理委员会，而赤城、康保、张北、万全等地分别发布了加强长城保护管理的通知。此外，通过召开长城保护会议，如每年的联合长城保护例会和大境门长城保护开发汇报会，不仅促进了保护管理经验的分享，还为长城的合理开发利用奠定了坚实基础。

为促进当地长城旅游产业的发展，张家口市及其各区、县政府还推出了包括财政补贴在内的投资激励政策，旨在进一步推动长城文化旅游产业的繁荣。

三、张家口长城古迹文化旅游产业带构建

张家口市坚定执行中央提出的"坚定文化自信，推动社会主义文化

繁荣兴盛"的重要政策指示，并遵循"保护为主、抢救第一、合理运用、强化管理"的文化遗产方针。该市致力提高对长城的保护与利用水平，旨在发展长城古迹文化旅游产业带。

张家口的长城资源不仅众多而且历史深远，文化底蕴丰富，其独特的地理位置孕育了具有本地特色的文化和生活习惯，加之张家口丰富的自然资源，让这里成为一个旅游资源丰富的大市。近些年，为全面促进当地经济发展，政府出台了一系列旅游政策，组织了促进旅游业发展的会议和活动，为旅游业的繁荣提供了强有力的支持。张家口在《张家口市全域旅游发展规划（2018—2035年）》中提出了建设"一带两路三区"全域旅游新格局的目标。借第五届河北省旅游产业发展大会的契机，张家口提出构建京张体育文化旅游休闲带，打造"一带五区"的旅游发展新格局，目标是建设一个高质量的国际旅游目的地。

（一）构建产业带的目标

张家口长城古迹文化旅游产业带建设的根本目的，在于加强长城内外的文化联系，打造"大好河山·长城印象"品牌。

1. 加强长城内外的文化联系

在历史上，长城分隔了农耕与游牧两种不同的文明，展现了长城两侧截然不同的生活方式与文化景观。然而，在当代中国，长城的两侧文明已经紧密融合，文化互相融通，形成了一个和谐共处的大家庭，其中56个民族共同居住，使得长城内外成为共同的家园。因此，张家口长城古迹文化旅游产业带的发展，应当将"长城内外是故乡"作为核心的文化主题，从多个角度和层面探索张家口长城两侧的相互联系与独特性，逐渐发展和加强长城内外在景观、民俗、贸易、军事等方面的文化联系，持续丰富和提升文化旅游产品的种类和质量。

第六章　河北长城古迹文化和旅游融合发展的案例分析

2.打造"大好河山·长城印象"品牌

张家口历史上一直是军事要塞，作为战略要地历来受到重视。清朝建立统治后，为促进长城内外的商贸往来，在张家口的明代长城处开辟了大境门，作为边际交流的重要通道。1927年，察哈尔都统高维岳在大境门留下了"大好河山"四字，这不仅是对张家口自然美景的颂扬，也深刻反映了其悠久的历史和丰富的文化内涵。"大好河山"与张家口紧密相连，成为该地区的一大特色。因此，当提及"大好河山"，人们自然而然会联想到张家口。发展"大好河山·长城印象"品牌实际上是在推广张家口地区丰富的长城文化和精神，旨在发展独具特色的长城旅游业，促进张家口的经济增长，并建立具有国际知名度的长城特色品牌，塑造张家口的全球形象。

（二）构建产业带的具体策略

依托自身丰富的资源基础，张家口应融合寻根文化、草原文化、建筑文化、军事文化、贸易文化及冰雪文化与长城的独特印象，发展一系列品牌。这样做旨在让游客通过深入体验和徒步旅行等多种方式，亲身体验长城历史的深度，感受壮丽的自然风光，以及张家口特有的魅力。

1.长城品牌建设的寻根策略

张家口拥有深厚的历史文化底蕴，其中阳原县的泥河湾遗址群和涿鹿县的中华三祖圣地，与长城一道，见证了中华文明的交流与融合。张家口致力发展寻根长城品牌，激发了寻根旅游的热情，并致力传播中华文明，弘扬民族精神。为了深入挖掘张家口地区的历史文化，桑干河流域展示了阳原县的泥河湾文化、中华三祖文化，以及农耕与游牧文明的早期形态。泥河湾遗址群明确地揭示了旧石器时代人类活动的轨迹，对人类起源和文明发展的历史进行了新的诠释，成为探索人类根源的重要场所。涿鹿县的三祖圣地作为中华文明的发源地之一，孕育了辉煌的三祖文化。长城则是农耕与游牧文明互动的产物，与泥河湾遗址、中华三祖圣地共同承载了中华民族坚韧不拔的精神和文化交流的优良传统。

为构建寻根长城品牌，张家口需进行精心规划，深度挖掘和利用当地旅游资源。整合区县间的资源，不断完善服务和基础设施，同时规划具有区别性的不同姓氏文化和民族文化。培养旅游人才，提升行业素质，根据阳原和涿鹿两县的地域特点，规划出特色旅游路线。阳原县侧重休闲娱乐和民俗体验路线，如"寻根+长城+休闲"和"寻根+长城+民俗"，让游客体验泥河湾文化和当地的民风民俗。涿鹿县的"寻根+长城+观光"路线，则依托"三山一带一路"的旅游格局，整合自然景观和寻根相关景点，推动乡村振兴。此外，规划县际的旅游路线，沿桑干河流向，连接泥河湾遗址群、桑干河大峡谷、中华三祖圣地和怀来温泉度假区，为游客提供从人类起源到中华民族起源的深度体验之旅，同时享受温泉休闲，深度探索张家口的自然美景和丰富的文化遗产。

2.长城草原品牌发展策略

张家口地区，以其深厚的历史文化和独特的自然风光，特别是"长城内外是故乡"的文化纽带，成功打造了具有地区特色的草原景观。为促进当地旅游业的发展，张家口市建设了草原天路，将张北、沽源、尚义三县连接起来，沿途布满了古长城遗址、桦皮岭等丰富的人文和生态旅游资源。草原天路不仅展现了长城文化的深度，还体现了农耕与游牧文明的融合，呈现出一种守望和平、开放包容的现代精神。

基于草原天路的优势，张家口市致力发展草原长城品牌，这一举措旨在将张家口地区的独特文化品牌推向外界，延续开放包容的时代精神。为实现这一目标，首先需要优化当地基础设施，保护草原生态和周边长城遗址。其次，应该突出区域特色，让草原天路沿线展示出独特的地域景观。最后，深度挖掘沿线的文化、民俗和饮食资源，创造具有草原长城特色的产品。

根据草原天路的布局，可以将其划分为草原天路沽源段、张北段和尚义段，针对每个分段制定综合旅游规划，构建既具有整体性又富有地方特色的草原长城旅游品牌。精心设计的旅游路线，可以让游客体验张家口坝上地区的草原风情以及长城文化的魅力。这包括沽源段的观光、长城、草原主打路线，张北段以草原、长城、娱乐为主的活动，以及尚义段的长城、草原、乡村旅游路线，每个段落都围绕其地理和文化特色进行规划。

这种细致入微的规划不仅能够吸引游客来到张家口体验独特的长城和草原文化，还能够推动当地经济发展，促进乡村振兴。通过整合和发展草原天路的旅游资源，张家口市在保护和传承文化遗产的同时，也为游客提供了一个丰富多彩的旅游目的地。

3.长城建筑品牌发展战略

张家口的长城建筑体现了多样化的建造技术，包括土夯、石筑、土石混筑等方式，呈现了尖顶、圆顶、平顶和斜顶等多种顶部结构。某些部分宽阔至足以并行八人或四马并排，展示了当时杰出的建造技术。除长城之外，张家口还拥有独特的古城和古堡遗迹。这些古建筑不仅是古人智慧和汗水的结晶，也体现了中华民族坚韧不屈的精神。因此，通过保护和利用这些古长城和古堡遗迹，张家口有潜力打造成为一个高品质的建筑长城品牌。

为实现这一目标，需加强对古长城和古堡的保护措施，定期检查墙体状况以防止自然和人为因素的损害，并向公众传播这些建筑背后的文化意义，以传承中国的长城建筑文化。基于这些古迹的保护、开发和利用，张家口可以规划各种旅游路线，让游客在旅行中欣赏古建筑之美，感悟古人的智慧。

根据城市位置，精心设计的多条旅游路线中应经过大境门旅游风景区、万全京西第一卫、宣化古城、赤城独石口长城和怀来鸡鸣驿古城等主要景点。这些路线旨在展示张家口市区古长城和古堡的多样性，如堡子里到大境门的线路，以及万全、宣化、赤城和怀来各自特色的旅游规划。

每条旅游线路都着重展现了张家口的历史文化，如堡子里的民国初期建筑风貌，大境门的标志性建筑，宣化古城的古老与现代的完美结合，赤城县以独石口长城和温泉度假区为亮点，怀来县则结合了爱国主义教育和自然美景的旅游体验。这些精心规划的旅游路线不仅能让游客领略到张家口古建筑的独特风貌，还能深入了解其丰富的历史文化底蕴，促进当地旅游业的发展，推动经济增长。

4.长城军事品牌打造策略

长城，中国历史上的首要军事防线，在抵御游牧民族侵袭方面扮演了重要角色。张家口位于游牧与农耕文明交汇之地，这使得该地区的长城具备了丰富的军事历史。目前，发展军事长城品牌的目的，并非在于激发民族对立，而是旨在让人们体会到中华民族坚持自强、勇敢不屈的精神。张家口地区丰富的长城资源，为构建军事长城品牌提供了丰富的素材。在开发这一品牌时，应充分利用现存的长城遗址，并采用创新思维，创造出具有地方特色的军事长城品牌。

张北县的野狐岭要塞、苏蒙烈士陵园、蒙金大战古战场遗址和六代长城古遗址，一起构成了张家口的主要军事旅游区，这些资源为建立具有影响力的军事长城品牌奠定了基础。通过发展大军事旅游区，游客不仅能深入了解军事历史，还能体验全新的军事活动。

为此，需在保护和修复古迹的基础上，完善博物馆展示等基础设施，并结合室内外军事文化活动。室内通过讲解员向游客介绍古遗址的军事历史，为青少年提供珍贵的爱国主义教育机会。室外活动则以体验为主，划分为娱乐和实战两个区域。前者让军事活动更具娱乐性，如射箭、滑冰、摔跤；后者则针对追求刺激、愿意接受挑战的游客，设置野外露营、攀岩、真人CS战等活动。

此外，为进一步推广军事长城品牌，可借助现代技术开发专属的军事竞技类应用软件，通过数字化模拟张家口地区的古迹、古堡、古城等，提供地理位置和名称信息，允许玩家组队或单独参与竞技。这不仅吸引了游客的兴趣，也为军事长城品牌的宣传作出了贡献。

5.贸易长城品牌打造策略

长城沿线的贸易活动在张家口的历史中占据了重要地位，特别是在明朝的茶马互市和清朝张库大道上进行的广泛经济交流，不仅促进了当地商业文化的兴盛，还促成了游牧文化与农耕文化的交汇。据此，通过复兴茶马互市和张库大道的历史繁荣，可以构建贸易长城品牌，推广张家口的地方特产，通过这一贸易途径将产品推向全国甚至全球，展示张家口商业文化和民族文化的独特魅力。大境门在历史上是北方重要的国际贸易口岸，频繁的贸易往来孕育了张家口茶马互市的繁荣。张库大道作为一条古老的商道，继承了茶马互市的贸易传统。张家口深厚的商业文化背景为贸易长城品牌的创建提供了坚实的基础。

基于大境门和张库大道的历史足迹，可以开发一条特色贸易长城旅游线路。这条线路涵盖张库大道历史博物馆、大境门、草原天路张北段和元中都博物馆等景点，将文化、贸易、长城和草原融合，让游客在了解张家口商业历史的同时，深刻感受这些地标的文化价值。大境门附近的仿古商业街将游客带回明清时期，既营造了贸易氛围，又激发了游客的购买欲。

此外，这条路线的进一步规划和开发需要仔细考虑，包括景点间的交通、商业文化的挖掘以及景点与商业文化的融合等问题。在旅游规划上，首先应解决基础设施，确保畅通的交通路线，以减少游客的不便。其次，商业文化的挖掘应超越传统，包括地方风俗、特色产品等，多角度展示商业文化的丰富内涵。最后，景点与商业文化的结合应恰到好处，避免将景点单纯商业化，而是通过产品、民俗和贸易故事等元素展现商业文化的精髓。

6.构建冰雪长城的策略

张家口拥有得天独厚的冰雪资源，特别是在北京冬奥会的背景下，崇礼区积极发展冰雪运动产业，并深度探索冬奥冰雪与长城文化的内涵，致力建立冰雪长城品牌。这一品牌不仅彰显了长城的历史风貌，推广了中华文化，还传承了长城的精神。崇礼区通过改善基础设施，并积极开发当地冰雪产业，建设了众多滑雪场和具有特色的冰雪小镇，同时利用周边地区的特色资源，推动了地区经济的发展，为冰雪长城品牌的构建提供了实际基础。

冰雪长城品牌的成功建设，基础在于强化对长城的保护和文化传承。这包括对长城及其附属设施的严格保护和修缮，整合长城旅游资源，提高旅游服务质量和接待能力；深挖长城文化内涵，优化博物馆的展陈布局；配置专业讲解员，向游客介绍长城的文化和价值。此外，挖掘与长城文化相关的民俗和活动也十分重要。冰雪与长城的结合，既要将冰雪旅游与长城景观相融合，也要在冰雪文化与长城精神的结合上寻求突破。

为了实现长城资源与冰雪娱乐的有效结合，首先应根据地理条件建设适合的冰雪娱乐场所，确保这些活动不会对长城遗址的持续发展产生负面影响。同时，需要完善长城遗址与冰雪场地之间的基础设施，提升整体服务品质。将崇礼及周边地区的特色资源，如草原天路、大境门、赤城的温泉度假区等景点纳入冰雪长城旅游规划中，提供多样化的旅游体验。此外，通过现代技术开发与长城文化和冬奥精神相关的文化创意产品，利用这些产品讲述和平、开放、包容的故事，传播正能量。借助冬奥会的国际影响力，张家口有机会将冰雪长城品牌推向世界舞台。综上所述，冰雪长城品牌的打造不仅是冰雪和长城在外观上的结合，更重要的是在内容和精神上的深度融合，从而体现张家口独特的文化魅力和地区特色。

第七章　河北长城古迹文化旅游带的未来发展

第一节　未来河北长城古迹文化旅游带的优化布局

一、河北长城古迹文化旅游带优化布局遵循的原则

在推进河北长城古迹文化旅游带空间结构的优化发展过程中，必须恪守保护优先与合理利用、生态保护与绿色发展、统筹发展与突出特色几项基本原则，以确保这一独特遗产的长期保护与可持续发展。

（一）优先保护与合理利用原则

长城古迹文化旅游带空间结构优化的主旨在于寻求保护与开发之间的平衡，同时重视文化遗产的保护和探索其开发利用的潜力。这一策略的出发点在于认识到，任何旅游开发活动都必须建立在对文化遗产严格保护的基础之上。这不仅是一个原则问题，也是一个实践问题，意味着长城及其沿线的各种文化资源——包括长城遗址、具有历史价值的村镇以及革命文化遗产——都应当以保护为主导，确保这些珍贵遗产的物理和精神完整性得到长期维护。

在这个框架下，保护并非单一的目的，而是开发和利用的前提。这

种观点认为，合理的开发利用不仅可以促进文化遗产的保护，还可以增强其社会价值和经济效益。适度的开发，如发展旅游业、提升文化传播和教育的功能，被视为实现文化遗产可持续保护的一种手段。这种开发必须基于对遗产价值的深刻理解和尊重，确保既不破坏遗产的真实性和完整性，也能让社会公众从中受益。

通过科学的保护和管控措施，河北长城古迹文化旅游带的优化发展可以实现多重目标：既能保护长城及其沿线的文化遗产，又能通过恰当的开发活动，促进地方经济的发展，同时还能加深公众对长城文化的理解和认同。这种策略要求在保护与开发之间找到一个合理的平衡，既要确保文化遗产得到有效保护，又要充分挖掘和利用这些资源的潜在价值，以促进社会经济的发展和文化的传承。

（二）生态保护与绿色发展原则

在河北长城古迹文化旅游带空间结构的优化发展中，坚持生态优先和绿色发展原则成为关键。河北段的长城，途经燕山、太行山、坝上高原等多样的自然景观，这些地区不只是生态资源丰富，拥有多种动植物资源，还享有优良的气候条件，共同营造了一条生态资源丰富的长城旅游带。这些生态资源不仅为当地提供了宝贵的自然景观，还发挥着对京津冀地区的生态屏障功能，支撑着这一区域的生态环境。

然而，这一地区的生态环境同时展现出了一定的脆弱性，容易受到自然变化和人类活动的影响。为了应对这些挑战，优化河北长城古迹文化旅游带空间结构的过程必须建立在坚固的生态保护基础之上，坚持采用绿色发展的路径。这意味着在规划、建设和管理旅游项目时，必须全面贯彻绿色生态、绿色生产和绿色生活的理念，确保所有活动都符合生态保护的要求，最大限度地减少对生态环境的负面影响。

通过这种方式，河北长城古迹文化旅游带的发展不仅能够保障生态环境的健康和持续性，还能促进绿色经济的增长，提升社会的综合效益。

绿色、低碳的发展模式有助于实现经济增长与生态环境保护的双赢，确保河北长城古迹文化旅游带的可持续发展。这种发展模式强调的是一种和谐共生的关系，既满足了当前社会对文化旅游的需求，又为后代保留了宝贵的自然和文化遗产。

（三）协调发展与突出特色原则

河北长城古迹文化旅游带的空间结构优化发展需紧密遵循协调发展与强化特色的原则。这一原则着重在空间区域布局和资源利用上实现全面协调与合作，在规划、管理和决策等关键方面各沿线市区需共同努力，以共同构建河北长城古迹文化旅游带。这种统筹合作不仅涵盖了旅游资源的优化配置，还包括旅游交通网络的完善、旅游接待设施的改进以及旅游市场的拓展，确保各方面资源的有效整合和利用。

除此之外，该原则还强调在文化挖掘、生态保护与经济发展之间实现平衡，同时着眼于城乡之间的协调发展。这样的统筹考虑旨在确保河北长城古迹文化旅游带的发展既能促进地区经济的增长，又能保护生态环境，同时能有效保存和传承文化遗产。

在确保协调发展的基础上，重点突出长城文化的独特性是另一项核心任务。长城不仅是中国的象征，也是世界文化遗产之一，其深厚的历史文化底蕴是长城古迹文化旅游带最宝贵的资源。因此，发展过程中必须突出这一重要特色，让长城的历史和文化成为吸引游客的关键。

同时，根据长城沿线不同区域的自然条件、文化背景和社会经济特征，着力于打造具有地域特色的文化品牌和旅游产品。这种做法不仅能够增强旅游产品的吸引力和竞争力，还能够促进文化的多样性和地方经济的发展。通过这样的策略，可以形成一个既有统一规划又具多样化特色的河北长城古迹文化旅游带，为游客提供丰富多彩的旅游体验，同时为当地居民带来更多的经济利益。

二、河北长城古迹文化旅游带优化布局构建

在河北长城古迹文化旅游带的规划与发展中,将增长极理论作为指导思想,精选那些等级较高且具备发展潜力的地区作为增长极点,目的在于通过这些增长极的培养来促进其极化作用和对周边地区的辐射影响。进一步整合旅游中心地理论,长城古迹文化旅游带规划了一个分级为三层的旅游中心地系统,目的是为各级别的旅游区提供必需的集散、接待等旅游服务。通过精选和培育增长点,并构建旅游中心地分级系统,结合长城沿线的自然地形、地貌和交通配置的特色,形成了一个由"一带、三区、九核"构成的空间布局。这种做法旨在提升河北长城古迹文化旅游带的竞争力和可持续发展能力,促进旅游发展与地区经济、社会的协同增长。

(一)旅游增长极的选择

文化和旅游的融合发展,通过向社会经济活动中注入文化内涵,对包括生产、分配、交换和消费等各环节进行重塑,从而推动经济关系的全面重组。这样深入的融合不只是转变了传统的产业链模式,还促成了新的产业集群模式与产品服务模式的诞生。这些改变不仅显著增加了旅游产业的发展潜力,也使之成为促进经济增长的新动力。

在此过程中,河北长城古迹文化旅游带的特色文旅资源得到了充分的发挥,促进了文化与旅游的深度融合。这不仅改善了河北长城古迹文化旅游带的空间布局,也促成了旅游增长点的出现,从而进一步促进了区域旅游业的发展。根据增长极理论,考虑河北长城古迹文化旅游带内各地区的资源特性和发展亮点,选出九大旅游增长极,这些增长极选取基于资源的高品质、广泛分布及良好的交通条件,为旅游行业注入了新的活力,如表7-1所示。

第七章　河北长城古迹文化旅游带的未来发展

表7-1　河北长城古迹文化旅游带9大旅游增长极

序号	增长极名称	核心资源及周边资源整合	带动效应
1	秦皇岛滨海长城文化旅游增长极	以山海关5A级景区为核心资源，整合秦皇岛海滨、山地等生态资源及乡村资源	秦皇岛滨海旅游和乡村旅游
2	唐山喜峰口长城红色旅游增长极	以迁安市喜峰口—青山关长城景区为核心，整合周边资源及迁安市长城资源和乡村资源	唐山长城旅游和乡村旅游
3	承德遗产文化旅游增长极	以金山岭长城和承德避暑山庄5A景区为核心资源，整合承德文化资源、生态资源和乡村资源	承德遗产文化旅游和生态旅游
4	坝上草原生态文化旅游增长极	以草原天路为核心资源，整合坝上草原文化、草原生态、特色产业等资源	张家口草原生态文化旅游和特色产业
5	张家口长城文化旅游增长极	以大境门长城景区、宣化古城、蔚州古城为核心资源，整合张家口的物质文化遗产和非物质文化遗产资源	张家口遗产文化旅游和文创产业
6	崇礼冰雪体育文化旅游增长极	以崇礼大型滑雪场为核心资源，整合冬奥文化、生态资源和乡村资源	张家口滑雪运动及体育旅游产业链
7	太行山山岳生态旅游增长极	以野三坡5A级景区—白石山5A级景区为核心，整合太行山生态资源和山地农业资源	太行山生态旅游、乡村旅游及山地农业

续 表

序号	增长极名称	核心资源及周边资源整合	带动效应
8	太行山红色文化旅游增长极	以西柏坡、狼牙山等红色旅游经典景区为核心资源，整合太行山生态资源和山地农业资源	太行山红色旅游和乡村旅游
9	南太行山生态休闲旅游增长极	以太行红河谷文化旅游经济带、娲皇宫5A景区为核心资源，整合太行山生态资源和乡村资源	太行山生态旅游和乡村旅游

资料来源：徐灿灿：《河北省长城文化旅游带空间结构优化研究》，硕士学位论文，河北经贸大学旅游管理专业，2022。

随着基础设施的持续完善和交通通达性的不断提高，以及围绕旅游增长极的旅游业态不断创新，旅游增长极的培育和发展得以加速。这些增长极的关联效应和经济辐射作用得到了充分发挥，不仅实现了地区产业的集聚，而且促进了周边地区旅游业及相关产业的发展，形成了一个互利共生的经济生态系统。这种以旅游增长极为核心的发展模式，有效地促进了地方经济的整体提升和区域发展的均衡，将文化资源的独特价值转化为经济增长的新动力，展现了文旅融合发展战略的较大潜力和广阔前景。

（二）构建旅游中心区域体系

旅游中心区域，作为一个关键地点，提供了多样的旅游吸引物、接待设施及服务，在旅游业的发展中充当了中心作用。这类中心地通常设立在城市或城镇中，这些地点能高效地汇集和分散游客，提供全面的旅游服务，并拥有行业管理与协调的能力。它们的存在不限于单一具体位

第七章 河北长城古迹文化旅游带的未来发展

置,而是分布在辽阔的地理区域中。根据旅游服务的功能及其影响范围,旅游中心地按照不同等级进行分类,以满足各种旅游需求和发展目标。

在优化发展河北长城古迹文化旅游带的过程中,建立一个合理的旅游中心地等级体系变得格外关键。通过这一体系的建设,旅游服务功能得以有效提升,同时为旅游增长点的培养与发展提供支持,从而推动区域旅游业的全面进步。为此,结合旅游中心地理论与长城文化旅游带的独特区位特征,制定了一个包含一级中心城市、二级中心城市及旅游小城镇的三级旅游中心地等级体系,如表7-2所示。

表7-2 河北长城古迹文化旅游带旅游中心地等级体系

中心地等级	中心地名称	辐射区域	功能
一级中心地	北京	长城古迹文化旅游带区域	全国最大的交通枢纽,拥有汇集与分发人流、物流、信息流的强大功能;为长城古迹文化旅游带整体提供旅游服务和资源支持
二级中心地	秦皇岛、唐山、承德、张家口、保定、石家庄、邢台、邯郸	次等级旅游小城镇	吸纳北京旅游的溢出效应;向次级旅游城镇和景区提供交通枢纽和旅游集散中心的功能,促进区域旅游业的发展
三级中心地	山海关区、抚宁区、迁安市、遵化市、崇礼区、平山县、井陉县、武安市等县区	区域内旅游景区	在接受二级旅游中心城市的旅游资源和交通功能外溢的过程中,通过提供完善的旅游接待设施和信息服务来支持并推动区域内旅游景区的发展

资料来源:徐灿灿:《河北省长城文化旅游带空间结构优化研究》,硕士学位论文,河北经贸大学旅游管理专业,2022年。

在该体系中，北京作为一级中心城市，不仅因其深厚的文化底蕴和丰富的旅游资源，而且因其强大的集散功能、服务供给能力和产业管理协调能力，成为旅游中心地体系的顶点。紧随其后的二级中心城市，如秦皇岛、唐山、承德、张家口等，依托各自独特的旅游资源和区位优势，发挥出区域旅游组织中的重要作用。这些城市不仅为游客提供丰富多样的旅游产品和服务，而且在促进区域内旅游资源共享、提升旅游服务质量等方面起到了桥梁和纽带的作用。至于旅游小城镇，则作为体系中的基础层级，以其独特的地方特色和亲民的旅游体验，吸引着寻求深度旅游体验的游客。

这样一个层次分明的旅游中心地等级体系，不仅可以优化旅游资源的分配和利用，提高旅游服务的效率和质量，还能够促进旅游目的地间的协作与整合，最终实现长城文化旅游带及其周边区域的可持续发展。

（三）构建长城古迹文化旅游带的"一带、三区、九核"结构布局

河北段长城古迹文化旅游带的发展展现了独特的地理优势和文化魅力，通过其丰富的文旅资源、长城轴线、资源景观、节点城镇及交通线路的相互作用，形成了一个具有广泛辐射域面的旅游发展格局。此布局横跨燕山山脉、冀北山地、坝上草原和太行山脉，围绕首都北京，构建了一个宏大的文化旅游资源分布网络。通过对长城沿线地形、资源集中点、交通网络以及城市节点之间连接的全面分析，河北长城古迹文化旅游带被明确为燕山区域、张家口区域及太行山区域。这种区域划分根据旅游发展焦点的选择和旅游中心地等级体系的建立，目的是形成"一带、三区、九核"的空间布局，以促进河北长城文化旅游带的战略优化和发展。

"一带"指的是以长城为轴线，贯穿沿线八市的旅游资源，集成了长城文化旅游、生态旅游、民俗文化旅游及休闲体验旅游等多种旅游形态，

第七章　河北长城古迹文化旅游带的未来发展

形成了一个多元化的长城文化旅游带。"三区"即燕山长城文化旅游区、张家口及坝上长城文化旅游区、太行山长城文化旅游区，各自依托其独特的地理位置和文化资源，发展成为具有特色的旅游区域。"九核"则指的是旅游增长极的具体布局，包括秦皇岛滨海长城文化旅游增长极、唐山喜峰口长城红色旅游增长极等九大增长极，每个增长极都依托其独特的资源优势，成为推动区域旅游发展的关键力量。

燕山长城古迹文化旅游区通过秦皇岛、唐山和承德的生态资源和文化资源的高密集分布，选择了秦皇岛滨海长城文化旅游增长极、唐山喜峰口长城红色旅游增长极和承德遗产文化旅游增长极。借助高速铁路和机场等交通主轴，该地区通过优化旅游基础设施、加强各景区之间的互动，促进旅游发展极点的形成，利用外溢效应，推动长城文化旅游整体进步。

张家口以及坝上的长城古迹文化旅游区位于内蒙古高原与华北平原的交汇处，凭借其丰富的历史文化和生态资源，尤其是坝上草原文化与冰雪运动文化，成为该区域旅游发展的一个高光点。通过建立旅游中心地等级体系，利用高速铁路和机场等交通网络，为张家口片区的旅游增长极提供功能支撑，推动草原生态、冰雪体育及长城文化旅游的发展。

太行山长城文化旅游区覆盖保定、石家庄、邢台和邯郸行政区域，该区域以其丰富的历史文化遗产、红色文化资源及壮观的山岳景色为基础，将太行山的山岳生态旅游作为发展的关键方向。这一地区的历史文化遗产资源包括古长城遗址、历史古迹及传统村落，这些资源不仅为游客提供了独特的旅游体验，也深化了对中国丰富历史和文化的理解。红色文化资源，如革命纪念地和教育基地，为游客提供了深刻的历史教育和爱国主义教育，加强了对中国近现代历史的认识。此外，太行山的自然景观，包括其壮丽的山脉、清新的空气和丰富的生物多样性，为发展生态旅游提供了得天独厚的条件。通过生态旅游，既展示了太行山的自然美景，也促进了游客环保意识和可持续旅游的理念的提升。为了推动这一地区旅游业的发展,高速铁路和机场等交通设施的建设和优化发挥了重要作用。这些交通网络的完善,大大便利了游客的出行,为游客游览太行山长城文化旅游区提供了便捷。建立旅游中心地等级体系,有效地整合了旅游资源,促进了资源的合理分配和利用。

通过这样的空间结构布局和旅游发展策略,河北长城古迹文化旅游带不仅能够充分利用其丰富的文化资源和自然资源,还能够通过旅游增长极的培育和旅游中心地等级体系的建立,有效地促进区域旅游业的协同和可持续发展,为游客提供丰富多样的旅游体验。

第二节 未来河北长城古迹文化旅游带的优化路径

一、调整资源分配,推动长城古迹文化旅游带各组成部分的协调增长

旅游资源要素的优化,特别是对高质量旅游资源的开发与培育,对于提升旅游吸引力至关重要。在保定和邯郸地区,其丰富的历史文化遗产资源和红色文化资源非常著名。开发的同时,对这些宝贵资源的保护也同样重要,需要采取适当的开发与培育策略,以便它们能够更有效地转换成旅游吸引点。此外,张家口市蔚县也以其丰富的物质文化遗产和民俗文化闻名,而市区的红色文化资源和崇礼区的滑雪资源同样具有较大的旅游开发潜力。通过加强这些资源的培育和开发,如对张家口宣化博物馆、蔚州古城墙等历史文化遗产进行更深入的挖掘与推广,可以大大增强这些地区的旅游吸引力。此外,开发滑雪场的淡季旅游产品,不仅能平衡旅游业的季节性波动,还能提升整体的旅游体验。兼顾发展的同时,致力提升旅游景区至 5A 级别是提高旅游资源转化利用效率的另

一重要途径。将旅游景点升级至高等级，可以有效优化旅游景区的空间结构，吸引更多的游客，同时能提升旅游目的地的品牌价值。

在旅游接待设施的发展方面，扩大接待设施数目并增强旅游服务的功能性是至关重要的措施。对于秦皇岛、承德、邢台和邯郸等地而言，加强高星级酒店的建设不仅是提升长城文化旅游带内星级酒店的整体质量，更是增强旅游接待容量和服务质量的关键。高质量的住宿设施不仅能够满足游客的舒适住宿需求，也是展现目的地旅游品质的重要窗口。与此同时，增加太行山长城文化旅游片区内的旅行社数量，尤其是在保定、邢台和邯郸地区，对于提升旅游服务水平同样具有重要意义。培育一批规模较大、实力较强的旅行社企业，不仅可以提供更专业、更多样化的旅游产品和服务，也能有效地推广长城文化旅游带的独特魅力，吸引更多国内外游客。这些旅行社的专业服务不仅涵盖旅游路线的设计和组织，也包括提供关于文化景点的深度解读，从而丰富游客的旅行体验。

优化旅游交通网络体系并提升其通达性，对于旅游发展的顺利进行至关重要。在这方面，增强地区间的交通运输连接尤为关键。例如，通过开通如唐山港、曹妃甸港等水上交通客运港口，不仅拓宽了与国际市场的连接，而且为旅游业开辟了新的通道。这样的措施为外国游客提供了便捷的访问路径，从而有助于吸引更多的国际旅客，推动地区旅游业的国际化发展。同时，加快推进邢台机场的建设投入使用，并在保定新建民用机场，将大大增强该地区与国内外其他地区的空中连接，提升整个区域的交通便利性。空中交通网络的扩展，使得远距离旅行变得更加快捷，为旅游业带来了更广阔的发展空间。此外，加强承德、张家口和保定与北京、天津之间的交通线路，通过提高公路路网的密度，能够有效提高人们到达该区域内 4A 级及以上旅游景区的便捷度。这种交通网络的加密不仅减少了游客的出行时间，也为旅游地提供了更高的可达性，进一步促进了旅游业的繁荣发展。

二、促进文化与旅游的深度融合，激发河北长城古迹文化旅游带的新型业务增长

通过对旅游资源要素空间结构特征的深入分析，可以明显看出长城文化旅游带三大片区各自拥有独特的旅游资源特色。这些特色旅游资源的有效提取和利用，是通过文旅融合发展策略实现旅游增长极培育和旅游新业态发展的关键。文化挖掘、资源整合和产品宣传等手段，为这一过程提供了坚实的支撑。

燕山长城古迹文化旅游区发展了长城遗产文化游、滨海生态体验游、自然生态休闲游等多种新型业态。这种多样化的业态发展目的是打造一个将"滨海、长城、山地"文化与旅游融为一体的发展特色，从而清晰界定旅游产业的市场定位。这一区域的发展策略不仅强调文化遗产的保护和利用，还重视滨海和山地资源的综合开发，旨在为游客提供多样化的旅游体验。

张家口及坝上长城古迹文化旅游区将其发展重点放在草原生态文化游、历史文化民俗游以及冰雪体育文化游新型业态的培养上。该区域通过将草原、长城、冰雪的独特文化与旅游融合特色，旨在建立一个涵盖多种业态的旅游产业体系。这样的发展策略不仅有助于地区历史文化遗产及民俗特色的保护与继承，也为冰雪体育旅游业的兴起开辟了新的路径。张家口的这一策略反映了对当地自然资源和文化遗产的深度利用，将草原的广阔、长城的壮丽和冬季的冰雪魅力有机结合，为游客提供了丰富多元的旅游体验。此举不仅增强了该地区的旅游吸引力，也促进了当地经济的多元化发展，同时为冰雪运动的普及和发展注入了新的活力。

太行山长城古迹文化旅游区专注于发展山岳自然生态游、红色文化遗产游以及乡村生态休闲游这些新兴业态。该区域的目标是创建一个将山岳生态旅游、红色旅游、乡村休闲游三者融合的旅游景观综合体。这种发展策略不仅突出了对自然生态保护和红色文化遗产利用的重视，而

且有效地推动了乡村旅游业的发展。河北长城古迹文化旅游带资源特色及文旅融合新业态具体情况如表7-3所示。

表7-3 河北长城古迹文化旅游带资源特色及文旅融合新业态

序号	增长极	资源要点	特色元素	文旅融合新业态
1	秦皇岛滨海长城文化旅游增长极	长城文化资源：山海关长城、角山长城、板厂峪长城等 滨海生态资源：南戴河国际娱乐中心、黄金海岸风景区、渔岛海洋度假区、海滨国家森林公园等	长城 滨海	长城遗产文化游 滨海生态体验游
2	唐山喜峰口长城红色旅游增长极	红色文化资源：喜峰口长城抗战遗址、沙石峪陈列馆等 长城旅游资源：喜峰口长城、白羊峪大理石长城、青山关长城、红峪山庄长城溶洞旅游区等 山地农业资源：板栗、栗蘑、核桃、香菇、苹果等	长城 抗日文化 山地农业	长城红色文化游 乡村旅游
3	承德遗产文化旅游增长极	遗产文化资源：金山岭长城、清东陵景区、承德避暑山庄 自然生态资源：茅荆坝、白草洼、塞罕坝等国家森林公园；丰宁海留图、滦平潮河、双塔山滦河等国家湿地公园	世界遗产 自然公园	历史文化遗产游 自然生态休闲游

续　表

序号	增长极	资源要点	特色元素	文旅融合新业态
4	坝上草原生态文化旅游增长极	草原文化资源：草原饮食文化、诗歌文化等 坝上生态资源：中都原始草原度假村、飞狐峪·空中草原、张北野狐岭要塞等	坝上草原	草原生态文化游
5	张家口长城文化旅游增长极	民俗文化资源：蔚县打树花、蔚县剪纸、蔚县秧歌等 长城旅游资源：大境门长城、宣化古城、蔚州古城等	民俗文化古堡古城	历史文化民俗游
6	崇礼冰雪体育文化旅游增长极	滑雪旅游资源：万龙滑雪场、云顶滑雪场、太舞滑雪场、翠云山银河滑雪场、多乐美地滑雪场、长城岭滑雪场、富龙滑雪场等	东奥滑雪体育	冰雪体育文化游
7	太行山山岳生态旅游增长极	山岳生态资源：野三坡、白石山、虎山风景区、天生桥景区、云花溪谷、古北岳国家森林公园等 山地农业资源：安国中药材、满城草莓、清苑西瓜等	山岳资源特色农业	山岳自然生态游乡村旅游
8	太行山红色文化旅游增长极	红色文化资源：西柏坡中共中央旧址、狼牙山遗址、冉庄地道战遗址、白求恩柯棣华纪念馆等	红色文化	红色文化遗产游

续　表

序号	增长极	资源要点	特色元素	文旅融合新业态
9	南太行生态休闲旅游增长极	历史遗产资源：娲皇宫、永年广府古城等 传统村落资源：磁县陶泉乡花驼村、北岔口村、南王庄村，武安市大贺庄村、什里店村，邢台市龙化村、鱼林沟村等	古村古镇	乡村生态休闲游

资料来源：徐灿灿：《河北省长城文化旅游带空间结构优化研究》，硕士学位论文，河北经贸大学旅游管理专业，2022。

随着旅游基础设施的不断完善和交通通达性的持续提升，三大片区的新业态发展具有吸引更多游客的潜力，同时，增长极的外溢和辐射效应，能够促进整个区域旅游产业的全面发展。这样的策略，旨在促进河北长城古迹文化旅游带不同区域之间的相互作用和共同繁荣，进而推动该地区旅游产业向更高的质量发展。

三、加强品牌建设，提升河北长城古迹文化旅游带品牌影响力

发展河北长城古迹文化旅游并加强长城文化品牌建设，成为加强长城文化保护、利用和传承的核心策略。深度挖掘长城的历史遗产文化，并进行宣传推广，旨在推进河北长城的文化及其周边资源的整体性保护与创新性转化利用。在旅游开发的过程中，不仅促进了河北长城古迹文化的保护与传承，还提升了河北长城古迹文化旅游品牌的形象和市场竞争力，从而提升了河北长城古迹文化旅游的吸引力和影响力。

实施河北省长城古迹文化资源普查工程，作为这一策略的关键步骤，旨在通过系统调查、整理与研究长城及周边各类资源，建立起河北长城古迹文化资源的数据库。这样的数据库不仅构建了一个开放共享的河北

长城古迹文化公共数字平台，而且提高了对长城文化的解释和解读能力，进一步推动了长城古迹文化的宣传与推广。

开发河北长城古迹文化 IP。通过利用河北长城古迹文化旅游带的多元地貌和多元文化资源优势，结合数字科技的力量，研发数字长城与实体经济相结合的新型文化旅游项目和文创产品。这一举措不仅强化了河北长城古迹文化的认知形象，也为河北长城古迹文化旅游带来了新的生机与活力。

加强河北长城古迹文化旅游重点项目建设，遵循资源共享、信息互通、交通互联、营销互动的原则，旨在打破地域界限，引导资源的统筹整合和优化配置。这不仅丰富了长城文化旅游景观体系和形象审美内容，也培育出了具有产业带动力和文化影响力的龙头企业和示范项目。这些举措，不仅提升了旅游吸引力和竞争力，也提升了河北长城古迹文化旅游品牌形象和市场影响力。

四、运用数字技术，促进河北长城古迹文化旅游带智慧化发展

"数字中国"战略的背景下，文化旅游行业正在经历着前所未有的变革，旅游市场的需求变化迅速。抓住数字经济的发展机遇，对于促进河北长城古迹文化旅游带的数字化、网络化、智能化发展具有重要意义。实现这一目标，需要采取多项具体措施。

打造线上数字旅游产品是这一策略的核心。应用 5G、虚拟现实、增强现实等先进技术，探索包括"云展览、云旅游、云体验"在内的新模式，培育出如数字展览馆、数字美术馆、数字图书馆等线上文体游娱新业态。例如，通过在线平台，游客能够虚拟游览大境门景区、山海关景区等地；通过在线平台，博物馆的馆藏也能突破时空限制，为游客提供更加丰富真实的体验。

实现旅游景区智慧化是提升游客体验的关键。这包括景区之间的联

动、综合管理以及安全防备的智能化。景区内部，通过实现信息智能化服务，如建立官方门户网站和移动端应用，可以提供游览攻略、客流量发布、周边景点推送、一键救援等功能。数字技术的应用，加速了文化旅游产业的深度融合，大大改善了景区的旅游产品体验。

建立河北长城古迹文化旅游带智慧旅游公共服务平台，能够为游客提供更为便捷的服务。通过这个平台，游客可以提前查询旅游线路、购买旅游产品等，享受在线信息服务。同时，旅游管理者可以提高监督管理的信息化发展水平及跨区域联动管理能力，实现区域间信息共享和营销联动，从而提升河北长城古迹文化旅游带的管理效率和服务质量。

五、坚持绿色发展，建立河北长城古迹文化旅游带绿色发展模式

（一）河北长城古迹文化旅游带绿色发展的原则

1. 坚持保护优先，实现协调发展

绿水青山就是金山银山，保护生态环境需如同珍视眼睛般重视。生态环境一旦遭受破坏，影响终归于人类。作为自然的一部分，人类的生存依赖于自然环境。因此，在资源开发中，必须树立绿色生态的发展导向，优先考虑保护。河北长城沿线分布着丰富的绿色生态资源，在开发过程中，应重视促进人与自然的和谐共存，加强责任感，树立环保理念，发展生态旅游，以实现可持续的良性发展。

2. 推广绿色能源，促进旅游业的节能创新发展

资源循环型经济是绿色发展的核心路径，其涵盖了生产、流通与消费的各个方面。这种经济模式强调资源的高效与循环使用，坚持"减量化、再利用、资源化"的原则，其根本特征是追求低能耗、低排放与高效率。在绿色资源的开发过程中，降低能源消耗成为一个关键考虑点，

要求实行集约化开发，同时强调绿色环保与可持续发展的重要性。

为了响应这一模式，旅游业需创新方式，这包括积极探索和开发绿色餐饮、绿色交通等产品，强调与自然环境和谐相处的重要性。此外，通过树立发展典范，构建一系列绿色生态示范产业园，旨在建立起一个循环型的产业体系。这样的做法不仅有助于促进旅游业的可持续发展，还能在更广泛的范围内推广绿色生态理念，引领社会各界共同努力，实现资源利用的最大化效率与环境保护的有效结合。

3.遵循因地制宜的原则

鉴于地理位置、历史文化及经济水平等方面的差异，河北省内各地区在开发河北长城古迹绿色生态旅游资源时，必须根据各自的具体情况采取适应本地的策略。这要求各地区在深入了解自身的基础上，充分发掘长城在本区域内特定段落或特定点位的独特价值。此外，与周边的绿色资源共同形成联动开发的模式，旨在强调当地的独特性，推动各自的特色鲜明地展现出来，从而实现旅游开发的差异化发展。

这种差异化发展不仅能增强各地旅游产品的吸引力，还能促进地区间的互补和旅游资源的综合利用，从而提升整个河北省长城古迹绿色生态旅游的品质和竞争力。

（二）河北长城古迹文化旅游带绿色发展的策略

1.将积极保护置于首要位置

人类活动对自然生态的过度侵入，如过度伐木和开采矿产，对自然环境造成了较大的负面影响。在开发河北长城古迹绿色生态旅游资源的过程中，保护生态环境应作为旅游规划和管理设计的核心考虑。这要求建立科学的管理和监测机制，确保旅游活动不会破坏生态平衡。旅游生态规划涉及将旅游活动的各个要素及其相关的社会、经济因素融入旅游目的地的生态系统中，并依据生态学原理进行合理布局，以促进旅游地

第七章 河北长城古迹文化旅游带的未来发展

生态系统的良性循环及其可持续发展。

此外，增强环保意识和对生态危机的认识对于构建生态旅游、绿色旅游的社会理念至关重要。尤其对于像长城这样的不可再生资源，唯有培养出每个人主动保护的自觉性，才能真正实现保护环境的目的。在此过程中，加强生态保护的宣传工作亦显得尤为重要。宣传内容应该包括保护的实际操作细节，提供切实可行的措施，如发布长城古迹旅游的注意事项，以指导游客和当地居民如何在实践中贡献自己的力量。

2.强化地区特征，优化资源潜力

河北长城古迹绿色生态旅游产业的开发重点在于利用地域特有的资源优势，以此构筑其核心竞争力。这包括提取并利用各区域的地貌、气候、植被等独特属性来塑造长城旅游品牌的特色。例如，秦皇岛可以结合长城与海洋景观的独特性，而承德则能够将金山岭长城与坝上的自然美景及皇家文化紧密结合，从而形成具有独特魅力的长城绿色生态旅游品牌。

此外，开发具有区域特色的旅游活动对于延伸游客的消费链同样重要。可以设计围绕长城及其周边地区的非物质文化遗产文化体验活动，使游客通过亲身体验深入了解当地文化，并将这些独特的产品和记忆带回家。同时，利用现代科技手段复现长城及其周边地区在古代的场景，设计沉浸式体验活动如剧本杀，不仅能吸引游客参与，还能让他们深刻感受到长城的历史与文化。

3.改善旅游路线，提供一体化服务

融合长城与绿色资源的旅游开发，要求在旅游线路设计上进行深入思考，目的是把两者潜在的竞争关系转变为互利的联动发展。这涉及综合评估交通便利性、行程时间等多方面因素，以便优化河北长城古迹绿色生态旅游的路线安排。例如，可以根据游客的不同需求，设计包括短途观光和长期深度体验在内的多样化旅游线路。

为了丰富旅游体验的内涵，创新的体验方式同样不可或缺。通过组织骑行、摄影等活动，不仅可以将长城的壮丽景观与周边的绿色资源有效结合，还能为游客提供独特的旅游体验。在开发过程中，建设完善的配套设施，并提供智能化、一体化的服务体系，也是提升旅游体验的关键。这要求从游客需求出发，提供快速、便捷、安全的服务，从而大大增强游客对河北长城古迹绿色生态旅游的整体满意度。

4. 构建科学的生态监管体系

开展长城保护性开发需先合理划分区域。《中华人民共和国自然保护区条例》明确了自然保护区的三个分区：核心区、缓冲区和实验区。自然保护区内保存完好的天然状态的生态系统以及珍稀、濒危动植物的集中分布地，应当划为核心区，禁止任何单位和个人进入；除依照《中华人民共和国自然保护区条例》第二十七条的规定经批准外，也不允许进入从事科学研究活动。核心区外围可以划定一定面积的缓冲区，只准进入从事科学研究观测活动。缓冲区外围划为实验区，可以进入从事科学试验、教学实习、参观考察、旅游以及驯化、繁殖珍稀、濒危野生动植物等活动。

针对河北长城及其周边绿色自然资源的开发，明确的功能区划分显得尤为关键。在此基础上，环境监测成为管理的关键一环，需依赖先进设备及专业人才进行。这不仅涉及人才的培养与引进，也需要根据不同功能区制定详细的管理规划，采用先进的管理技术，明确责任分配，并建立定期的评估与监督机制，以找到适合区域发展的管理策略。只有在科学规划和环境监测的基础上，河北长城古迹绿色生态旅游产业带的开发才能朝着健康可持续的方向发展。

（三）河北长城古迹文化旅游带绿色发展的路径

1. 精炼河北长城古迹绿色生态旅游产业带的资源

进行河北长城古迹绿色生态旅游资源的分类，是旅游开发的一个基本步骤。这种分类，可以针对性地对旅游发展有潜力的资源进行提炼，

第七章 河北长城古迹文化旅游带的未来发展

这包括各种动植物资源和地貌特征资源。除自然资源外，文化资源的提炼同样不可忽视，涵盖了绿色文化、生态文化及非物质文化遗产等方面。

在提炼资源的过程中，必须评估这些资源的旅游开发价值，参考相关规范或方法，对那些已经获得一定认定的资源进行有效的开发利用。对于那些尚未获得认定，但具有开发潜力的资源，也需要根据既定规定进行深入挖掘和提炼。

资源的提炼被视为河北长城古迹绿色生态旅游产业带开发的初始阶段。决定哪些资源能够被纳入开发范围，以及这些资源应该如何被整合到产业带的总体结构中，都需要基于对资源本身特点及其旅游开发潜力的细致评估和甄别。这一过程对于确保产业带开发的有序性和有效性至关重要，旨在促进河北长城及其周边地区的旅游业健康可持续发展。

2.确立开发模式

选定的河北长城古迹绿色生态旅游产业带开发模式包括文化遗产保护式开发、创新旅游商品开发及游客深度体验。

对于核心区或缓冲区内的自然资源和景观，应采用保护式开发策略，确保其自然风貌得以保存。长城资源和自然景观的核心保护区均适用于此开发模式。

创新旅游商品开发模式强调挖掘商品的潜在附加价值。旅游商品不仅应具备一般商品的价值，还应融入情感、艺术、观赏和纪念等附加价值。旅游商品的开发转化类型包括直接利用型、初级加工型、功能扩散型、元素重构型和混合嵌套型。[1] 在开发过程中，应拓宽视野，将商品开发整合进生产供应和消费链中，并根据游客反馈及时优化产品，构建既满足游客期待又被旅游地居民接受的旅游商品体系。[2] 长城绿色生态

---

[1] 王欣、蔡凤、彭诗著：《地方文化元素在旅游商品开发中的多级转化模式研究：以北京为例》，《旅游论坛》2017年第2期。
[2] 周武忠、李义娜：《论旅游商品设计中的文化资源整合》，《东南大学学报（哲学社会科学版）》2012年第2期。

旅游商品开发的目标是打造具有长城元素的商品体系，通过结合海洋、森林、生态等元素，丰富商品的深层价值。

在试验区的旅游开发中，应结合当前时代特征，满足游客对新体验的需求。旅游体验指游客在深度融入当前环境时所获得的全身心的愉悦感受，这是一种主观感觉。[1] 旅游体验的生成可以通过旅游审美、旅游认知、旅游交往、旅游模仿、旅游中的游戏和娱乐。[2] 根据融入程度的不同，体验可以分为不同层次，而深度体验是旅游发展进程中的必然趋势。河北长城古迹绿色生态旅游产业带的开发可通过融合当地文化、美食和节庆活动，与当地社区和文化进行全面融合，开发出深度体验产品。

3. 建设河北长城古迹绿色生态旅游产业带

应从政策层面为产业带的发展提供支持。河北长城古迹绿色生态旅游产业带的建设涉及长城及其周边绿色资源的综合开发，这不仅需要政府的引导和支持，还需企业和社会各界的共同参与。为了实现这一目标，必须打通行政区划的界限，将长城的开发项目整合到区域经济全面开发的大框架之中。

科学规划旅游路线也是关键所在，应以长城的不同主题为开发点，以满足游客需求为核心，进行有特色、有差异的开发。这样的规划旨在促进产业带内部的协调和联动，推动旅游业的健康发展。

此外，打造河北长城古迹绿色生态旅游产业带品牌是提升区域影响力的重要举措。通过将长城及其周边的经济发展紧密结合，构建既具有区域特色又能突破地域限制的长城文化旅游品牌。这种品牌建设不仅能增强区域的文化吸引力，还能促进经济的持续增长。

在河北长城古迹绿色生态旅游产业带的开发过程中，既要遵循市场规律，也要加大对生态环境保护的力度，防止过度开发引起的生态破坏，确保环境监测到位，同时强化公众的生态旅游意识，寻求旅游业发展与

---

[1] 谢彦君：《基础旅游学》，商务印书馆2015年版，第191页。
[2] 武虹剑、龙江智：《旅游体验生成途径的理论模型》，《社会科学辑刊》2009年第3期。

环境保护之间的平衡,走可持续发展的道路。

六、深入挖掘内涵,建设河北长城古迹红色文化旅游产业带

(一)建设河北长城古迹红色文化旅游产业带的原则

1.坚持社会效益优先的原则

旅游开发同时触及经济效益与社会效益的双重领域。针对河北长城古迹红色旅游资源这一独特的资源类型,其开发策略需优先考虑社会效益,着眼于是否能够丰富游客的精神生活、是否能够推动社会文化的进步等方面。

将社会效益置于首位,并不意味着忽视经济效益,而是追求社会效益与经济效益的有机结合,寻求二者之间的互促关系。这种方式旨在充分发挥旅游开发在促进社会进步与经济增长中的积极作用,实现社会效益与经济效益的共赢。这种策略不仅有利于提升旅游资源的综合价值,还能为游客提供更加丰富、有意义的体验,同时为当地社会文化的发展注入新的活力。

2.遵循可持续发展原则

处理好当前与未来关系的要求中,避免对旅游资源进行短视和过度开发的行为是至关重要的。只有通过保持旅游资源的可持续性,才可能促进旅游业的良性发展。长城,作为历史留存的珍贵财富,承载了丰富的文化、审美和历史价值。然而,这一遗产同时表现出了其脆弱性和不可再生性的特点。一旦遭受破坏,其造成的负面影响是永久性的,无法逆转。

在开发河北长城古迹红色旅游资源的过程中,确保资源可持续性的重要性不言而喻。这要求在保护资源本体的同时,探索并实施创新的旅游开发方式和方法。这样的做法,不仅能保护和传承这一宝贵的历史文化遗产,还能确保旅游开发活动不会对长城及其周边环境造成不可逆的损害。

3.遵循统筹规划、协调发展、绿色发展的原则

河北长城古迹红色旅游资源的开发覆盖了广泛的领域，形成了一个系统工程。这一过程不仅涉及与多个部门的横向连接，还要求在纵向上融入当地的历史文化发展脉络中，确保区域特色的一致性得以保持。这一复杂性要求河北长城红色旅游资源的开发坚持创新、协调、绿色、开放、共享的新发展理念。

为此，需要通过创新来驱动发展，寻找新的发展方向和思路。这包括采用新技术、新方法、新理念来增强旅游产品的吸引力和竞争力。同时，通过各个层面的协调发展，将长城古迹红色旅游纳入一个系统工程的框架中，确保旅游开发活动既具有独立性也与整体发展战略相统一。

在推进这一过程中，坚持绿色发展的原则尤为重要。这意味着在旅游开发中，要强化对自然环境的尊重，确保历史遗产的传承，同时秉承绿色低碳的开发理念。这种方式，不仅能够保护和利用好长城这一宝贵的历史文化资源，还能促进地区的经济发展，实现旅游业的可持续发展，确保资源共享和社会的广泛参与。

（二）建设河北长城古迹红色文化旅游产业带的策略

1.尊重历史，推进河北长城古迹红色旅游资源开发

红色旅游资源深刻地与党的历史相连，开发这类资源时，尊重历史事实是首要前提。这就需要发挥党史研究机构的关键作用，对长城古迹红色旅游资源的开发内容进行严格审核，确保所有信息准确无误，防止历史的歪曲和虚假宣传。挖掘历史资源是开发长城古迹红色旅游资源的根本，需要深入了解历史，深入群众，仔细梳理和核实历史资料，以专业的态度完成开发的初步工作。

2.加强旅游基础设施建设，实现适度开发

河北省内大部分长城遗址位于农村地区，特别是那些历史上为革命

老区的地带，这些地区的经济发展相对滞后，配套基础设施相对不完善，这种状况对于产业的发展构成了严重障碍。为此，着手改善食宿等基础设施是提升旅游业发展的关键一步。在详细规划的基础上加强投资力度显得尤为必要。考虑到仅依赖地方财政进行改善存在较大困难，国家层面的全面考量变得至关重要，对于一些经济相对滞后的地区，进行必要的投资和政策支持是不可或缺的。

同时，地方政府需发挥其主观能动性，探索适宜的融资渠道，确保旅游基础设施建设既能与当地的自然和文化景观相协调，又能凸显地方特色。通过这种方式，长城古迹红色旅游资源的开发将不再局限于单一的呈现方式，而是能够从多个角度进行拓展和创新，进一步丰富旅游产品的内涵，提升游客的体验。

3. 深度开发河北长城古迹红色旅游资源，创造多样化旅游产品

以长城为核心，连接散布在其周围的红色故事，构建体系化的网状旅游路线并开发多样化的旅游产品，构成了长城古迹红色旅游资源开发的核心。在这一过程中，红色主题是所有开发活动的基调。基于这一主题，围绕价值重构，深入挖掘红色旅游资源的潜在内涵成为关键。

价值重构涉及要素、形式、功能、环境等多个维度及其对应的发展路径。在要素维度上，通过修复和重建红色历史遗迹，把社会主义先进文化、优秀传统文化及时代精神纳入红色旅游资源体系，丰富红色旅游资源的时代内涵。形式维度上，通过科技创新，使非物质形态的红色旅游资源具象化、动态化，提升其形象表达和互动性。功能维度上，根据社会发展的需求，对红色旅游资源的功能进行进一步的提升和调整，如将红色旅游资源的传统文化宣传功能向增强文化自信的功能转化。环境维度的重构则旨在保留红色旅游资源的历史特性的同时，挖掘其在当代社会中的价值。

4. 加大研发投入，丰富河北长城古迹红色旅游文创产品

融合创新是促进文化和旅游深度融合新业态的关键。通过原创设计，将传统文化元素与旅游商品相结合，可以创造出具有独特魅力的文旅产品。以承德避暑山庄旅游集团为例，该集团侧重于文创产品的开发，以"皇家"为核心元素，成功研发了"避暑山庄乾隆游系列""避暑山庄经典系列""双品牌合作系列"及"视觉识别系统延伸系列"的文创产品。在这一过程中，特别强调文创产品与市场需求及日常生活的紧密结合。

河北省曾发布《关于促进全省文创商品、旅游消费品与旅游装备制造发展的实施意见》，大力推进包括冰箱贴在内的文创和旅游商品研发工作，这一政策体现了对文创和旅游商品创新重要性的认识。

开发河北长城古迹红色旅游文创产品的过程中，首先需要组建一个专门的文创团队。这个团队以当地独有的特色资源为基础，明确文创产品研发的核心元素，利用发散思维技巧，将这些核心元素转化为具体的产品设计上，使得每一件文创产品都能反映出河北长城古迹的独特文化和历史价值。

5. 多角度促进相关行业的发展

除了文创产品外，还可以通过以下几个途径促进相关产业的发展。产业联动是关键策略之一，以河北长城古迹红色旅游资源为核心，通过延伸产业链、扩大产业范围，充分挖掘长城的经济价值，实现与农业、工业、康养、体育、教育等相关产业的深度融合，推动这些产业一体化发展。

同时，抓住新型文化产品开发的机遇，促进河北长城古迹红色旅游资源与虚拟现实、增强现实、动漫游戏、网络音乐、数字艺术等的融合发展，开创红色旅游新模式。

此外，推动不同的旅游方式和产品的创新呈现也是重要方向。例如，通过举办演艺娱乐、节庆展览等多样化活动，丰富游客体验，拓展旅游产品的多样性。

张家口在冰雪运动产业链发展方面的经验提供了有益的借鉴。该地区成功地将冰雪运动、装备制造、度假旅游、产业服务融为一体,形成了独特的产业链模式。这一经验表明,通过综合利用地区资源,整合不同产业的优势,可以有效促进地方经济的发展和产业结构的优化升级。

6.利用农村党支部的作用,强化旅游资源开发中的基层阵地功能

河北长城古迹红色旅游资源在农村地区较为集中,其发展密切依赖当地各方面的支持与合作。党支部作为党在基层的战斗堡垒,扮演着至关重要的角色。在推进旅游资源开发的过程中,强调农村党支部应发挥其领导与示范作用,团结引导党员和群众共同参与并推动旅游资源开发项目的顺利进行。

为了提升农村党支部的工作效率和影响力,首先需要加强对党的理论教育和组织建设,确保党支部在理念上与党中央保持一致,组织上结构完善、运作高效。其次,提升党支部处理各类问题的能力和管理水平也是关键,这不仅涉及日常管理工作的高效执行,也包括在遇到复杂情况时能够及时作出正确决策。最后,通过开展形式多样的交流和培训活动,不仅可以拓宽党员和群众的视野,还能帮助他们更好地认识自身的职责和未来发展的方向。这种持续的教育与培训,将进一步激发党员和群众的积极性和创造性,为旅游资源的开发贡献力量。

7.利用互联网技术,建立河北长城古迹红色旅游的数字平台

为了增加文化旅游产品的有效供给,河北省的旅游经典景区正在积极利用直播等网络形式推出一系列线上产品。例如,2020年金山岭长城举办的"云游金山岭"活动就取得了较好的宣传和推广效果。同时,北京八达岭长城所采用的"长城内外"全域旅游数字化生活新服务平台,为河北省提供了宝贵的参考。

八达岭长城通过整合长城及其周边的多种资源,成功构建了一个一体化的网络服务体系。这个系统不仅提供一站式服务,还实现了管理的

高效化、服务的智能化和营销的精准化，为游客带来了更加丰富和便捷的旅游体验。

河北省也正在不断推进长城古迹旅游的数字化转型与创新。目前，河北省的长城古迹数字云平台已经上线运行，使得山海关、金山岭、大境门等重要长城景区的数字化线上空间得以初步构建。这些平台允许游客在线观看、阅读和体验，大大丰富了旅游资源的呈现方式并提升了互动性，为传统旅游业注入了新的活力。

（三）建设河北长城古迹红色文化旅游产业带的路径

1.确定资源开发策略

（1）保护式文化开发。文化保护式开发专注于对那些重要且不可再生的自然资源与文化遗产进行开发，旨在保护和保存这些宝贵资源的同时，实现其文化价值和经济价值。这类资源因其不可再生性，开发方式大多局限于观光旅游和文化科普教育旅游。敦煌莫高窟和北京故宫的开发实践是保护式文化开发的典型案例，通过科学管理和合理利用，既保护了文化遗产的完整性，又向公众提供了丰富的文化体验和教育资源。

在河北长城古迹红色旅游资源的开发中，特别是涉及长城这一核心部分时，同样需要采纳保护式文化开发的模式。这不仅要求在开发活动中严格控制对长城本身及其周边环境的影响，还要求通过开发活动弘扬长城的历史文化价值，传播红色文化精神。通过精心策划的旅游路线、科普讲解等方式，让游客在体验红色文化魅力的同时，也成为保护文化遗产的参与者和传播者。

（2）嫁接式文化开发。嫁接作为一种植物人工繁殖方法，通过将一种植物的枝芽接到另一种植物上，以实现品种优化。在文化领域，"嫁接"意味着不同文化元素的融合，从而创造出新的文化价值。这种方法可以通过主题餐厅、主题商业街、主题客栈等多种形式体现，如大唐不夜城利用唐代文化元素打造仿古商业街，古北水镇则将江南水乡文化特色融入其中，展现出独特的文化风貌。

河北长城古迹红色旅游资源的开发，就是将长城的红色历史文化与当地环境和特色文化紧密结合的典范。通过文化嫁接式开发，可以更好地发挥各自的文化优势，形成具有地域特色的文化旅游产品。例如，张家口地区的长城古迹红色旅游资源开发可以与当地的草原特色及多民族文化相结合，展示出一种雄浑壮阔的文化景观；秦皇岛地区的长城古迹红色旅游资源开发则应借助海洋气候和海洋文化的独特性，将山海关长城及周边的红色旅游资源与地方特色文化进行深度融合，打造出独具特色的文化旅游体验。

（3）博物馆展览式文化开发。博物馆，作为国家公共文化服务体系的重要组成部分，承担着征集、典藏、陈列以及研究自然和人类文化遗产的重要任务，对于文化的保护和传承发挥着至关重要的作用。在河北长城古迹红色旅游资源开发中，红色文化精神的传承应当成为引领方向，确保展品与博物馆整体的空间风格能够和谐统一。

通过对红色抗战资源的博物馆式展览，如收集并展出抗战时期的实物遗物、文书、照片等，辅以专业讲解员的介绍，可以有效地将红色历史和文化传承给后人。此外，博物馆内还可以进行抗战影视作品展览及珍贵影像资料的展示，进一步丰富访客的体验，提升文化传承的效果。

值得注意的是，博物馆的概念不局限于专门建造的建筑，许多天然存在的地点也能够成为承载文化遗产的"博物馆"。例如，江西瑞金便利用其丰富的红色资源，创建了一个开放式、无围墙的红色博物馆，这种创新方式为文化遗产的展示与传播提供了新的可能。

在河北长城古迹红色旅游资源的开发中，可以深度挖掘长城与革命历史资源的结合点，利用旧居、旧址、革命故事等元素，对长城进行主题化开发。通过这样的方式，不仅能够提升河北长城古迹红色旅游的内涵和吸引力，还能有效地促进红色文化精神的传承和普及，为游客提供更加丰富和深刻的文化体验。

（4）文化演艺式开发。文化演艺，作为一种依托于传统非物质文化遗产的艺术表现形式，涵盖了舞蹈、传说、曲艺、美术、工艺等多个领域，旨在吸引游客的同时，实现文化的传承。随着技术的发展，实景演出凭借现代声光电技术打造的舞美效果，通过展现与景区相关的历史或文化故事，为游客提供了深度的文化沉浸体验。

《印象·刘三姐》《宋城千古情》《印象·丽江》和《印象·西湖》等，都是实景演出的杰出代表，它们成功地将地方文化和历史呈现给了公众，成为吸引游客的重要因素。

河北长城古迹红色文化旅游景区同样具有将文化演艺作为传承和推广红色文化的潜力。通过排演以抗日为题材的话剧，可以生动还原抗战时期的历史场景，深刻激发观众的爱国情感和意识。潘家峪红色剧团的做法就是一个典范，其依托爱国主义教育示范基地的建设，集结了政府、专业团体和群众的力量，成功排演了受欢迎的红色曲目。

2.建设河北长城古迹红色文化旅游产业发展中心

产业化开发成为推动经济增长的关键战略，特别是在区域经济发展中显得尤为迫切。对于文化旅游产业而言，产业化首先要遵循市场规律，深入理解目标客群的需求，以此为基础进行针对性的开发策略制定。

构建完整的产业链是提升文化旅游产业竞争力和影响力的重要策略。这不仅包括将文化旅游资源向横向的跨行业、跨领域拓展，也涵盖了对产业链上中下游各环节的纵向延伸，从而增强整体的协同效应和市场竞争力。

此外，注重研发团队的培养和特色文化旅游产业的打造也是不可或缺的环节。河北长城古迹红色文化旅游产业化开发，旨在提供高质量的旅游体验和配套服务，如安全卫生的特色民宿、地道的地方小吃，以及红色文创产品的开发。通过举办景区内的红色文艺表演等活动，将不同

第七章　河北长城古迹文化旅游带的未来发展

领域的要素进行整合，旨在实现经济效益与社会效益的双重提升。

从生产到商品，再到价值教育，形成一个良性循环的产业链，将长城符号与红色文化、学校教育、企业文化等多方面资源相结合，创造出独特的文化旅游产品和体验。以潘家峪为例，该红色旅游经典景区有效地利用了资源叠加的优势，将红色旅游与绿色生态旅游相融合，发展了集休闲、度假、采摘、娱乐为一体的农家乐项目，每年接待游客超过30万人次，成功地展示了文化旅游产业化开发的较大潜力和价值。

3. 以点带轴，共同促进河北长城古迹红色文化旅游产业链的发展

将红色文化旅游产业串联起来，突破区域限制，围绕长城红色教育主题，实现各方力量的协同推动，是促进产业带发展的关键。通过加强系统规划，在国家和地方政策的支持下，依据长城及红色资源的具体分布，细致规划旅游线路，包括考虑地点选择、时间安排、费用预算、特色亮点、食宿安排以及活动设计等多个方面，旨在打造具有吸引力的旅游产品。

进一步加强产业带的同质化管理，通过挖掘各地红色旅游资源的独特性，增强产业带的内生动力。推动不同区域根据各自的特色进行差异化开发，可以保证游客在主题旅游体验中始终感受到新鲜。不同地区的红色历史故事、历史讲述的方式、文化饮食及住宿环境的差异，都可作为开发的焦点，吸引游客。

最终实现红色资源与长城古迹文化旅游产业的深度融合，借助数字技术创新旅游形式，提升旅游体验的深度和广度。这种方式能够让游客在轻松旅游的同时，接受红色教育，增强爱国情怀，实现边游边学、边学边游的目标，从而深化对红色文化的理解和认识。

七、坚持因地制宜，建设河北长城古迹乡村振兴示范带

（一）建设河北长城古迹乡村振兴示范带的原则

1. 遵循因地制宜的原则

建设河北长城古迹乡村振兴示范带，应立足乡村本身的实际情况，遵循因地制宜的原则，精确实施发展策略。只有从当地的特色和优势出发，才能有效激发内生发展动力，寻找并走上一条符合当地实际情况的发展路径。河北长城沿线的传统村镇可以归纳为三个主要类别，每一类都有其独特的特点和发展潜力。

第一类为长城关隘类村镇，这些村镇与长城的历史紧密相连，历史上曾是重要的军事防御点，如镇城、路城、卫所城、营城、关城等。这类村镇因其独特的地理位置和历史背景，成为挖掘和利用长城文化资源的重要点。

第二类是长城戍边类村镇，这些地方的成立最初是由驻守长城的军士所建，后来逐渐发展成为他们的后代居住的村镇。这类村镇蕴含着丰富的历史文化资源，是传承和展示长城边防文化的理想地。

第三类为特色资源类村镇，这些村镇因其特有的文化、产业或自然环境而脱颖而出。它们不仅依托长城的历史文化资源，还结合了当地的产业优势和自然景观，具有发展成为特色旅游目的地的较大潜力。

在开发过程中，应针对这些不同类型的村镇制定相应的发展策略，充分利用和发展长城资源、产业优势和山水环境等，打造出具有当地特色的亮点，从而推动乡村振兴和文化旅游产业的发展。

2. 坚持尊重乡村发展规律的原则

乡村作为一个概念，既可表达为空间上的地理单元，也可以表达为农业生产的经济单元、因血缘地缘而聚集的社会单元和行政力量宗族等

级交织的政治单元。① 这里的人际关系紧密,可能是基于利益、文化或血缘,构建起一个充满熟悉面孔的社会环境。这样的村庄秩序背后,存在着一种基于人际关系的非正式治理结构。如果能够有效地激活这种熟人网络,便能够增强农民的主动性和自主性。

因此,在将河北长城古迹文化旅游产业发展与乡村振兴结合的过程中,必须充分考虑乡村的特有属性,尤其是人与人之间的密切关系。随着经济和社会的发展,以及产权明晰化的进程,农民之间原有的情感纽带逐渐融入了利益因素,乡村的社会结构也在向更加个体化的"城市版"模式转变。但是,由地缘关系构建的社会网络和结构仍是推进相关发展时必须首先考虑的因素。

乡村振兴的核心在于农民,其行动通常基于实际的利益驱动,只有当他们看到真实的收益时,才能充分激发他们的积极性和主动性。因此,河北长城古迹乡村文旅的开发需要发挥农民的主体作用,避免资源的浪费和社会秩序的混乱。在开发过程中,应关注制度设计的完善,妥善处理集体与个人利益之间的关系,确保乡村振兴与文化旅游产业发展的有序进行。

(二)建设河北长城古迹乡村振兴示范带的策略

1. 利用地方特色,发挥农产品多样性的优势

地理位置和气候条件的多样性赋予了不同地区独特的农产品,通过规划和扶持,这些农产品可以形成规模化生产,成为推动长城周边乡村振兴的重要途径。例如,张家口市赤城县借助其毗邻北京的地理位置优势,重点构建了北京的"三园"模式,即蔬菜园、后花园、科技园,有效带动了乡村的发展。

---

① 罗必良、耿鹏鹏:《乡村治理及其转型的产权逻辑》,《清华大学学报(哲学社会科学版)》2022年第3期。

河北省拥有丰富的特色农产品优势区，如兴隆、青龙的板栗，围场的中药材、承德的国光苹果、张北的甜菜和燕麦、宣化的张杂谷等，这些区域的特色农产品为当地提供了独特的发展资源。在河北长城古迹乡村振兴示范带建设中，将这些特色农产品开发纳入产业发展计划，不仅能够为当地居民带来更多的收入，还能丰富文化旅游项目的内容，促进整体产业的发展。

2.主动融入电商新消费模式，推进乡村振兴

河北长城古迹乡村振兴示范带的建设，应当重视采用创新的营销策略，并利用电商消费的新模式，以促进乡村的全面振兴。以青龙为例，该地区在2021年积极发展农村电子商务，通过完善物流和网络设施，建立了覆盖24个乡镇的电商服务点，并对198家村站进行了硬件改造，同时在重要乡镇和物流节点设立了6家物流配送分拨中心，确保了市、县、乡、村四级物流的全面覆盖。

此外，青龙通过开通340个直播账号，并组织了95场网络直播培训，指导村民如何开设网店和进行直播带货。特别是在三拨子乡，不仅在农田中进行了公益性的直播带货活动，还巧妙地将当地的非物质文化遗产如猴打棒表演、六拨子村的大冰沟自然植被景观、明长城古迹等文化旅游资源融入直播内容中，成功打造了集"互联网＋特色农产品＋乡村旅游＋农家乐"为一体的文化旅游项目，有效吸引了游客和购买者的关注。

2021年，通过电子商务渠道销售农特产品的家庭超过60户，每户平均增收6000元左右，这一成绩凸显了结合电商和新营销方式在推进乡村振兴方面的潜力。

3.开发基于乡村特色的创新旅游模式，创建独特的旅游品牌

河北长城古迹乡村振兴示范带的建设可以依据各乡村的独特性，利用当地的历史文化和地域特色，开发新颖的旅游模式，创建具有特色的旅游品牌。例如，秦皇岛市海港区驻操营镇板厂峪村，通过利用板厂峪

第七章　河北长城古迹文化旅游带的未来发展

长城及其周边的自然景观，成功打造了板厂峪风景区，将参观长城的活动与登山、欣赏水景、探索洞穴等自然活动结合起来，为游客提供了一种全新的旅游体验。游客在此地不仅能够探寻亿万年前的古火山口、领略倒挂长城的奇观，还能观赏到具有深厚历史意义的明长城砖窑和壮观的九道缸瀑布，享受到融合历史与自然为一体的独特旅游体验。

秦皇岛市山海关区的孟姜镇北营子村，在历史上是山海关军事城防体系的重要组成部分。该村通过建设村史馆，打造"闯关东第一村"品牌，将满族民俗文化融入旅游项目，积极发展特色农业如大樱桃种植，并在乡村采摘游上做足文章，其发展模式展现了城乡融合发展的高质量路径。

承德市滦平县巴克什营镇的花楼沟村，位置优越，坐落于金山岭长城之下，依托长城文化、皇家御路文化和满族文化，以"长城花乡"为定位，专注于特色民宿的发展，并于2016年荣获"全国乡村旅游模范村"的称号，成为值得学习的发展案例。

（三）建设河北长城古迹乡村振兴示范带的路径

关于文化旅游开发的流程，涉及从文化资源的提取，到确定开发策略，进而进行符号化与产业化的发展。

1. 文化资源的提取

河北长城古迹乡村振兴示范带的开发应利用当地丰富的资源优势。这些资源包括自然资源和人文资源两大类。自然资源涵盖了山、水、林、田、湖、草、沙七大元素，构成了乡村自然环境的基础；而人文资源则涉及衣、食、住、行、耕、读、传七个方面，反映了乡村社会生活的全貌。

在示范带的文化旅游开发中，进行充分的调研工作至关重要。这不仅需要对乡村的自然环境和社会生活进行深入了解，还需探索长城古迹文化元素如何与这些资源相结合，以创造独特的旅游产品和体验。资源的整合和提取应根据乡村的具体情况和特点进行，确保开发方案既能彰显乡村的特色，又符合可持续发展的原则。

2.确定开发策略

在开发河北长城古迹乡村振兴示范带时，应紧密依据资源特性采取相应的发展策略。对于那些工业化程度较高的区域，应以产业发展为核心动力，利用该区域的资源优势进行产业链的进一步拓展和延伸。这种方法不仅能够增强地方产业的竞争力，还能促进经济的持续增长。

在自然资源尤其丰富的区域，则应重点发展旅游业，通过开发观光农庄、度假区及采摘体验场等项目，吸引游客前来体验自然之美。这样的发展模式不仅能够保护和利用好自然生态资源，还能为游客提供更多接触自然、体验田园生活的机会。

对于那些拥有独特历史文化背景或气候特征的区域，开发特色小镇成为一个有效的选择。例如，可以开发温泉度假村、滑雪基地等，或依托区域内丰富的历史文化资源进行创新发展，如历史主题公园、文化体验中心等。这类发展不仅能够突出地区的特色，还能为游客提供独一无二的旅游体验。

3.将资源符号化，建立河北长城古迹乡村文化旅游品牌

在开发河北长城古迹乡村振兴示范带时，对旅游资源进行符号化提炼，创建独具特色的名片，是提升区域旅游吸引力的关键。长城沿线区域蕴藏着丰富的文化资源，包括有代表性的人物、历史故事、古迹等。通过对这些资源进行符号化的提炼，可以形成易于识别和记忆的概念或形象，进而打造出具有独特识别度的旅游品牌。

以张家口堡为例，这个位于长城防线上的重要驻军城堡，因其丰富的历史文物和古迹，被塑造成"明清建筑博物馆"的品牌形象。这样的符号化处理不仅能够突出张家口堡的文化价值和历史地位，还能有效提升其在文化旅游市场中的品牌影响力。

4. 河北长城古迹乡村振兴产业化

河北长城古迹乡村振兴产业带的发展依赖政府、市场等多方面的共同努力。市场机制在资源配置中扮演关键角色，基于全面规划，通过融合与改造创新的策略，可以有效提升产业层次，推动产业集群向更高级别发展。此外，政府的作用不容忽视，利用行政力量促进区域间合作机制的建立，消除体制机制上的障碍，以创新为驱动力，促进整体发展。

河北长城周边区域的振兴不仅能够增加长城大景区的文化价值和旅游价值，也将提高长城古迹文化旅游产业带的发展水平和质量。这对于河北长城古迹文化旅游产业的整体开发具有深远的意义；同时，乡村振兴产业带的发展亦为长城沿线的村镇带来了前所未有的发展机遇。

在国家乡村振兴战略和长城国家文化公园建设的政策双重支持下，河北长城古迹乡村振兴示范带的发展潜力较大，有望迎来飞速发展的新阶段。河北段长城周边的村镇，因其独特的地理位置和文化背景，成为实施这一策略的关键区域，预期将在振兴过程中发挥重要作用，为区域经济和社会发展贡献新的动力。

其中部分河北段长城古迹周边村镇分布如表7-4所示。

表7-4 部分河北段长城古迹周边村镇分布情况（参考地图等相关资料整理）

所属城市	所属县区	部分长城段	周边村镇
秦皇岛	抚宁区	界岭口长城、梁家湾长城	界岭口、箭杆岭、猩猩峪、梁家湾、石碑沟等
	卢龙县	刘家口长城、桃林口长城	梧桐峪、重峪口、桃林口、水峪、刘家口等
	山海关区 海港区	山海关长城、角山长城、董家口长城、板厂峪长城	第一关镇、北营子、九门口、夕阳口、刘城子、城子峪、平顶峪、板厂峪、义院口等

续　表

所属城市	所属县区	部分长城段	周边村镇
秦皇岛	青龙满族自治县	花厂峪长城	城山沟、界岭、大森店、花果山、樊家店、罗汉洞、头道窝铺、花厂峪、山神庙等
唐山	迁安市	白羊峪长城、冷口长城	徐流口、白羊峪、大龙庙、新开岭、万宝沟、红峪口等
唐山	迁西县	喜峰口长城、潘家口水下长城	擦崖子、大岭寨、董家口、铁门关、喜峰口、太阳峪、西城峪、龙井关等
唐山	遵化市	罗文峪长城	洪山口、寨主沟、秋科峪、罗文峪、冷嘴头、双义、大安口等
承德	兴隆县	V形长城	三道河、孤山子、挂兰峪、八卦岭、青松岭、陡子峪、六道河、上石洞、北水泉等
承德	承德县	黑谷关长城	杨家庄、三道边、乱石窖等
承德	滦平县	金山岭长城	巴克什营镇、两间房镇等
承德	宽城满族自治县	喜峰口横城子段长城	铧尖乡、桲罗台镇等
张家口	赤城县	独石口长城	后城、姚家湾、龙门所、镇安堡、清泉堡、独石口、东棚子、镇宁堡、龙关、龙门所、金家庄等
张家口	沽源县	明长城遗址、燕秦长城遗址、北魏长城遗址	南厂、莲花滩乡、李家营、梁头、小厂镇、东房子乡、平头梁、糜地沟等

续　表

所属城市	所属县区	部分长城段	周边村镇
张家口	崇礼区	燕、秦、汉、北魏、北齐、唐、明7代长城	清三营乡、石窑子乡、红旗营乡、高家营镇等
	怀来县	样边长城	镇边城、水头、坊安峪、坊口、陆家坡、陈家堡、鸡鸣驿、庙港、黄台子等
	尚义县	关山长城、鱼儿山段长城	小蒜沟镇、下马圈乡等
	张北县	赵、秦、燕、汉、北魏、明6代长城	黄花坪、周坝、老虎沟、小河子、小狼窝沟、大水泉、台路沟乡、正边台、西圪塔、杨家营等
	怀安县	赵家窑长城、香炉山段长城	赵家窑、马市口、总镇台、桃沟、南堰截、石坡底、东沙城等
	万全区	万全右卫城	羊窖沟、牛家窑、洗马林、宣平堡、新河口堡、辛窑子、柳沟、膳房堡、万全镇等
	蔚县	蔚县段古长城	南留庄、北方城、北官堡、西古堡、上苏庄、大固城、闫家寨等
保定	涞源县	乌龙沟长城、浮图峪长城	乌龙沟、土安、西窑、浮图峪、亚家庄、插箭岭、石窝、石城安等
	易县	紫荆关长城	紫荆关镇等

参考文献

[1] 钟晟：《旅游产业与文化融合发展研究：以武当山为例》，中国社会科学出版社 2015 年版。

[2] 梁学成：《文化旅游产业与城市建设融合发展模式研究》，中国社会科学出版社 2019 年版。

[3] 佘曙初：《区域文化资源与旅游产业经济协同发展研究》，经济日报出版社 2019 年版。

[4] 虞华君、陆菁、吴丽：《文旅融合的"拱墅模式"研究》，上海三联书店 2020 年版。

[5] 肖萍：《文化与旅游产业的耦合与协同发展研究：以江苏省为例》，硕士学位论文，南京师范大学人文地理学专业，2015。

[6] 杨睿：《文化创意产业与旅游产业融合发展研究：以昆明市为例》，硕士学位论文，云南财经大学旅游管理专业，2018。

[7] 杨岳刚：《县域乡村休闲旅游规划研究：以苍南县乡村休闲旅游规划为例》，硕士学位论文，浙江农林大学城市规划与设计专业，2014。

[8] 袁志方：《自然与人文景观在乡村休闲旅游规划中的开发与利用：以江浙地区的乡村休闲旅游案例为例》，硕士学位论文，华东师范大学设计学专业，2017。

[9] 翟永真：《乡村文化旅游景观设计中的地域文化研究》，硕士学位论文，西安建筑科技大学美术学专业，2015。

[10] 刘雅珊：《京津冀文化产业与旅游产业融合发展研究》，硕士学位论文，北京交通大学产业经济学专业，2019。

[11] 任君宇：《大境门历史文化街区旅游开发研究》，硕士学位论文，广西师范大学旅游管理专业，2020。

[12] 张焱华：《国外影视文化旅游营销运作模式对我国影视旅游发展的影响：以韩国在亚洲掀起的"韩流"为例》，硕士学位论文，辽宁师范大学人文地理专业，2008。

[13] 钟晟：《基于文化意象的旅游产业与文化产业融合发展研究：以武当山为例》，博士学位论文，武汉大学企业管理专业，2013。

[14] 刘祥恒：《旅游产业融合机制与融合度研究》，博士学位论文，云南大学旅游管理专业，2016。

[15] 冯晓棠：《文化产业融合发展研究：投入产出分析视角》，博士学位论文，山西财经大学政治经济学专业，2016。

[16] 朱海艳：《旅游产业融合模式研究》，博士学位论文，西北大学旅游管理专业，2014。

[17] 张亚丽：《我国文化产业发展及其路径选择研究》，博士学位论文，吉林大学产业经济学专业，2014。

[18] 林玉香：《我国旅游产业与文化产业融合发展研究》，硕士学位论文，沈阳师范大学旅游管理专业，2014。

[19] 辛欣：《文化产业与旅游产业融合研究：机理、路径与模式：以开封为例》，硕士学位论文，河南大学旅游管理专业，2013。

[20] 李明：《西安文化产业与旅游产业融合发展研究》，硕士学位论文，西北师范大学旅游管理专业，2015。

[21] 谌可佼：《重庆旅游产业与文化产业融合发展的研究》，硕士学位论文，重庆工商大学产业经济学专业，2013。

[22] 谢亚云：《乡村文化与旅游产业融合发展研究：以汾阳市贾家庄村为例》，硕士学位论文，山西师范大学公共管理专业，2020。

[23] 刘洋：《文化旅游与城市经济协调发展研究》，博士学位论文，西北大学旅游管理专业，2016。

[24] 刘安乐、杨承月、明庆忠、张红梅、陆保一：《中国文化产业与旅游产业协调态势及其驱动力》，《经济地理》2020年第6期。

[25] 刘春济、冯学钢、高静：《中国旅游产业结构变迁对旅游经济增长的影响》，《旅游学刊》2014年第8期。

[26] 张朝枝、朱敏敏：《文化和旅游融合：多层次关系内涵、挑战与践行路径》，《旅游学刊》2020年第3期。

[27] 马勇、童昀：《从区域到场域：文化和旅游关系的再认识》，《旅游学刊》2019年第4期。

[28] 宋子千：《从国家政策看文化和旅游的关系》，《旅游学刊》2019年第4期。

[29] 李树信、张海芹、何春燕：《产业生态学视角下文旅融合产业链的构建与培育路径》，《泰山学院学报》2020年第5期。

[30] 李树信、张海芹、郭仕利：《文旅融合产业链构建与培育路径研究》，《社科纵横》2020年第7期。

[31] 王建芹、李刚：《文旅融合：逻辑、模式、路径》，《四川戏剧》2020年第10期。

[32] 罗贵萍、王娟：《创意打造文旅融合的旅游新概念》，《太原城市职业技术学院学报》2020年第4期。

[33] 贺小荣、史珂珂：《河南省旅游产业与文化产业融合发展时空演变研究》，《经济论坛》2019年第11期。

[34] 孔永和：《旅游产业与文化产业融合发展的路径选择：以河北省为例》，《社会科学论坛》2016年第10期。

[35] 陈玉梅、李新英：《乡村振兴战略下四川省旅游产业与文化产业融合发展研究》，《四川旅游学院学报》2021年第6期。

[36] 车洁：《乡村振兴背景下文化与旅游产业融合发展路径研究》，《普洱学院学报》2021年第4期。

[37] 张平、杨贵玲：《新型城镇化背景下乡村旅游产业发展研究》，《安徽农业科学》2020年第19期。

[38] 李静：《乡村地区旅游产业与当地特色文化产业融合研究》，《旅游纵览》2020 年第 11 期。

[39] 詹艳：《新常态下乡村旅游与文化创意产业融合发展研究》，《现代商业》2018 年第 3 期。

[40] 张春莲：《乡村旅游产业融合发展模式与机制研究》，《宿州教育学院学报》2017 年第 4 期。

[41] 于志勇、郭子文：《城市文化与旅游产业融合发展探究：以天津市滨海新区为例》，《领导科学论坛》2019 年第 21 期。

[42] 郭立东、沈山：《资源型城市文化旅游产业发展竞争力研究：以山东省济宁市为例》，《煤炭经济研究》2018 年第 12 期。

[43] 朱冠梅、朱本利：《浅议城市文化旅游产业发展的根本驱动力》，《山东行政学院·山东省经济管理干部学院学报》2007 年第 6 期。

[44] 王建新：《推动民族文化与旅游产业融合发展：以包头市"两点一线"项目为例》，《实践（思想理论版）》2019 年第 2 期。

[45] 黄雪莹、莫宁：《多元民族文化与旅游融合发展的路径研究：以巴马长寿养生国际旅游区为例》，《中国商论》2017 年第 16 期。

[46] 阳宁东：《民族文化与旅游发展演进互动研究：以九寨沟旅游表演为例》，《西南民族大学学报（人文社会科学版）》2012 年第 4 期。

[47] 王平：《论民族文化与旅游结合：以恩施州生态文化旅游为例》，《湖北民族学院学报（哲学社会科学版）》2011 年第 2 期。

[48] 潘顺安：《民族文化与旅游关系探讨》，《广西教育学院学报》2004 年第 2 期。

[49] 乔雨：《"大博物馆"建设：八达岭长城景区未来发展的新思路》，《旅游学刊》2001 年第 3 期。

[50] 翟向坤、郭凌：《乡村旅游开发中乡村文化生态建设研究》，《农业现代化研究》2016 年第 4 期。

[51] 张琰飞、朱海英：《信息化视角下文化与旅游产业融合发展的机理与途径：以武陵山片区为例》，《江西社会科学》2013 年第 5 期。

[52] 张颖：《文化创意视角下山东乡村旅游优化升级研究》，《中国农业资源与区划》2017年第10期。

[53] 钟家雨、熊伯坚：《乡村文化复兴促进乡村旅游可持续发展的策略探讨》，《江西科技师范大学学报》2018年第5期。

[54] 周春波：《文化与旅游产业融合动力机制与协同效应》，《社会科学家》2018年第2期。

[55] 周春波：《文化与旅游产业融合对旅游产业结构升级的影响效应》，《当代经济管理》2018年第10期。

[56] 任云兰：《加快推进天津长城文化保护传承利用研究》，《城市发展研究》2023年第4期。

[57] 闫丽南：《将旅游业打造成邯郸重要战略支柱产业：邯郸旅游业发展现状简析》，《统计与管理》2017年第12期。

[58] 张翠晶、尚志芹、屈彬：《山海关古城文化旅游客源市场调查和文化旅游商品开发探究》，《河北企业》2017年第5期。

[59] 王亚力、吴云超：《民族文化地理视角下的长城文化研究》，《西南民族大学学报（人文社会科学版）》2012年第10期。

[60] 王杰彦、王丽玲：《长城文化视域下的秦皇岛地域文化发展》，《大舞台》2013年第9期。

[61] 段清波、刘艳：《文化遗产视域下的中国长城及其核心文化价值》，《中原文化研究》2019年第6期。

[62] 屈琳：《长城的历史文化价值与视觉艺术表现特征》，《西北大学学报（哲学社会科学版）》2013年第2期。

[63] 任凤珍、钱越：《长城历史文化传承创新的当代价值：基于长城经济文化带的思考》，《河北地质大学学报》2017年第2期。

[64] 徐凌玉、张玉坤、李严：《明长城防御体系文化遗产价值评估研究》，《北京联合大学学报（人文社会科学版）》2018年第4期。

[65] 李西香、高爱颖：《国家文化公园视域下齐长城的文化内涵与时代价值》，《济南大学学报（社会科学版）》2021年第6期。

[66] 邬东璠、杨锐：《长城保护与利用中的问题和对策研究》，《中国园林》2008年第5期。

[67] 曹象明、周庆华：《山西省明长城沿线军事堡寨的区域保护与利用模式》，《城市发展研究》2016年第4期。

[68] 张智、党安荣、侯妙乐、邬东璠、王卓男、张仲伍、信泰琦：《长城文化遗产保护与利用的信息技术方法框架构建》，《遥感学报》2021年第12期。

[69] 李彪、郭奇斌：《古民族战争遗址主题旅游开发模式研究：以赵北长城旅游开发为例》，《求索》2009年第11期。

[70] 田家莉、张叶青：《论文化遗产多元旅游的开发：以喜峰口长城旅游发展为例》，《人民论坛》2013年第14期。

[71] 范文虎、刘雅丽、王旭、王永胜：《乡村振兴战略背景下野长城的开发与利用研究》，《经济问题》2018年第10期。

[72] 白翠玲、和文征、牛天娇：《太行山河北段长城旅游开发研究》，《河北地质大学学报》2017年第4期。

[73] 曲青山：《关于文化自信的几个问题》，《中共党史研究》2016年第9期。

[74] 刘素杰：《长城精神的新时代价值蕴含及其实践途径》，《河北地质大学学报》2020年第2期。

[75] 董耀会：《雄安带动长城文化经济带发展的引擎作用之前瞻》，《河北地质大学学报》2019年第1期。

[76] 许嘉璐：《弘扬中华优秀传统文化与当代文化建设》，《船山学刊》2015年第1期。

[77] 孔艳君：《国际旅游城市背景下承德休闲体育旅游发展SWOT分析》，《文体用品与科技》2018年第6期。

[78] 王媚雪：《以长城文化为背景的山海关古城区旅游纪念品开发路径探究》，《青年文学家》2015年第15期。

[79] 王刚：《长城的保护与旅游开发：以张家口为例》，《河北地质大学学报》2018年第2期。

[80] 郝建、王文静：《以秦皇岛为例谈长城古村落的遗产保护》，《产业创新研究》2020年第20期。

[81] 常田：《秦皇岛市长城文化与乡村旅游融合发展对策研究》，《河北企业》2022年第2期。

[82] 陈苏、郭欣、刘磊：《乡村振兴背景下乡村生态旅游规划研究：以重庆市石柱县瓦屋村为例》，《安徽农业科学》2021年第13期。

[83] 钟志平：《论我国旅游商品开发创新的难点和对策》，《湖南商学院学报》2002年第6期。

[84] 张依晨：《长城把最美一段留给了河北》，《中国国家地理》2015年第2期。

[85] 丁疆辉、吴建民、尹晓颖：《河北长城文化资源特色与旅游开发》，《河北师范大学学报》2003年第4期。

[86] 刘平安：《长城国家文化公园建设：让文物和文化资源焕发新时代风采》，《光明日报》2022年4月18日第5版。

[87] 师源、孙也达、孙雪梅：《守护长城文化，擦亮旅游金招牌》，《河北日报》2022年8月9日第10版。

[88] 宋圭武：《研究长城文化弘扬民族精神》，《光明日报》2019年9月16日第15版。

后　记

随着《河北长城古迹文化和旅游融合发展研究》一书的完成，本研究的旅程已告一段落，但对河北长城文化旅游融合发展的探索与实践仍在继续。本书旨在探讨河北长城古迹与旅游业融合的复杂性和多样性，尝试在传统文化与现代旅游需求之间找到一个平衡点。

在本书中，我们首先审视了文化旅游需求不断增长的背景，并探讨了文旅结合这一有效途径。通过对文化与旅游概念的界定，本研究深化了对二者相互作用的理解，并在河北长城的具体背景下展开了深入分析。

通过运用多种理论，如产业融合理论和系统耦合理论等，本书提供了一套系统的分析框架，以探讨文化资源与旅游发展的相互促进。我们对河北长城的文化资源和旅游现状进行了详细的调研，并通过案例研究具体分析了承德、秦皇岛和张家口的融合发展实践。

在未来发展的展望中，本书提出了一系列创新思路和战略建议，包括运用数字技术创新提升游客体验、开发多元化的文化旅游产品，以及建立更为有效的文化保护与旅游开发机制。我们正在努力将这些理论与实践相结合，以期为河北长城古迹的保护、传承和利用开辟新的道路。

本研究过程中，我们深感文旅融合发展的重要性和紧迫性。未来，我们希望通过持续的努力和创新，在保护这些宝贵的文化遗产的同时，为地方经济的可持续发展贡献力量。愿本书能够激发更多专业人士和公众关注河北长城文化和旅游融合发展，并推动更多的创新实践。

我们更加坚信，通过科学的管理与创新的思维，河北长城的古迹文化和旅游业可以实现更为广泛和深入的融合。我们也更加期待，在未来的日子里，这些古迹不仅被更好地保护和利用，同时能成为连接过去与未来、中国与世界的桥梁。